현대 미국의 기원 2

발명과 기술적 열정의 한 세기, 1870~1970

나남
nanam

한국연구재단 학술명저번역총서
서양편 384

현대 미국의 기원 2

발명과 기술적 열정의 한 세기, 1870~1970

2017년 2월 5일 발행
2017년 2월 5일 1쇄

지은이_ 토머스 휴즈
옮긴이_ 김명진
발행자_ 趙相浩
발행처_ (주) 나남
주소_ 10881 경기도 파주시 회동길 193
전화_ (031) 955-4601 (代)
FAX_ (031) 955-4555
등록_ 제 1-71호 (1979.5.12)
홈페이지_ http://www.nanam.net
전자우편_ post@nanam.net
인쇄인_ 유성근 (삼화인쇄주식회사)

ISBN 978-89-300-8903-6
ISBN 978-89-300-8215-0 (세트)

책값은 뒤표지에 있습니다.

'한국연구재단 학술명저번역총서'는 우리 시대 기초학문의 부흥을 위해
(재)한국연구재단과 (주)나남이 공동으로 펼치는 서양명저 번역간행사업입니다.

현대 미국의 기원 2

발명과 기술적 열정의 한 세기, 1870~1970

토머스 휴즈 지음 · 김명진 옮김

나남
nanam

American Genesis
by Thomas P. Hughes

현대 미국의 기원 2

발명과 기술적 열정의 한 세기, 1870~1970

차 례

제6장

테일러주의 + 포드주의 = 미국 정신

제1차 세계대전이 끝난 후 유럽과 소련은 미국이 어떻게 해서 세계 역사에서 가장 생산적인 경제활동 단위가 되었는지 알고 싶어 했다. 이는 특히 패전으로 인해 절망에 빠진 독일의 자유주의자와 급진주의자, 그리고 제1차 세계대전, 1917년 혁명, 1917~1921년까지의 내전, 기근, 질병을 모두 겪으면서 피폐해진 소련 지도자들 사이에서 더욱 그러했다. 중산층에 속하는 미국인들은 세계가 자신들의 정치 시스템과 자유기업에 대해 듣고 싶어 한다고 믿었지만, 독일인과 소련인들은 테일러주의와 포드주의에 대한 질문을 던지고 있었다. 소련인들은 미국의 시스템이 볼셰비키 혁명을 강화할 수 있다고 믿었고, 독일인들은 미국의 시스템이 몰락한 독일 제국의 뒤를 이어 새롭게 창조된 바이마르 공화국을 강화할 수 있다고 믿었다.

　제1차 세계대전 직후의 기간만큼 미국이 많은 존경을 받고 부러움을 산 때는 없었다. 외국의 여러 자유주의자와 급진주의자들은 미

국의 사례가 자신들의 나라에 미래로 가는 길을 열어 줄 것이라고 생
각했다. 그들이 미국에 대해 가진 이미지는 발명가, 산업체 과학자,
시스템 건설자의 나라였다. 다른 나라 국민들은 현대 미국의 창조라
는 사례에 매혹되었고 그로부터 희망을 얻었다.

레닌, 테일러, 포드

1917년 11월 혁명을 통해 권력을 장악한 블라디미르 레닌, 레온 트로츠키 등의 러시아 볼셰비키들에게, 나이아가라 폭포의 수력발전, 인디애나 주 게리의 철강 생산, 그리고 무엇보다도 디트로이트의 포드 자동차 제조는 현대 미국 기술의 정수였다. 그들은 그런 기술을 소련이라는 맥락에서 개발한다면 미국적 생산수단이 사회주의 미래로 가는 길을 열어 줄 수 있다고 믿었다. 1926년에 이르자 생산수단 '미국화'의 꿈이 엔지니어와 관리자들을 사로잡았다. 1) 소련의 계획가들은 미래의 물결이 지역적 규모의 대규모 생산 시스템 — 미국에 있는 것보다 규모가 훨씬 큰 — 을 포함한다고 믿었다. 볼셰비키들은 사회주의가 자본주의와 달리 현대 생산기술의 완전한 발전을 제약하는 정치경제적 모순을 안고 있지 않다고 주장했다. 레닌은 테일러주의에 관한 기술적 논문들을 읽고 엔지니어 동지들의 말을 주의 깊게 들은 후 제2차 산업혁명은 단지 기계, 공정, 장치들에 관한 것이 아니라 질서, 중앙집중화, 통제, 시스템에 관한 것이라는 사실을 이해하였다.

포드와 인설, 그리고 그들의 동료들이 리버 루지와 미들웨스트 공익설비회사에 구현한 개념들은 소련의 계획가, 관리자, 엔지니어들을 매혹시켰다. 심지어 차르 시절에서 살아남은 러시아 엔지니어들

---

1) Edward Hallett Carr and R. W. Davies, *A History of Soviet Russia: Foundations of a Planned Economy, 1926~1929* (New York: Macmillan, 1969), I: 433.

조차 소련에서 그와 유사한 기술적 성취가 이뤄지는 찬란한 미래상에 공감을 표했다. 소련 체제는 농부와 노동자들을 가혹하게 몰아세워 수출용으로 낟알을 모으고 나무를 베고 광물을 캐도록 하여 엄청난 양의 곡물, 목재, 그 외 원자재를 외국 기술, 특히 미국의 기술과 교환했다. 소련에서는 테일러의 금언, 즉 과거에는 사람이 최우선이었지만, 미래에는 시스템이 최우선이어야 한다는 말이 미국에서보다 훨씬 더 강하게 적용되었다. 1924년에 스탈린은 미국식 효율성을 레닌주의의 핵심 교의(敎義)로 선언하면서, 미국의 기술과 관리에 대한 소련의 찬사를 다음과 같이 요약했다.

미국식 효율성은 장애물을 알지 못하고 인식하려 하지도 않는 불굴의 힘이다. 일단 하나의 과업이 시작되면 설령 대수롭지 않은 과업이라 할지라도 그 힘은 과업이 끝날 때까지 계속 작용한다. 그러한 힘 없이는 중대한 건설적 사업은 불가능하다. … 러시아의 혁명 승리와 미국식 효율성의 결합이야말로 레닌주의의 핵심이다. … 2)

소련 경제는 양차 세계대전 사이에 여러 단계를 거쳤다. 먼저 1917~1921년까지의 전시 공산주의 시기에는 산업체를 장악해 이를 노동조합과 노동자 위원회의 관할로 넘기려는 볼셰비키의 필사적이면서도 실패한 시도가 이어졌다. 소련은 이 시기에 외국과의 전쟁과 내전을 버티며 살아남았지만, 이는 소련 지도자들이 관리자, 엔지니어, 전문가들을 통상적인 지도적 역할에 복귀시키기 시작한

---

2) Harold Dorn, "Hugh Lincoln Cooper and the first Détente", *Technology and Culture*, XX(1979), 336.

후에 비로소 가능해졌다. 레닌은 새로운 소련식 테일러주의에 호소해 이런 조치를 정당화했다. 국가의 동력이 거의 소진되고 산업 생산 회복이 불가능해 보일 즈음인 1921년에 그는 신경제정책(New Economic Policy, NEP)이라고 이름 붙인 새로운 단계를 제창했다. 이 정책은 중앙집중적인 정부의 계획과 통제라는 목표로부터 일시적으로 후퇴하는 내용을 담고 있었다.

1921년 이후 소련 체제는 '핵심 고지'(commanding heights)•에 대한 통제를 유지하면서 사적인 시장활동을 상당한 정도까지 용인해 주었다. '핵심 고지'에는 중공업, 운송, 전기공급 등이 포함되었다. 신경제정책 시기에 소련 정부는 1928년 1차 5개년 계획에서 정점에 달한 계획에 착수했고, 산업과 농업 모두에서 사적 활동을 제거하는 운동을 시작했다.

전시 공산주의 시기에는 서구의 기술과 전문가의 수입이 불가능했다. 신경제정책 기간에 소련은 서구의 제조업체들에 면허를 부여해 이들이 소련에 공장을 짓고 운영하는 것을 시범적으로 허용했다. 1922년 라팔로에서 소련-독일 간의 정치경제 협약이 체결된 후, 소련의 경제발전에 독일의 제조업체와 엔지니어링 전문가들이 참여하는 일이 특히 많아졌다. 1928년 이후 1차 5개년 계획 기간에 소련은 외국에서 설계하고 건설한 생산 공장들을 모조리 사들이고 이전받

• 〔옮긴이주〕 레닌이 신경제정책을 도입하면서 고안한 용어로, 경제의 다른 부문들을 효과적으로 통제하고 뒷받침할 수 있는 석유, 철도, 금융, 철강과 같은 핵심 부문들을 가리키는 말이다. 신경제정책은 이런 산업부문을 국가의 통제하에 둔 채 농업 같은 다른 부문에서의 시장활동을 용인하는 것을 주된 내용으로 했다.

유리 피메노프, 〈사회주의의 건설〉(1927)

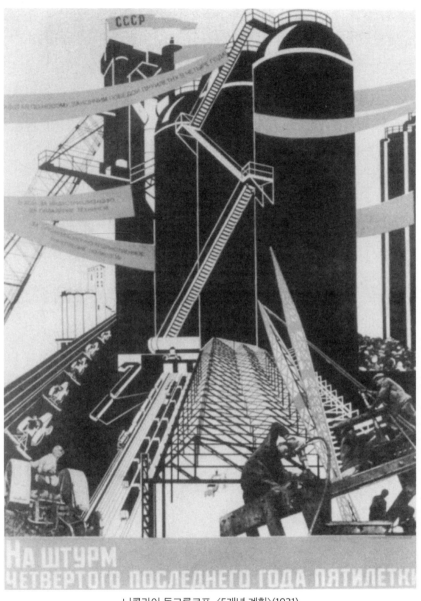

니콜라이 돌고루코프, 〈5개년 계획〉(1931)

는 방향으로 전환했다. 외국의 전문가들은 이들 공장을 가동시킨 후에 소련 관리자, 엔지니어, 노동자들에게 넘겨주었다. 미국의 제조업체, 산업 건축가, 엔지니어링 건설 및 컨설팅 회사들은 이런 대규모의 기술이전에서 주도적 역할을 했다. 3)

1921년 이후 10여 년 동안 (외국 회사들에 대한) 면허 부여와 직접 구매의 시기를 거치면서, 소련 지도자들은 자본주의 세계에 의존하는 것과 동맹국 없이 전쟁을 치러야 하는 상황을 늘 두려워했고, 제조된 상품의 수입을 피하며 그것을 생산하는 수단의 이전을 추구하는 정책을 일관되게 밀고 나갔다. 이처럼 역사적으로 전례를 찾아볼 수 없는 대규모의 집중적 기술이전은 소련 역사에서 중요한 한 장을 차지해야 할 터인데도, 소련과 미국 양측에 의해 거의 잊히고 말았다. 소련은 자본주의에 의지했다는 사실을 부인하고자 했고, 미국은 소련이 산업적 역량을 확립하는 데 기여한 사실을 과시하고 싶지 않았기 때문이다.

1920년대에 소련을 방문한 미국의 엔지니어와 관리 전문가들은 새로운 소련 체제가 자국의 엔지니어, 노동자, 일반 시민들에게 기술에 대한 열정을 불어넣기 위해 집중적인 노력을 기울이는 것을 다소 놀라움을 담아 기록했다. 한 미국인 엔지니어는 1930년에 "외국인 방문자들이 크게 관심을 보이는 것은 (종교적 열정에 가까운) 이 놀라운 징후이다"라고 썼다. 4) 미국 엔지니어들은 대도시의 주요 도

---

3) Antony C. Sutton, *Western Technology and Soviet Economic Development, 1917~1930* (Stanford: Stanford University Press, 1968), pp. 345~347.

4) A. B. Dibner, "Russia as an electrical market", *Electrical World*, 95 (1930), 485.

로에 있는 상점의 진열창이 물리학과 화학을 공부하기 위한 책과 기구들로 가득 찬 것을 목격했다. 또 방문자들은 휴일이면 수없이 많은 노동자와 농부들이 안내원을 따라 대형 화력발전소나 수력발전소로 견학 오는 ─ 혹은 견학을 보내는 ─ 것을 보았다. 원시와 현대의 극적인 대비도 서구에서 방문한 전문가들에게 충격을 주었다. 집중적으로 기술 도입이 이뤄진 고립된 지역과 고도로 도시화된 레닌그라드(현 상트페테르부르크), 모스크바를 빼고 나면, 소련은 기계 대신 사람과 동물에 줄곧 의존하고 금속 대신 나무를 사용하며 농업 부문이 지배적이라는 점에서 여전히 산업화 이전의 국가와 비슷했다. 나중에 이오시프 스탈린은 자신이 나무 쟁기를 쓰는 소련인들에게 원자로를 안겨 주었다는 주장을 했다. 그러나 이 말은 사실보다는 수사에 가깝다. 1917년 혁명 이전에도 철도 건설, 철강 생산, 직물 제조, 외국으로부터의 차관 도입은 이미 러시아의 많은 지역들을 빠른 속도로 산업화하고 있었기 때문이다.5)

1916년에 러시아의 혁명가인 레닌이 미국의 혁명가인 프레드릭 테일러를 발견한 것은 두 정신의 모순된 만남으로 기록될 만하다. 자본주의 세계에서 사용되는 생산기법에 대해 상세한 노트를 만들어 두었던 레닌은 테일러주의에서 매우 강한 인상을 받았다. 일반적인 원리만으로는 만족하지 못한 레닌은 금속 절삭에 최적의 특성을 가진 강철을 만들기 위해 테일러가 수행한 수천 가지의 공작기계 실험들을 상세하게 기록했다. 과학적 관리에 대한 프랭크 길브레스의

---

5) John P. McKay, *Pioneers for Profit: Foreign Entrepreneurship and Russian Industrialization, 1885~1913* (Chicago: University of Chicago Press, 1970), pp. 3~5.

견해 역시 레닌에게 감명을 주었는데, 길브레스는 노동자의 작업 속도를 올릴 — 그럼으로써 노동자를 착취할 — 의도가 아니라 유일한 최선의 에너지 절약 작업방식을 찾는 데 골몰하는 것처럼 보였기 때문이다. 레닌은 길브레스 논문의 여백에 과학적 관리가 자본주의에서 사회주의로의 이행을 가능케 해줄 수 있다고 적었다. 자신들의 원칙은 과학에 입각한 것이라는 테일러와 길브레스의 주장은 과학적 마르크스주의를 공부한 레닌에게 강한 인상을 주었다.

레닌은 사회주의 국가에서는 테일러주의가 탐욕스러운 자본가들의 이윤을 위해 노동자를 착취하는 데 이용되지 않을 것이며, 크게 증가한 생산량은 노동자와 농부들에게 분배될 것이라고 주장했다. 레닌은 생산 비용의 감소, 설치에 드는 시간 단축("2년에서 4년까지!!"), 그리고 과학적 관리에서 요구하는 엔지니어링과 관리 기술에 대한 의존도 증가에 매료되었다. [6] 그는 테일러 시스템에서 엔지니어들이 수행하는 상세한 작업 지시와 계획은 산업적으로 뒤떨어진 러시아에서 대규모의 미숙련 농촌 노동력의 활용을 가능하게 해줄 것이라고 믿었다. 그는 또 작업장, 노동과정, 노동자들에 대한 테일러식의 중앙집중화된 통제가 정치적으로 신뢰할 만한 전문가들로 하여금 자본주의에서 사회주의로의 이행기에 산업 시스템을 면밀히 감시할 수 있도록 해준다고 생각했다. 이는 부르주아의 파괴 행위나 타락한 사람들과 그 태도를 뿌리 뽑는 데도 도움이 될 것이었다. 레닌은 정치적으로 신뢰할 만한 산업 엔지니어를 필요한 수만큼

---

6) Judith A. Merkle, *Management and Ideology: The Legacy of the International Scientific Management Movement* (Berkeley: University of California Press, 1980), pp. 106~107.

확보할 수 있다는 확신을 가졌던 것 같다. 레닌은 통제에 대한 요구라는 측면에서 테일러 및 테일러주의자들과 성격상의 많은 특성을 공유했다.

소련이 여전히 질서 파괴와 혼란에 휩싸여 있던 1918년 봄, 레닌은 수많은 연설 중 하나에서 이렇게 말했다.

소비에트 정부가 모든 인민에게 부여해야 하는 과제는 바로 일하는 법을 배우는 것입니다. 이 점에서 자본주의의 결정판이라 할 만한 테일러 시스템은 모든 자본주의적 진보와 마찬가지로 부르주아의 착취가 갖는 교활한 흉포성과 작업 과정에서 기계적 동작을 분석하는 분야에서의 수많은 위대한 과학적 성취를 결합한 결과입니다. 불필요하고 어색한 동작을 제거하고 올바른 작업 방법을 알아내며 최선의 회계와 통제 시스템을 도입하는 것 등이 그것입니다. 소비에트 공화국은 어떤 대가를 치르더라도 이 분야의 과학기술 성취에서 가치 있는 모든 것을 도입해야 합니다. 사회주의 건설의 가능성은 바로 우리가 소비에트 정부와 소비에트의 행정 조직을 현대 자본주의의 성취들과 결합하는 데 성공하는가에 따라 좌우될 것입니다. 우리는 러시아에서 테일러 시스템에 대한 학습과 강의를 조직하고 이를 체계적으로 시험해 우리의 목적에 맞춰야 합니다. [7]

레닌은 미국 엔지니어들을 소련으로 초빙해 테일러 시스템의 정착을 돕도록 할 생각이었다. 노동조합과 일부 당원들은 테일러주의를 소련에 도입하는 것은 엄청난 실수 — 당시 전 세계의 노동조합이

---

7) V. I. Lenin, *Selected Works* (London: Lawrence & Wishard, 1937), VII: 332를 Merkle, *Management and Ideology*, p. 113에서 재인용.

맞서 싸우고 있었던 것처럼 — 로 판명날 것이라며 레닌의 요청에 반
대했다. 그러나 레닌은 노동조직과 통제를 관리 경험이 없는 노동조
합의 손에 맡겨 두어 생겨난 혼란을 목도한 후, 통제와 회계를 엔지
니어와 전문 관리자들의 손에 맡기는 편을 택했다. 설사 당분간은
그들이 부르주아적 특성을 지닌 구 체제의 유산이거나 외국인이라
하더라도 말이다. 그는 또한 평등주의적 정서를 깨뜨리더라도 전문
가들과 좀더 생산적인 노동자들에게 더 높은 임금을 줄 용의가 있었
다. 생산 증가는 국가 전체에 생존의 문제였고, 레닌의 실용적 접근
법은 대세를 점했다. 레닌이 테일러주의를 옹호한다는 소식을 들은
미국의 보수적 기업인과 엔지니어들은 이를 사회주의 이데올로기가
제대로 작동하지 않으며 미국의 시스템이 유일한 최선의 방식임을
보여 주는 증거로 받아들였다.

　　레닌뿐 아니라 군사 인민위원이자 레닌 다음으로 가장 널리 알려
진 지도자인 트로츠키 역시 테일러주의를 신봉했다. 규율과 전문가
지도력의 회복에 열중한 그는 적군(赤軍)과 엄청난 타격을 입은 군
수 산업에 테일러주의를 도입하려 노력했다. 트로츠키는 자신의 자
서전에서 '킬리'라는 이름의 미국인 엔지니어에 의지한 사실을 회고
했다. 그는 1918년경에 산업의 테일러화를 위해 자신의 의지로 소
련에 왔다고 했다. 킬리는 산업의 국유화가 테일러주의자에게 극적
이고 포괄적인 개혁의 이상적 기회를 제공한다고 믿었다. 그는 트로
츠키에게 산업 분야에서의 태업이 모든 생산 시간의 50%를 잡아먹
고 있다고 보고했는데, 이는 테일러가 미드베일에서 경험한 태업 문
제를 시시해 보이도록 만드는 수치였다. 전시 공산주의 기간 소련이
총체적인 산업 붕괴에 직면해 있다는 절망적인 우려를 품고 있던 트

로츠키는 노동의 '군사화'를 옹호했다. 이는 곧 국가 전체 규모에서 극단적인 형태의 테일러주의를 도입하는 것을 의미했다. 8)

소련 지도자들은 1920년대 중반에 1차 5개년 계획을 작성하는 과정에서 과학적 관리의 전문가들(특히 미국인)과 "테일러주의의 무기고에 들어 있는 수많은 기법들을 모두" 이용했다. 9) 소련에서 테일러주의는 공장 조직이라는 제한된 분야에서 국민경제의 거대한 규모로 이전되었다. 과학적 관리는 과학적 마르크스주의와 완전히 부합한다는 것을 나라 전체에 설득하고자 했던 소련 공산당은 테일러의 책과 함께 과학적 관리를 주제로 미국에서 나온 다른 책과 논문, 수많은 논평들을 번역해 출간했다. 소련의 최고 계획기구는 테일러의 가장 열성적인 제자 중 한 명인 헨리 간트를 따르던 월터 폴라코프를 소련으로 데려와 미국과 소련의 과학적 관리 운동을 잇는 가교 역할과 함께 1차 5개년 계획 전체에 대해 간트 생산차트(Gantt production chart)•를 작성하는 일을 맡겼다. 10)

소련의 "노동자 시인"이자 "엔지니어, 광부, 금속 노동자들의 오비디우스••"이며 노조 지도자였던 알렉세이 가스체프는 미국의 테

---

8) Merkle, *Management and Ideology*, pp. 115~120.

9) Ibid., p. 122.

• 〔옮긴이주〕 미드베일과 베들레헴에서 테일러의 조력자였던 헨리 간트가 고안한 도표로, 연속적인 작업 진행과정에서 각각의 기계가 가동되는 상황을 표시하는 것이다. 주어진 시간에 기계 등 자원의 배분 상황을 나타냄으로써 시간에 따라 최대한 효율적으로 자원을 배치하려는 의도를 담고 있다.

10) Ibid., pp. 122~123.

•• 〔옮긴이주〕 로마제국 시대의 시인으로, 그리스 로마 신화를 서사시로 다룬 《변신 이야기》로 유명하다.

일러주의에 소련의 색다른 특성을 부여했다. 1914년 이전에 시베리아 유형지와 감옥에서 쓰인 그의 시는 11월 혁명 이후 소련의 젊은 세대의 상상력에 불을 지폈다. 공장의 날카로운 호각 소리, 윙윙거리는 공작기계, 시뻘겋게 달아오른 용광로의 쇳물이 그의 시에 등장하는 이미지였다. 그는 산업노동자들을 그들이 다루는 기계의 연장선상에서 "강철의 신경"과 "철길 같은 근육"을 가진 사람들로 그렸다. 11) 테일러주의의 사고방식에 시적 형상을 불어넣은 그는 〈우리는 철에서 자라나왔다〉라는 시에서 "내 몸에서는 철로 된 팔과 어깨가 자랐다 — 난 철의 형태와 합쳐졌다"고 인간과 기계의 융합을 찬미했다.

그는 기계를 인간의 통제자로 받아들였다. 12) 예전에 기계공이었던 테일러와 마찬가지로 그는 노동자들과 작업장을 이해했다. 노동조직에 대한 테일러와 길브레스의 접근법에 대해 읽고 매료된 가스체프는 혁명 이후에 노동조합 간부로서 시 외에 뭔가 새로운 것을 창조할 기회를 보았다. 그는 과학적 관리의 음유시인이 되었다.

레닌은 가스체프의 아이디어, 열정, 에너지가 지닌 호소력을 알아보았고, 가스체프가 자신의 마지막 예술적 창조물이라고 불렀던 중앙노동연구소(Central Labor Institute)를 지원했다. 1920년대에 이 연구소는 소련 테일러주의의 근원이 되었고, 시간-동작연구는 가스체프에게 강박관념으로 자리 잡았다. 그를 비판하는 사람들은

---

11) Kendall E. Bailes, "Alexei Gastev and the Soviet controversy over Taylorism", *Soviet Studies*, XXIX(July 1977), 374.

12) Rainer Traub, "Lenin and Taylor: The fate of 'scientific management' in the(early) Soviet Union", *Telos*, XXXVII(Fall 1978), 87.

연구소가 과학적 관리의 좀더 복잡한 측면들, 가령 작업장의 조직화 같은 문제를 무시했다고 불평했다. 그러나 가스체프의 상상력은 과학적 관리를 넘어 훨씬 멀리 뻗어 나갔다. 당시 그는 모습을 드러내던 새로운 기술에 대응하는 새로운 노동자 문화를 세울 것을 꿈꾸고 있었던 것이다. 그는 이렇게 썼다.

 … 이처럼 새로운 세계의 금속 기술, 미국의 자동차와 비행기 공장, 그리고 전 세계의 무기 산업 — 바로 여기에 프롤레타리아의 심리가 창조되고 있는, 프롤레타리아의 문화가 생산되고 있는 새롭고 거대한 실험실이 있다. 그리고 우리가 초(超) 제국주의의 시대에 살든, 세계 사회주의의 시대에 살든 간에 새로운 산업의 구조는 그 본질에 있어 같을 것이다. [13]

그는 테일러를 좇아 노동의 표준화를 옹호했고 대다수의 노동자를 기계 다루는 사람으로 간주했다. 가스체프는 일군의 노동자와 일군의 기계 사이의 관계를 "기계화된 집산주의"라고 불렀다.

 많은 사람은 우리가 사람을 나사못이나 어미나사, 기계와 같은 것으로 간주하길 원한다는 데 저항을 느낄 것이다. 그러나 우리는 마치 나무의 성장이나 철도 네트워크의 팽창을 받아들이듯 대담하게 이 일을 해치워야 한다. [14]

그는 테일러주의가 새로운 역사적 시대, 즉 사회가 기계화되고 사

---

13) Bailes, "Alexei Gastev", 377.
14) Traub, "Lenin and Taylor", 88.

회공학(social engineering)이 지배하는 시대의 개막을 알릴 것이라
고 예견했다. 작업장과 사회에서 창조성과 통제가 있을 자리는 관리
자와 엔지니어의 사무실과 계획실이 될 것이었다. 자신이 쓴 소책자
에서 그는 발명 정신을 고무하려 애썼는데, 이는 "테일러도 발명가
였고 길브레스도 발명가였으며 포드도 발명가였다"는 의미에서 그
러했다. 15) 그는 미국적 정신을 희구했고, "소련식 미국주의"(Soviet
Americanism)를 옹호했으며, 러시아가 "새롭게 피어오르는 미국"으
로 바뀌는 것을 보고 싶어 했다. 16) 가스체프의 연구소와 이사들은
사회과학자들의 수를 급감시킨 스탈린 시기의 숙청에 의해 1940년
에 제거되었다. 가스체프는 1941년에 죽었는데, 적어도 하나 이상
의 소식통에 따르면 총살되었다고 한다. 17)

　소련에서 테일러주의 도입은 수없이 많은 문제를 야기했다. 고도
로 복잡하고 풍족한 시장경제를 가진 고도의 산업화된 국가에서 그
에 맞게 개발된 과학적 관리 시스템이 계획경제를 시도하는 산업적
으로 뒤떨어진 국가에서 시험되는 셈이었다. 1920년대에 소련에 기
술을 이전하는 데 주도적인 역할을 한 미국의 엔지니어와 관리 전문
가들은 테일러 시스템을 정착시키기 위한 열정적이고 필사적이며
가혹한 노력이 재난에 가까운 실패로 중단된 이야기들을 가지고 귀
국했다.

　농부에서 산업노동자로 변모한 사람들이 제시간에 직장에 출근하

---

15) Bailes, "Alexei Gastev", 384.

16) Ibid. , 385.

17) Traub, "Lenin and Taylor", 86.

지 못한 이유가 집에 시계가 없어서였다는 일화는 기술이전에 수반된 문제가 얼마나 크고 심각한 것이었는지를 알려 준다. 뿐만 아니라 엔지니어, 관리자, 노동자들을 감시하고 독려할 책임을 맡은 당원들은 종종 과학적 관리의 시스템적 특성을 제대로 이해하지 못했다. 그들은 통합된 공장 시스템의 한 부분에서 속도를 높일 것을 요구하면서도 시스템의 다른 부분들은 무시했고, 그 결과 엄청난 역돌출부, 병목현상, 정체현상이 발생했다. 비현실적인 생산 표준의 압박과 얼마 안 되는 수입조차 잃을지 모를 위협에 직면한 노동자들은 할당량을 채우기 위해 새로 수입된 기계들을 마구잡이로 가동시켰고, 일을 대충대충 한 결과로 형편없는 품질의 제품들이 양산되었다. 생산을 계획하고 운영하는 새로운 방법을 찾으려는 노력에서 실수를 범한 엔지니어와 관리자들은 병적으로 조심스러운 태도를 취하게 되었다. 생산 착오에 대한 책임을 지지 않으려는 고위관료들이 정직한 실수에 대해 범죄적인 파괴 행위라는 딱지를 붙일 수도 있음을 알게 되었기 때문이다.

디트로이트에서 포드가 터뜨리곤 했던 비합리적 분노는 중대 범죄를 추궁받던 소련 엔지니어에게는 대수롭지 않은 것처럼 보였을 것이다. 불합리하고 체계적이지 않은 속도 증가와 생산 할당량 증가는 소련의 테일러주의와 기술을 오랫동안 특징짓는 요소가 되었다.

레닌은 또 국가 전체 규모의 전기화가 현대적인 러시아를 건설하는 길을 열어 줄 것이라고 판단했다. 기술변화가 사회변화를 낳는다는 칼 마르크스의 역사철학에 깊은 영향을 받은 레닌은 유추에 따른 추론을 펼쳤다. 그는 마르크스가 주장한 대로 증기력과 공장 시스템이 산업자본주의와 산업 중간계급의 지배를 야기했다면, 전기화와 대규모의 지역적 생산 시스템을 더하면 다음 단계의 거대한 사회적 변화, 즉 사회주의 형성을 야기할 것이라고 생각했다. 레닌의 조언자 역할을 했던 엔지니어 G. M. 크르지자놉스키는 전기화가 경쟁이 지배하는 자본주의적 틀에서는 완전히 발전할 수 없으며 이는 오직 사회주의적 맥락에서만 가능하다고 레닌을 설득했다. 경쟁이 아닌 집산기업과 협동이 에너지 생산의 전국적 시스템, 단일한 거대기계처럼 작동하는 국가 전력망을 용이하게 할 것이었다. 이것과 비교하니 인설의 비전이 무색해질 정도였다. "전기에 기반한 기계문화의 융성은 오직 사회주의 경제의 조건에서만 가장 완벽하고 왜곡되지 않은 형태로 성취될 수 있다"고 크르지자놉스키는 썼다. 18)

전기화에 대한 레닌의 관심은 1890년대까지 거슬러 올라가며 시베리아에서 유형 생활을 같이했던 크르지자놉스키와의 교분과 연관되어 있다. 19) 당시 서구 산업국가의 수많은 사회개혁가나 지식인들과 마찬가지로 레닌 역시 전기화가 이상적인 산업사회를 가져다줄 것이라고 보았다. 그는 "모든 공장과 철도의 전기화"가 "더럽고 혐오

18) Gleb M. Krzhizhanovsky, *The Basis of the Technological Economic Plan of Reconstruction of the U.S.S.R.* (Moscow: Cooperative Publishing Society of Foreign Workers in USSR, 1931), pp. 16, 32(인용). 크르지자놉스키에 관해서는 Raissa L. Berg, *Acquired Traits: Memoirs of a Geneticist from the Soviet Union*, trans. D. Lowe (New York: Viking, 1988), pp. 92~109; Alexander Vucinich, *Empire of Knowledge: The Academy of Sciences of the USSR (1917~1970)* (Berkeley: University of California Press, 1984), pp. 130, 180을 보라.

19) Jonathan Charles Coopersmith, "The electrification of Russia, 1880~1925", doctoral dissertation, Oxford University, 1985, p. 143[이 박사논문은 이후 단행본으로 출간되었다. Jonathan Coopersmith, *The Electrification of Russia, 1880~1926* (Ithaca: Cornell University Press, 1992)].

감을 일으키는 작업장을 사람이 있을 만한 깨끗하고 밝은 실험실로 빠르게 변모시킬 것이며, 모든 가정의 전등과 난방은 수백만에 달하는 '가사 노예들'의 삶을 쉽게 만들어 줄 것"이라고 했다. 때때로 그는 기술적 문제에 정통한 사람들보다 더 열광하는 모습을 보였는데, 1년 내로 모든 농촌 지방에 전등을 설치하자고 하거나 고전압 송전선에 쓸 매우 복잡한 절연장치의 생산을 지역의 소규모 도자기 공장에 맡기자고 하거나 전선에 들어갈 구리를 농촌 지방에서 모아("약간 힌트를 준다면 … 교회의 종 등") 충당하자고 하는 등의 요청을 할 때 그랬다. 20) 영국의 소설가이자 사회개혁가인 허버트 조지 웰스는 1920년에 그를 방문한 후 "레닌은 훌륭한 정통 마르크스주의자답게 모든 '유토피아주의'를 비난했지만, 결국에는 유토피아, 바로 전기 기술자들의 유토피아에 굴복하고 말았다"고 결론지었다. 21)

레닌은 신속한 전기화에 대한 요구를 대중적으로 널리 알리려 애썼다. 그는 전기화를 통해 농촌 지역의 낙후성과 암흑천지를 극복할수 있다고 믿었다. 그는 전기화 계획서 한 부씩을 모든 학교에 배포하도록 지시했다. 문맹인 농부들이 글을 배울 때는 이 계획을 기본 교재로 사용해야 했다. 그는 전기화에 관한 영화를 전국의 시골로 보내 개조한 화차에서 보여 주도록 했다. 비록 산업화를 위한 전기화에 주안점을 두긴 했지만, 레닌은 관개, 토양 전해(soil electroly-sis), 토양 가열, 야간 조명, 비료 생산 등의 목적으로 농촌을 전기

---

20) *The Letters of Lenin*, trans. and ed. Elizabeth Hill and Doris Mudie (New York: Harcourt, Brace, 1937), p. 470.

21) Coopersmith, "Electrification of Russia", pp. 144, 145.

화하자는 제안도 제시했다. 22) 아마도 순식간에 사라지는 전기의 성질이 추상적 개념에 익숙했던 레닌 같은 지식인에게는 매력적으로 보였는지도 모른다. 레닌은 엔지니어는 아니었지만, 전기화의 핵심이 지역에서 가장 경제적인 에너지원을 사용하는 대규모 발전소들을 송전선으로 합쳐 확장된 지역적 (더 나아가 한 나라 전체에 걸친) 시스템을 형성하는 것임을 이해하고 있었다. 이 점에서 그와 인설은 견해가 완전히 일치했다.

1920~1921년에 레닌과 크르지자놉스키는 공산당 지도부를 설득하는 작업에 착수했다. 국가 전체에 국유화된 계획경제를 즉각 도입하는 것에 실패한 상황에서, 최선의 대안은 전기화를 위한 국가 계획, 특히 국가 전력망의 건설이었다. 이는 앞으로 이뤄질 계획경제를 위한 토대 또는 구조를 제공해 줄 것이라고 그들은 주장했다. 1920년 2월에 소련 지도자들은 광범한 정보 수집, 계획, 조직, 행정 책임을 맡게 될 러시아전기화국가위원회 (State Commission for the Electrification of Russia, GOELRO) 의 설립을 승인했다. 레닌은 모스크바의 볼쇼이 극장에서 열린 제8차 소비에트 의회에 출석해 전기화와 현대적 대규모 생산은 자본주의에 대한 사회주의의 궁극적 승리를 가져다줄 것이라고 역설했는데, 이 역사적 사건은 전기화 계획을 발표하는 레닌의 영웅적 모습을 그린 그림으로 남아 있다. 그는 예측하기를, "만약 러시아가 조밀한 발전소 네트워크로 덮인다면 … 우리의 공산주의적 경제발전은 미래의 사회주의 유럽과 아시아

---

22) Anne Dickason Rassweiler, "Dnieprostroy, 1927~1932: A model of Soviet socialist planning and construction", doctoral dissertation, Princeton University, 1980, pp. 59, 61, 67.

에 모델이 될 것입니다." 그는 1917년 11월 혁명에서 연설과 결정적인 행동을 통해 그랬던 것처럼 대중을 사로잡는 것이 필요하다고 믿었고, 최대한 폭넓은 선전 활동과 함께 "우리가 건설할 모든 발전소를 대중에게 전기를 인식시키는 데 사용할 계몽의 근거지로" 전환할 것을 요청했다. 23)

　산업적으로 낙후된 소련에서 전기화는 신경제정책 기간인 1921～1928년 사이에 진행되었다. 국가가 통제하는 '핵심 고지'의 일부인 전력 네트워크의 건설은 대규모 기술이전에 의지했다. 이처럼 서구의 기술 전문가들과 그 기술을 눈에 띄게 충격을 유발하며 도입한 전례는 17세기 말에서 18세기 초에 러시아를 서구화하려 한 표트르 대제의 극적인 노력이 유일했다. 20세기에 소련 정부는 이미 시험되고 검증된 기술이전의 방법들에 크게 의지했다. 기술과 과학 관련 서적을 번역하고, 외국인 관리자, 엔지니어, 숙련 노동자들을 고용하며, 기계와 공정을 사들이는 방법이 그것이었다. 그러나 소련의 노력에는 새로운 점도 있었는데, 생산 시스템 전체를 수입해 이를 지역의 수력발전 단지에 통합하는 데 초점을 두었다는 점에서 그랬다. 여기에 단순히 '거대화에 대한 열광'(gigantomania)이라는 딱지를 붙인 관찰자들은 현대화가 곧 대규모화이고 대규모화는 자본주의에서 사회주의로의 전환을 위한 물질적 조건을 마련하는 것이라는 레닌의 논점을 놓치고 있었다. 미국에서 포드의 하일랜드 파크와 리버루지 공장을 설계한 산업 건축가 앨버트 칸은 이렇게 말했다.

---

23) Coopersmith, "Electrification of Russia", pp. 169～170.

1930년경 소련의 전기화

루이스 로조윅의 석판화 〈파수〉(1930)에 그려진 미국의 전기화

그토록 거대한 구조물의 건립을 요구하는 러시아인들의 심리상태를 이해하기란 정말 어렵다. 우리나라에서는 우선 소규모의 설계에서 시작하고 이후 확장이 용이하도록 배치한다. … 러시아에서는 이것이 통하지 않는다. … 그곳의 사람들은 이렇게 말한다. "우리는 달리는 법을 배울 시간이 없어요. 우린 곧바로 날아야 합니다."[24]

그러나 그처럼 규모가 큰 발전소를 건설하는 과정에서 소련 사람들은 발전용량이 충분히 활용될 것이고 부하곡선이 유리할 것이라는 가정을 하고 있었다. 새뮤얼 인설이라면 아마 그들에게 주의를 주었을 것이다. 공급을 창출하는 동안 수요를 공들여서 장려하지 않으면 이런 가정은 종종 들어맞지 않는다고 말이다.

한때 우크라이나 코사크 사람들의 요새가 지배하던 드네프르 강 폭포는 소련의 거대한 수력발전 프로젝트가 위치할 장소가 되었다. 이는 소련의 새로운 건설 계획 중 가장 야심 찬 것이었고,[25] 소련의 새로운 기술정책을 보여 주는 대표적인 사례이자 기술이전의 역사에서 기념비적인 한 장(章)이 되었다. 소련 계획기구의 전기화 부서 책임자는 "유럽 전체가 이 건설과정을 지켜보고 있다. … 이는 기술에서 우리가 치러야 할 시험이며, 우리는 가능한 최선의 여건을 조성해 이 시험을 통과할 수 있도록 해야 한다"라고 말하기도 했다.[26]

---

24) "An American engineering firm in the USSR: Extract from an address by Albert Kahn, president of Albert Kahn, Inc., of Detroit, before the Cleveland Engineering Society, December 15, 1930", *Economic Review of the Soviet Union*, VI(15 January 1931), 41.
25) Carr and Davies, *History of Soviet Russia*, II: 898~899.
26) Ibid., II: 908.

테네시 강 유역 개발공사 시스템의 1단계 사업이 된 머슬 숄즈
(Muscle Shoals) 프로젝트에 종종 비견되는 드네프르 프로젝트(드
네프로스트로이)는 미국 스타일로 진행되었다. 미국인인 휴 쿠퍼가
드네프르 프로젝트의 수석 컨설팅 엔지니어로 임명되었고, 소련 엔
지니어 I. 알렉산드로프가 프로젝트 책임을 맡았다. 미국 회사들은
장비를 공급하고 공사를 감독할 엔지니어들을 제공했다. 인터내셔
널 제너럴 일렉트릭(International General Electric)이 발전소에 필요
한 거대한 발전기 중 5개를 제작했고, 레닌그라드에 있던 소비에트
일렉트로실라 플랜트(Soviet Electrosila Plant)가 미국 측 감독하에
나머지 4개를 제작했다. 뉴포트 뉴스 조선 드라이독 사(Newport
News Shipbuilding and Drydock Company)는 세계에서 가장 큰 8만
5천 마력 출력의 터빈 9개를 건조했다. 독일과 스웨덴 회사들은 댐
과 발전소에 들어갈 다른 주요 품목들을 책임졌다. 그러나 전체적으
로 보면 수력발전 설비의 70% 정도는 미국 것이었다. 증기삽, 기중
기, 기관차, 착암기, 건설용 강철 등도 모두 미국에서 건너왔다.
"세계 그 어느 곳에서도 그처럼 많은 장비들을 … 단 한 곳의 건설 현
장에서 발견할 수는 없었다."27) 미국의 사진가 마거릿 버크-화이트
는 건설 현장을 방문한 자리에서 부드러운 말씨의 버지니아 사람 4
명이 터빈을 설치하는 맨발의 소련 사람들을 감독하는 광경을 목도
하고 이를 주목할 만한 국제적 교류로 받아들였다. 28)

---

27) H. R. Knickebocker, *The Soviet Five-Year Plan and Its Effect on World
    Trade*(London: John Lane The Bodley Head, 1931), p. 161.
28) Margaret Bourke-White, *Eyes on Russia*(New York: Simon & Schuster,
    1931), p. 80.

공사는 1927년에 시작되었고, 수만 명의 노동자들이 건설에 참여했다. 1932년 5월 1일에 소련 사람들은 발전소에 'V. I. 레닌'이라는 이름을 헌정했고 세계 최대의 수력발전소 가동을 시작했다. 이 프로젝트는 수없이 많은 소련의 엔지니어와 노동자들에게 서구 기술을 배울 수 있는 기회를 제공했고, 그들은 소련 전역의 다른 프로젝트에 자신의 경험을 전달했다. 소련은 외국인 엔지니어들을 고용하면서도 노동력은 자국 노동자에게 의지했다. 그들의 숙련 결핍이 수없이 많은 실수와 사고를 일으켰지만 말이다. 이와 비슷하게 19세기 초 이리 운하(Erie Canal)•는 미국인들에게 직업 훈련소로서의 구실을 했다. 휴 쿠퍼는 소련이 드네프로스트로이를 건설한 학습 경험과 풍족한 인적자원 및 천연자원을 결합하면 세계에서 지도적 위치를 차지하게 될 것이라고 믿었다. 29)

소련의 프로젝트는 대규모 사업이어야 한다는 레닌의 주장에 따라, 계획가들은 댐에서 나오는 값싼 전력에 기반해 하나의 산업 지역을 건설하는 것을 구상했다. 이러한 동력 시스템은 나이아가라 폭포 주위에서 번성했던 것과 유사했다. 소련 사람들은 수력발전소가 "경제적 · 기술적으로 상호 연결된 단일한 산업단지"의 핵심 구성요소가 되기를 원했다. 30) 그들은 질소고정 공장, 시멘트 공장, 알루

• 〔옮긴이주〕 뉴욕 주를 동서로 가로질러 올버니와 버펄로를 연결한 총연장 580킬로미터의 운하로 1825년에 완공되었다. 이는 당시 세계 최대 규모의 운하 공사였고, 건설 과정에서 현장 훈련을 통해 수많은 토목 엔지니어들이 양성되었다.

) Carr and Davies, *History of Soviet Russia*, II: 908.
30) Ibid., II: 911.

미늄 생산 공장, 철강 생산 단지를 고전압 송전선과 전기철도 시스템으로 한데 엮는 것을 계획했다. 러시아 북부에서 흑해까지 드네프르 강의 항해가 끊어지지 않도록 폭포와 댐 주변에 운하를 건설하는 것은 예카테리나 2세의 꿈을 실현하는 것이기도 했다. 그들은 고전압 송전선으로 댐에서 320킬로미터 정도 떨어진 도네츠 분지의 산업체들에 전력을 공급할 계획도 세웠다. 31) 아울러 소련에서 흔히 그랬듯이, 15만 명에 달하는 노동자들을 위해 전기-산업 복합단지의 중심부에 현대적 주택을 공급하고 새로운 도시를 세울 계획도 마련했다. 계획가들은 산업 지역의 인구가 100만에서 800만까지 늘어날 것으로 예상했다.

1932년에 열린 수력발전소 헌정식에서 소련 정부는 쿠퍼에게 최고의 영예인 적성 훈장을 수여했다. 그는 이 상을 받은 최초의 외국인이었다. 32) 1865년에 미네소타 주 셸던에서 태어난 쿠퍼는 전 세계를 돌며 수력발전 프로젝트를 수행했다. 그는 시카고, 밀워키, 세인트폴 철도에서 도제 생활을 했고, 그가 받은 칼리지와 대학 학위는 모두 명예학위였다. 시카고 교량 및 철강회사(Chicago Bridge and Iron Works)에서 수석 엔지니어의 반열에 오른 그는 1890년대에 붐을 일으킨 수력발전 분야에 뛰어들었고 1901년에 자신의 컨설팅 회사인 휴 L. 쿠퍼 사(Hugh L. Cooper Co.)를 설립했다. 이후 수십 년 동안 그는 총 200만 마력이 넘는 용량의 수력발전 프로젝트

---

31) K. A. Pohl, "Das neue Wasserkraftwerk am Dnjepr", *Elektrotechnische Zeitschrift*, XXXI(4 August 1932), 746.
32) Dorn, "Hugh Lincoln Cooper", 337.

니콜라이 도르미돈토프, 〈드네프로스트로이〉(1931)

를 설계하고 건설했는데, 그중에는 길이가 1.6킬로미터가 넘는 키어컥 댐과 미시시피 강 발전소, 테네시 주 머슬 숄즈의 미국 정부 시설 등이 있다. 그는 이집트의 아스완 댐을 높이는 계획을 도와주기도 했다. 1927~1932년까지 소련 정부와 계약을 맺은 그는 매년 1~2개월 정도를 드네프르 공사 현장에서 보냈다. 소련의 한 엔지니어는 회고하기를, "무뚝뚝하고 조심스러운 미국인 전문가 쿠퍼는 자신이 드네프르 프로젝트에 대해 알게 된 후로 시인이 되었다고 했다".[33] 그와 미국인 직원들은 슬로바다, 즉 외국인 구역에 거주했는데 이곳에는 안락한 주택, 훌륭한 시설, 그리고 수영장과 골프 코스까지 갖

---

33) Carr and Davies, *History of Soviet Russia*, II: 900.

드네프로스트로이 댐의 건설

취져 있었다.

　쿠퍼를 책임 엔지니어로 임명하기 전, 소련은 독일 회사인 지멘스 바우니온(Siemens Bauunion)을 후보로 고려했다. 이 독일 회사는 댐 건설에서 특히 두각을 나타내고 있었다.[34] 이 회사의 꼼꼼한 이론적 접근과 종이 점토를 이용한 프로젝트 모델은 소련 지도자들에게 깊은 인상을 주었다. 그러나 쿠퍼가 모든 건설용 철도에서 소련의 표준 궤간을 사용한 점, 경험이 부족한 소련 노동자들이 배울 수 있는 단순화된 기법에 의지한다는 점, 그 외에 고도로 실용적이고 적용가능한 권고를 한다는 점 등이 작용해 주요 컨설팅 계약자로 낙

---

34) A. Bonwetsch, "Die Gross-Wasserkraftanlage Dnjeprostroj", *Zeitschrift des Vereines Deutscher Ingenieure*, 76(20 August 1932), 814~815.

점되었다. 그는 소련에서 그 어떤 기술 전문가보다 더 많은 보수를 받았다. 소련 정부는 쿠퍼와 그 직원들을 위해 미국 음식을 수입했고 '미국식 전원도시 개발'이라는 영예를 얻었음직한 벽돌 건물에 이들이 숙박할 곳을 마련해 주었다. 35)

쿠퍼는 훌륭하고 오래된 미국식의 상식주의 말고는 어떤 '주의'(ism)도 받아들이지 않았다고 말하곤 했지만, 그가 사업계약을 맺고 오랜 대화를 나눈 모든 소련 지도자들 — 이오시프 스탈린을 포함해서 — 이 위대한 지적 능력의 소유자임은 인정했다. 그는 그들이 기술을 통해 사람들의 조건을 향상시키는 데 매진하고 있다고 믿었다. 스탈린은 "친절한 심성의 소유자였지만 자신들의 경제계획이 옳다는 데 엄격한 확신을 가지고 있었다". 36) 그는 간결한 사업계약에 긍정적인 태도를 보였고 부패 행위가 없었다는 데 기뻐했다. 쿠퍼는 또한 소련 노동자들을 좋아했고 그들이 극적인 건설 프로젝트에 대한 열성적 참여자임을 알게 되었다. 그중 많은 수가 농부였던 노동자들에게 복잡한 장비의 사용법을 가르치는 것은 애가 탈 정도로 좌절감을 주는 일이었지만, 힘을 합쳐 노력한 결과로 진척을 이뤄 냈다. 그는 소련 엔지니어와 관리자들이 노동자들에 대해 권위를 행사하는 것이나 노동자들에 대한 인센티브 제공과 도급제 임금을 활용

---

35) Dorn, "Hugh Lincoln Cooper", 335.

36) Hugh Lincoln Cooper, "Address prepared for the 6th General Congress of the International Chamber of Commerce, Washington, D.C., 5 May 1931", in *Trade with Russia*(New York: American-Russia Chamber of Commerce, 1931); "Address delivered before the Institute of Politics, Williamstown, Mass., 1 August 1930", in *Soviet Russia*[New York: (place?, 1930?)].

휴 쿠퍼(왼쪽)와 이오시프 스탈린(가운데)

하는 것을 보고 만족해했다.

　그는 미국이 소련을 외교적으로 공식 인정하기 전에 미국-소련 관계를 후원했고, 이후 미-소 상공회의소 의장이 되었으며, 양국의 무역을 열망하는 주요 미국 기업들에서 이사를 맡았다. 1932년에 그런 기업들에는 인터내셔널 제너럴 일렉트릭, 웨스팅하우스 전기 인터내셔널 사(Westinghouse Electric International Company), 토머스 A. 에디슨 사(Thomas A. Edison, Inc.), 제너럴 모터스 사, W. 애버릴 해리먼 사(W. Averill Harriman & Co.), 체이스 내셔널 뱅크(Chase National Bank), 아메리칸 로코모티브 사(American Loco-motive Company) 등이 있었다. 37)

---

37) Dorn, "Hugh Lincoln Cooper", 341~347.

쿠퍼(왼쪽)와 외무담당 정치위원 막심 리트비노프

1928년에 소련이 1차 5개년 계획을 발족하자, 헨리 포드는 소련에서 테일러보다 더 위대한 생산의 영웅이 되었다. 포드의 방법과 심지어 포드라는 인물에 대한 감정적 숭배가 커졌다. 포드가 1922년에 발간한 자서전 《나의 삶과 일》은 소련에서 1925년까지 4쇄를 찍었다. 사람들은 보통 레닌의 책을 읽을 때와 비견될 정도로 그의 책을 열심히 읽었다. 심지어 한 미국인 관찰자는 관리자들도 마치 다른 이들이 레닌을 공부할 때와 같은 열의를 가지고 포드를 공부하고 있다고 썼다. 스탈린의 이름을 한 번도 들어 본 적이 없는 농부들도 '철마'(鐵馬)를 제조한 사람이 누구인지는 알고 있었다. 38) 월터 듀란티는 1928년에 다음과 같이 썼다.

포드는 미국, 그리고 미국이 성취한 모든 것을 의미했다. 이 광대하고 낙후된 나라에 하나의 모델이자 이상으로 자리 잡은 바로 그 미국 말이다. … 값싼 대량생산은 소련의 목표였고, 실용적 견지에서 볼 때 세계 혁명보다 더 소중한 것이었다. … 39)

소련 지도자들은 소련에서 포드 사가 설계한 엄청난 규모의 공장을 거대한 드네프르 수력발전 프로젝트와 함께 소련 현대 기술의 상징으로 이용했다. 바이마르에서처럼 소련에서도 포드의 사회철학은 대량생산과 대량소비에 관한 하일랜드 파크와 리버 루지 공장의 기계류와 설계에 못지않게 사람들의 열정에 불을 붙였다. 포드주의는 한때 억압받고 의기소침했으나 이제 공산주의 사회에 진심으로 전념하는 시민이 된 노동자와 농부들에게 윙윙거리는 공장들이 풍족한 소비재를 공급하는 미래상을 제시했다. 1919년에 소련 측의 어떤 사절은 포드와의 면담을 요청하면서 이렇게 덧붙였다. "우리는 소비에트 러시아가 인류의 이익에 부합하는 산업 효율의 방법을 개척하고 있다는 점을 당신에게 납득시킬 수 있다고 믿습니다."40)

소련의 영웅이자 기술 공급자로서 포드의 역할은 적어도 작은 정체성의 위기를 불러왔음이 분명하다. 그는 자서전 《나의 삶과 일》에서 다음과 같이 쓴 바 있다.

---

38) Mira Wilkins and Frank Ernest Hill, *American Business Abroad*: *Ford on Six Continents* (Detroit: Wayne State University Press, 1964), p. 216에 인용된 모리스 힌두스의 말.

39) Walter Duranty, "Talk of Ford favors thrills Moscow", *New York Times*, 17 February 1928, p. 7.

40) Wilkins and Hill, *American Business Abroad*, p. 209.

자연의 섭리는 소비에트 공화국을 거부했다. 그것이 자연의 섭리를 부인
했기 때문이다. 다른 그 무엇보다도 노동의 결실에 대한 권리를 부인했
다. … 진실을 말하자면, 불쌍한 러시아는 일하고 있지만 그 일은 아무짝
에도 쓸모가 없다. 자유로운 노동이 아니기 때문이다. 41) … 러시아에서
지적인 두뇌, 경험, 능력을 몰아내는 것과 같은 영향이 이곳에서도 부지
런히 편견을 쌓고 있다. 우리는 이방인, 파괴자, 행복한 인간성을 증오
하는 자들이 우리 국민을 분열시키게 두어서는 안 된다. 42)

소련 체제에 대한 포드의 견해는 1920년대 초 포드슨 트랙터의 수
입만큼 소련 사람들의 의식에 깊숙이 침투하지 못했다. 1926년까지
소련은 2만 4,600대의 포드슨 트랙터를 주문해 1만 대를 인도받았
다. 1927년에 포드 사는 소련에 있는 트럭과 트랙터의 85%가 포드
제품이라는 사실을 뽐냈다. 43) 1924년에는 소련의 광대한 농촌에서
겨우 1천 대의 트랙터가 작동하였지만, 1934년까지 그 수는 20만 대
로 늘었고, 그 대부분은 포드나 인터내셔널 하비스터(International
Harvester) 등이 미국에서 생산한 것이었다. 일부는 미국의 설계에
따라 소련의 공장에서 만들어졌다. 44) 미국의 많은 농업 전문가들이
소련으로 와서 소련 농부들에게 트랙터 사용법을 가르치고 적절한

41) Henry Ford with Samuel Crowther, *My Life and Work* (Garden City,
    N. Y. : Doubleday, Page, 1922), pp. 4~5.

42) Ibid. , p. 5.

43) Allan Nevins and Frank Ernest Hill, *Ford: Expansion and Challenge,
    1915~1933* (New York: Charles Scribner's Sons, 1957), p. 673.

44) Dana G. Dalrymple, "The American tractor comes to soviet agriculture:
    The transfer of a technology", *Technology and Culture*, 5 (1964), 191.

1923년 노보로시스크에서 포드슨 트랙터를 하역하는 광경

농법을 도입하도록 도와주었다. 트로츠키는 "미래지향적인 우리 농부들에게 가장 인기 있는 단어는 포드슨이다"라고 말하기도 했다. 농부들은 마을에서 포드슨의 날을 기념하고 포드슨 축제를 열었다.[45] 포드슨 트랙터는 이처럼 상징적으로는 훌륭했지만, 정작 트랙터로서는 별로 도움이 되지 못했다. 소련 사람들은 포드슨 트랙터가 소련의 토양을 깊숙이 갈기에는 너무 가볍다는 사실을 알게 되었다.[46] 미국에서는 가격이 저렴하고 운행이 경제적인 경량 포드슨 트랙터가 고장이 났을 때 즉각 수리가 가능했다. 서비스가 포드 시스템의 일부였기 때문이다. 그러나 소련에서는 그렇지 못했다.[47]

---

45) Ibid. , 194.

46) Christine White, "Ford in Russia: In pursuit of the chimeral market", *Business History*, XXVII (October 1986) , 92~93.

1923년 항구를 떠나는 포드슨 트랙터

결국 포드슨은 부적절한 기술로 판명되었다. 포드슨은 소련에 부족한 가솔린을 연료로 사용했는데, 소련에서는 이것의 공급이 부족했다. 소련 사람들은 나프타•를 연료로 하는 엔진이 필요했다. 1928년 이후 소련에서는 포드슨보다 크고 튼튼한 트랙터를 인터내셔널 하비스터, 존 디어(John Deere), 케이스(Case), 앨리스-차머스(Allis-Chalmers) 등의 다른 미국 회사들로부터 수입했다. 소련의 트랙터 수입이 정점에 달한 1931년에는 수입 물량의 99%가 미국에서 왔다. 그 이후 소련에서 자체 트랙터 생산 — 대부분 미국의 설계

47) Ibid. , 93.
• 〔옮긴이주〕 원유를 증류할 때 나오는 가장 끓는점이 낮은 성분으로 석유화학 산업에서 이후 공정에 투입될 중간생성물로 주로 쓰인다. 이를 조제 가공하면 가솔린을 만들 수 있다.

에 따른 공장에서 — 을 증가시키면서 수입은 급격히 줄어들었다.

소련은 스탈린그라드(현 볼고그라드)에 앨버트 칸이 설계한 거대한 공장을 건설했다. 공장 건설은 디트로이트 출신의 존 K. 칼더의 감독하에 이뤄졌다. 48) 인터내셔널 하비스터 사가 기술 자문과 함께 생산될 트랙터의 설계를 제공했다. 대략 380명의 미국인 엔지니어와 작업반장들이 스탈린그라드에서의 건설을 도왔고, 작업반장들은 러시아 사람들이 공장을 가동할 능력을 갖출 때까지 러시아에 계속 머물렀다. 1930년에 공장에서는 트랙터 생산을 시작했지만, 얼마 안 가 스탈린그라드는 형편없는 품질과 늦은 물품 인도, 그리고 노동자들이 기계를 매우 서투르게 다루는 것으로 악명을 떨치게 되었다. 많은 노동자가 이곳에 와서 전등불을 처음 보았고 기계는 한 번도 다뤄 본 적이 없는 사람들이었다. 49)

존 칼더는 첼랴빈스크에서 트랙터 공장 건설도 감독했는데, 소련 사람들은 이 조립 공장이 세계 최대 규모의 건물이 될 것이라고 자랑했다. 그들은 매년 5만 대의 스탈리네츠(Stalinets) 트랙터를 생산할 수 있을 것이라며 자신 있게 예측했다. 1933년 캐터필러(Caterpillar) 사의 무한궤도 트랙터를 그대로 복제한 제품의 생산이 시작되었다("언제나처럼 러시아에서는 미국의 특허 보유자에게 한 푼의 사용료도 지급하지 않았다"). 50) 소련에서는 첼랴빈스크가 신속하게 탱크 생산으로 전환될 수 있어야 한다는 조건을 달았다. 포드의 리버 루지 공장

---

48) Grant Hildebrand, *Designing for Industry: The Architecture of Albert Kahn* (Cambridge, Mass.: MIT Press, 1974), pp. 43~54, 92~100.

49) Dalrymple, "American tractor", 199.

50) Ibid., 201.

알렉산드르 드이네카, 〈여성 여단〉(1931)

건설을 감독했던 레온 스와지언은 레닌그라드의 푸틸로프에 있는
작은 트랙터 공장과 하르키우에 있는 또 다른 공장 건물을 확장해 인
터내셔널 하비스터 모델의 복제품을 생산하도록 하는 과정도 관장
했다.

　미국의 관리자, 엔지니어, 작업반장들이 소련의 관료와 노동자들
을 상대하면서 트랙터 공장을 가동시키려 애쓰는 과정에서 경험한
좌절은 농부들의 기계 사용을 도와주며 겪은 어려움에 비하면 아무
것도 아니었다. 미국인 헤럴드 M. 웨어와 그의 부인, 그리고 8명의

미국 농부들은 1922년에 소련 농부들에게 작동법을 가르쳐 줄 트랙터 몇 대와 함께 소련에 도착했다. 소련 정부는 기법 시연을 위해 그들에게 1만 4천 에이커의 농장을 할당해 주었다. 트로츠키는 미국 농부들을 환대했고, 키가 크고 건장한 이 농부들이 대부분 스칸디나비아 출신의 1세대 미국인들이라는 사실을 기쁜 마음으로 눈여겨보았다.

> 그렇다면 스칸디나비아의 농부들이 한 세대 만에 미국의 농부이자 트랙터 전문가로 탈바꿈할 수 있었던 것이군요. 아마 우리도 러시아 농부들을 그렇게 바꿔 놓을 수 있을 겁니다. 51)

그러나 소련에서의 그 한 세대는 길고 힘든 기간으로 판명되었다. 1924년에 웨어는 더 많은 미국 농부들을 데려왔다. 그보다 앞서 1922년에는 조지프 로젠이 유대인 공동분배 위원회(Jewish Joint Distribution Service)•의 원조를 받아 많은 젊은 미국 농부들과 함께 트랙터를 가지고 들어왔다. 웨어와 로젠은 소련에서 트랙터 농법을 확립하는 일을 도왔고 이런 기여에 대해 소련 지도자들로부터 크게 찬사를 받았다. 다른 미국인들도 그 뒤를 따랐지만, 가슴 아픈 실패 사례도 무수히 많았다. 1930년 이후 점점 더 많이 만들어진 소련제

---

51) Ibid. , 202.
• 〔옮긴이주〕1914년 미국에서 설립된 유대인 구호기구로서 애초 터키 지배하에 있던 팔레스타인의 유대인들을 돕기 위해 만들어졌다가 혁명 이후 기근을 겪던 소련에 대한 원조나 나치 치하의 유대인들에 대한 원조 등으로 활동을 확대했으며 현재에는 70여 개국에 지부를 갖고 있다.

트랙터에서는 새는 라디에이터, 잘못 주조된 실린더 헤드, 느슨한 베어링, 부러진 밸브 스프링 등이 흔하게 발견되었다. 한 미국인 강사는 미국으로 돌아와서 다음과 같이 썼다.

> 난 러시아 사람들이 기계를 얼마나 혹사시키는가 하는 얘기를 어디서부터 시작해야 할지 모르겠다. … 10년 동안 힘든 일을 시켜도 잘만 굴러가던 트랙터가 그곳에서는 3번의 계절만 버틸 뿐이었다. … 그(러시아 노동자)는 기계가 돌아가든 말든 상관하지 않았다. 사실 기계가 돌아가지 않으면 그는 잠잘 시간을 더 많이 얻을 수 있었고, 잠은 그가 사랑하는 것 중 하나였다. 52)

또 다른 관찰자는 고장이 난 트랙터 무리가 풍경 속에 여기저기 흩어져 있었다고 썼다. 예비부품은 부족했고 수리작업은 서툴렀다. 생산 할당량을 채우기 위한 미친 듯한 노력으로 인해 많은 기계가 망가졌다. 소련의 한 농장 관리자는 그의 농장에 할당된 미국인들을 맞으며 그들이 해야 할 일을 일러 주면서 책상 위에 권총을 올려놓고 있었다. 1926년에 포드 사에서 파견한 5명의 사절단은 1만 킬로미터를 다니면서 트랙터와 다른 시설들을 둘러보았다. 그들은 소련 사람들이 도표, 도해, 색깔이 칠해진 숫자표에 완전히 열중하고 있다는 사실을 발견했지만, 그것이 아무런 의미가 없음을 이내 알게 되었다. 포드 사절단은 우크라이나에 수많은 트랙터 수리점이 있음을 상세히 보여 주는 도표를 보았지만, 그곳에서 단 한 곳의 수리시설

---

52) Ibid., 206~207.

도 찾을 수 없었다. 이 사절단은 현대식 공작기계가 갖춰져 있고 기계도 논리적으로 배치되어 있지만, 공장은 지저분하고 노동자위원회의 감독은 형편없으며 노동자들은 게으르다는 사실을 알게 되었다. 포드 사로 보낸 기밀보고서에서 그들은 정치적 고려가 기술적 고려를 압도하는 것에 대한 충격을 표현했다. 53) 그러나 농부들에 대한 다른 보고서도 있었다. 여기에는 농부들이 처음에 기계 이용에 대해 회의적이고 반항하는 태도를 보이다가 점차 설득되어 더 많은 트랙터를 요구하게 되었다는 내용이 담겨 있었다.

요컨대, 그 과정이 실패와 실망으로 점철되긴 했지만, 제2차 세계대전 이전까지 미국의 전문가들과 대체로 미국의 설계를 따른 트랙터들은 소련에서의 농업 집산화 실현을 상당한 정도로 도와주었다고 말할 수 있다. 54)

소련 사람들은 트랙터 외에도 포드의 유명한 자동차와 트럭도 간절히 원했다. 자본주의 세계의 제품을 수입하기보다는 생산수단을 수입하는 소련의 정책을 따라, 1928년에 미국-소련 간의 무역회사인 암토르그(Amtorg)와 모스크바 자동차 연합(Moscow Automobile Trust)의 대표단이 디트로이트를 방문했다. 포드가 모델 T에서 모델 A로 전환한 이듬해의 일이었다. 포드 사는 소련과의 협상에 흥미를 보였다. 전 세계적으로 모델 T의 판매량이 감소하고 있었고 소련의 포드슨 트랙터 주문도 급격히 감소하고 있었기 때문이었다. 55)

---

53) Wilkins and Hill, *American Business Abroad*, p. 209.
54) Dalrymple, "American tractor", 212~213.
55) White, "Ford in Russia", 91.

소련 대표단은 자국에 포드 자동차 공장을 세우기를 원한다는 뜻을 밝혔다. 1차 5개년 계획이 시작된 이듬해인 1929년 5월에 포드 자동차 회사는 소련 최고경제위원회(Supreme Economic Council)와의 계약서에 서명했다. 포드는 공장 건설을 위한 상세한 계획을 제공하고 궁극적으로 포드의 모델 A 자동차와 모델 AA 트럭을 합쳐 연간 10만 대를 생산할 수 있는 조립 및 생산 공장을 완성한다는 데 합의했다. 포드는 공장설비도 제공하기로 했고, 오하이오 주 클리블랜드의 엔지니어링 컨설팅 회사인 오스틴 사(Austin Company)가 생산 공장, 조립 공장, 그리고 니즈니노브고로드(1932년 고리키시로 개명)에 세울 노동자들의 모델 도시 건립을 감독하게 되었다. 앨버트 칸은 모스크바에서 소규모 조립 공장의 건설을 지휘했다. 조립 공장에서는 소련의 생산 공장이 가동될 때까지 수입된 부품들을 조립할 예정이었다. 소련과 포드 사는 수백 명에 달하는 엔지니어와 작업반장을 서로에게 파견했는데, 이는 포드 공장의 가동을 용이하게 했다. 소련은 7만 2천 대에 달하는 포드의 모델 A 자동차와 모델 AA 트럭을 미조립 상태로 구매하고, 처음 4년간은 소련이 원하는 비율로 부품을 공급받기로 합의했다. 이 기간에 소련 공장에서의 생산이 증가해 생산량이 연간 10만 대에 이르면 포드 부품의 수입은 중단될 예정이었다. [56)

소련에 대한 포드의 태도는 《나의 삶과 일》을 쓴 이후 변화를 겪었다. 전하는 말에 따르면 그는 "러시아는 건설을 시작하고 있다"고 말하면서 이렇게 덧붙였다.

---

56) Nevins and Hill, *Ford: Expansion and Challenge*, p. 677.

나는 모든 사람이 가능한 한 자신을 부양할 능력을 갖추기 전까지는 세계에서 균형 잡힌 경제질서를 건설할 수 없을 것이라고 오랫동안 확신했다. … (오직 어리석고 탐욕스러운 자만이) 세계가 우리에게 계속해서 의지하는 미래를 상상할 수 있다. … 아니다, 다른 국가들은 러시아가 하듯 해나갈 것이다. 57)

소련이 포드와의 계약을 통해 반세기에 걸친 경험을 얻게 될 것이라고 믿은 그는 산업화가 번영을 낳고 번영은 세계 평화를 가져올 것이라며 만족해했다. 제1차 세계대전 때 전세 낸 '평화의 배'를 타고 유럽으로 건너가 교전국들에게 무기를 내려놓도록 설득하려 했던 포드의 야심 찬 계획을 기억하는 사람이라면 그의 진정성을 의심하기는 어려웠다. 그리고 포드 자동차를 판매하려는 그의 결단도.

1930년 2월에 니즈니노브고로드 조립 공장이 생산을 시작하자 마을 사람들은 무리를 지어 공장을 방문해 격정적인 축하 분위기를 만들었다. 중요한 전문직 종사자들도 이 중요한 역사적 과정에 동참하는 취지에서 잠시 동안 조립라인에서 일해 달라는 요청을 받았다. 축하 연회에서 소련 사람들은 먼저 펼친 담요 위에 포드 감독관을 올려놓고 헹가래를 친 후에 멋지게 차려입고 행사장에 나온 장군에게 헹가래를 쳤다. 영리하게도 소련 관리들은 포드 감독관에게 몇 달 동안 흑해 연안에서 호화로운 휴가를 보내고 갈 것을 종용했다. 그 없이도 니즈니노브고로드와 모스크바의 조립 공장이 가동될 수 있음을 확신할 때까지 말이다. 1932년 1월에 대규모 생산 공장이 가동

---

57) Ibid. , p. 679.

1930년 모스크바의 포드 자동차 조립라인. 소련에서 조립된 최초의 모델 A가 보인다.

을 시작했다. 볼가 강변의 니즈니노브고로드에 리버 루지가 세워졌고 모스크바 사람들은 모델 A를 몰고 다닐 수 있게 되었다. 포드의 재정기록에는 그의 회사가 계약으로 인해 이득을 보았는지 손해를 보았는지 분명하지 않다. 소련이 애초 계약한 것의 절반에 못 미치는 자동차만 구매했기 때문이다. 그러나 포드 사가 V-8 엔진으로 교체 중이던 시점임을 감안한다면, 어차피 버려졌을 300만 달러 상당의 생산 설비를 니즈니노브고로드의 생산 공장으로 선적한 것은 분명 이득이었다. 58)

---

58) Wilkins and Hill, *American Business Abroad*, pp. 222~224.

마그니토고르스크

기술혁명을 밀어붙이던 사람들은 인디애나 주 게리에 기초한 철강 단지를 건설하는 또 하나의 엄청난 계획에 착수했다. 단지는 우랄 산맥 뒤편의 마그니토고르스크에 자리 잡았는데, 러시아령 시베리아의 키르기스 대초원 지대에 있는 마을이었다. 마을 인근에는 자화 (磁化) 된 철광석이 풍부한 2개의 작은 산이 있었다. 우랄 강 인근 우랄 산맥의 동쪽 사면에 위치한 철광석 산은 초기의 탐험가들이 산 근처에서 나침반 바늘이 빗나간다는 사실을 기록한 이래 미신과 관심을 자아냈다. 18세기에 이 놀랍도록 풍부한 자화철의 원천이 채굴되기 시작했지만, 우랄 산맥 뒤편에서 러시아 서부에 있는 시장까지의 거리는 너무 멀고 운송 수단이 원시적이어서 철광석 산출량은 많지 않았다. 제1차 세계대전 직전에 외국 기업가들이 차르 체제와 힘을 합쳐 소규모의 채굴 활동에 돈을 댔지만 소련의 1차 5개년 계획 이전까지는 광석 채굴이 제한적이었다. 소련 지도자들은 통합된 지역적 생산 시스템을 건설하는 야심 찬 계획을 구상했다. 그들은 바로 세계에서 가장 현대적이고 규모가 큰 철 생산시설을 원했다.

계획에는 철광석을 자기적으로 분리, 농축, 소결(燒結) 하는 시설, 거대한 1,500톤 규모의 고로(高爐) 8개, 150톤 규모의 평로 28개(나중에는 42개), 25톤 규모의 베세머 전로 3개, 코크스로 45개와 관련된 부산물을 처리하는 화학 공장, 압연 공장 3개가 포함되어 있었다.59) 철과 강철을 생산하는 시설은 더 큰 규모의 지역 단지의 일부가 될 예정이었는데, 여기에는 금, 백금, 은, 구리, 니켈, 납, 알루미늄 광산, 스베르들로프스크의 기계 제조 및 무기 생산 공장, 첼랴빈스크의 트랙터 공장, 오르스크·우파·페름의 기계 제조 공장, 오르스크 인근의 비철금속 시설, 니즈니타길 인근의 철도 화차 공장, 이셈바예보에 있는 유전과 정유 공장, 그리고 시베리아의 쿠즈네츠크에 있는 석탄 광산과 연결하는 2,200킬로미터 길이의 운송 선로 등이 포함되었다. 단지에 쓰일 석탄을 공급하는 또 다른 광산은 멀리 떨어진 카라간다에 있었다.

이 계획은 황무지 지역에 사회주의 노동 공동체를 건설할 것도 요청했다. 웅장한 지역계획의 산물인 이 계획은 우랄-쿠즈네츠크-콤비나트(Ural-Kuznetsk-Kombinat) 라는 이름으로 불렸다.[60] 소련은 자신들이 자본주의 생산 시스템에서 배워 이를 뛰어넘을 수 있다는 것을 보여 주려 했다.

소련의 농부들과 시베리아의 유목민들이 높은 임금과 더 나은 삶의 질을 찾아 마그니토고르스크의 프로젝트로 흘러들었다. 이들 중 일부는 최근에 집산화된 농장에서 탈출한 사람들이었다. 국내외 엔지니어와 기술자들이 곧 공사 현장에 모습을 드러냈다. 오하이오 주 클리블랜드의 아서 G. 매키 사(Arthur G. McKee & Company) 가 마그니토고르스크의 주요 외국 계약업체가 되었고, 또 다른 컨설팅 건설 회사인 프레인 엔지니어링 사(Freyn Engineering Company) 는 마그니토고르스크의 시설과 체계적으로 연결된 쿠즈네츠크 제철소

---

59) N. Ossinsky, "Zwei Giganten der Sowjetindustrie", *Moskauer Rundschau*, 34 (19 July 1931), 131.

60) "Magnitostroi", *Sowjet-Russland von Heute*, XI (1932), 8~9.

의 설계와 건설 책임을 소련 엔지니어들과 분담했다. 1927년 이래 프레인 사는 14명의 엔지니어를 두고 소련의 금속 산업 발전을 위한 종합 계획에 대해 자문하도록 했다.[61] 원래 매키 사는 마그니토고르스크의 모든 철과 강철 제조시설 건설을 설계하고 감독하기로 되어 있었지만, 충분한 신용 대부를 제공할 능력이 못 되어서 다른 회사들이 하청을 받았다. 압연 공장 건설계약은 독일의 컨설팅 계약업체인 데마크(Demag)와 클라인(Klein)에 넘어갔다. 코크스 공장 책임은 미국 회사인 코퍼스 사(Koppers and Company)가 인수했다. 매키는 고로와 광산 업무에 대한 책임을 계속 맡았다. 소련의 다양한 엔지니어링 조직은 평로, 운송 시스템, 물 공급, 그 외 시설 건설을 감독했다.

존 스콧이라는 젊은 미국인은 소련의 철강 도시에서 미국인 노동자로 일한 경험을 기록으로 남겼다(제2차 세계대전 후 그는 〈타임〉지의 수석 편집인이 되었다). 그는 그곳에서 5년 동안 일하면서 많은 땀과 피, 그리고 "건설 중인 웅장한 공장"을 보았다.[62] 스콧은 1931년에 위스콘신대학을 나와 제너럴 일렉트릭에서 용접공으로 견습 생활을 했고 이 기술을 소련으로 가지고 갔다. 그는 미국의 대공황에 슬픈 환멸을 느꼈고 스무 살 먹은 자신의 에너지와 열정을 쏟을 곳이 없음을 알게 되자 "적어도 미국보다는 한발 앞서 있는 것처럼 보이는 사회의 건설에 손을 빌려 주기로" 결심했다고 회고했다.[63]

61) "Magnitostroj und Kusnetzkstroj", *Moskauer Rundschau*, 24(15 June 1930).
62) John Scott, *Behind the Urals: An American Worker in Russia's City of Steel* (Bloomington: Indiana University Press, 1973), p. 6.

스콧은 고로 건설에 배정된 노동자들과 함께 생활하면서 그들의 삶의 조건이 비산업화 지역에 사는 사람들보다 나을 것이라고 믿었다. 그럼에도 그는 많은 노동자들이 추위, 굶주림, 피로, 그리고 종종 미숙함에서 기인한 산업재해로 죽거나 크게 다치는 것을 목격했다. 수만 명의 정치범들과 재산을 빼앗긴 부농들, 그 외 다른 사람들도 비밀경찰의 감시하에 마그니토고르스크에서 일했다. 스콧은 그들의 삶이 자유노동자들의 삶과 크게 다르다고 생각하지 않았다. 단하나 예외가 있다면 그들에게는 숙련을 익힐 기회가 거의 주어지지 않는다는 정도였다. 공산당 대표로 모스크바에서 파견된 특수정치분쟁 조정자들은 '정치적' 전술을 활용해 정해진 일정과 할당량을 강요했다. 스콧은 그들이 진취적 기상과 에너지의 원천이며, 불필요한 술책을 쓰거나 마녀사냥에 몰두하기도 하지만 일을 추진할 힘은 가졌다고 믿었다. 1942년에 그는 아마 소련이 히틀러의 독일에 맞서 싸우기로 한 데 자극을 받아서인지 이렇게 쓰기도 했다.

> 스탈린의 불굴의 의지와 무자비할 정도의 집착이 마그니토고르스크와 우랄-서부 시베리아 산업 지역 전체의 건설을 가능케 했다. 64)

그러나 그는 추위, 굶주림, 피로, 산업재해로 많은 희생자가 생겼다는 사실도 언급했다. 65)

상층 관리자들은 대체로 당에서 정치활동을 한 경력이 있고 이후

---

63) Ibid. , p. 3.
64) Ibid. , p. 65.
65) Ibid. , pp. 69~70.

기술대학에서 훈련받은 사람들이었다. 구체제 출신의 엔지니어들은 새로운 체제의 시각에서 볼 때 의심스러운 사람들이었지만, 특별한 숙련을 가지고 있었기에 계속 이용되었고 사기를 유지하기 위해 대우도 상당히 잘 받았다. 소련의 공과대학을 막 졸업한 젊은 공산주의 엔지니어들은 열정적이었지만 그다지 훈련을 잘 받지는 못했다. 현장 작업반장들은 매일매일 힘든 노동을 마친 후 종종 야간학교를 다니면서 자신의 지위를 획득했다. 건설 현장의 노동자들을 위한 야간학교는 누구나 들을 수 있는 정치교육 및 기술 과정을 제공했는데, 기술 강좌에 등록하려면 상당한 정도의 교육 배경을 갖추어야 했다. 이들 학교는 프로젝트 지도자들 사이에서 높은 우선순위를 점했다. 과정을 성공적으로 마치는 것은 곧 지위의 향상, 더 나은 생활과 노동 조건을 의미했다. 소련의 기술대학에서 최고 수준의 교육을 마치고 엔지니어에 필적하는 학위를 얻은 사람은 마그니토고르스크의 미숙련 노동자보다 6~8배 더 많은 임금을 받았다. 그러나 스콧은 공과대학에서의 학문적 수준이 그리 인상적이라고 보지 않았다. 그의 소련 친구 중 한 명은 2년간 야간 토목공학 과정을 마쳤는데도 트러스(truss)•를 설계하는 방법도 제대로 몰랐다. 상층 관리자는 일반노동자들보다 20~30배 더 많은 돈을 벌었다. 미국과 다른 외국 엔지니어들은 그들만의 거주 구역을 가지고 최고 수준의 생활을 누렸다.

• 〔옮긴이주〕 구조공학에서 직선 부재로 이뤄진 삼각형들을 기본 요소로 하는 골조를 말한다. 각 부재의 끝이 모두 점으로 모아져 외부에서 가해지는 힘이 이 점들에 모이기 때문에 각 부재에는 축 방향으로의 힘만 작용하게 되어 잘 변형되지 않는 장점이 있다.

소련 계획가들은 마그니토고르스크에 노동자들을 위한 현대적 도시를 계획하는 데 유럽 제일의 아방가르드 건축가인 에른스트 마이를 끌어들였다. 마이는 1920년대에 공장 기법을 활용해 프랑크푸르트의 현대적 주거 지역을 건설한 적이 있었다. 마이의 존재는 소련 지도부가 현대적 산업과 현대적인 것으로 간주된 형태, 상징, 삶의 방식을 확립하는 데 얼마나 결연한 태도를 보였는지를 말해 준다. 1930년에 그와 직원들은 자신들이 계획 중인 소련 도시의 부지를 처음으로 방문했다. 마그니토고르스크로 가는 철도 여행에서 마이와 직원들이 탄 객차에는 캐비아, 초콜릿, 담배, 소시지 등이 담긴 바구니가 제공되었고, 거의 모든 정차역에서 농부 여인들이 신선한 달걀, 우유, 버터, 닭고기를 가져다주었다. 존 스콧의 기록에 따르면, 마그니토고르스크의 노동자들은 이와 대조적으로 묽고 싱거운 스프와 검은 빵을 먹었다. 건설 부지에 나흘 동안 머물면서 마이 파견단은 포드 자동차를 몰고 다녔고 미국인 전문가들을 위해 마련된 작고 깨끗하며 훌륭한 시설이 갖춰진 주택을 이용했다. 마이는 미국의 컨설팅 회사에서 나온 엔지니어와 관리자들이 정력적이고 명석한 사람들임을 알게 되었다. 66)

막상 완성되고 나자 새로운 주거 지역은 "진정으로 훌륭한 사회주의 도시의 사례"가 되지는 못했다. 67) 이 도시는 3~5층 정도 높이에 발코니가 딸린 50여 채의 대형 아파트로 이루어져 겨울에 눈이 왔을

---

66) *Frankfurter Zeitung*, 30 November 1930, trans. by and included in El Lissitzky, *Russia: An Architecture for World Revolution*, trans. Eric Dluhosch (Cambridge, Mass.: MIT Press, 1984), pp. 175~179.

67) Scott, *Behind the Urals*, p. 209.

때 매력적으로 보이는 다양한 색으로 도색되었고, 열린 광장, 분수대, 화원, 놀이터로 둘러싸였다. 그러나 1937년에 이 도시는 절망적일 정도로 사람이 넘쳐나 방 하나를 네댓 명의 사람들이 함께 쓰고 있었다. 아파트에는 전기, 중앙난방, 수도, 욕조설비가 있었다. 욕조는 대체로 창고 대신으로 쓰였는데 소련 사람들은 공동 목욕탕을 더 선호했기 때문이다.

외국에서 온 컨설턴트, 자문관, 설비의 존재, 훈련과 교육을 위한 노력, 젊은 소련 엔지니어들의 열정, 당 간부들의 추진력에도 불구하고, 마그니토고르스크는 5개년 계획이라는 대담한 프로젝트를 실행함에 있어 끝없는 좌절과 작은 규격상의 실패를 경험했다. 미숙련 노동력은 수입된 기계들을 비효율적으로 사용했고, 비현실적인 작업 일정은 관료적인 진척 보고서의 왜곡과 일을 대충대충 하는 경향을 낳았다. 매키 사에 고용된 미국인 엔지니어 R. W. 스틱은 공산당 관료들이 완성도가 75%밖에 안 되는데도 첫 번째 고로를 1932년 1월에는 가동해야 한다고 우겼다고 썼다. 그는 또 소련 당국이 인상적인 선전용 사진을 찍기 위해 고로의 거대한 굴뚝을 먼저 짓도록 했다고 회고했다. 정치나 권력에 별로 관심이 없었던 스틱은 이런 고려들이 어리석은 짓이라고 생각했다.

운송과 원자재 가공 시설의 태부족, 관료적 비용, 미처 예기치 못했던 치명적 공급 부족, 그리고 형편없는 계획과 자원 배분, 구성요소 간의 조율 역시 프로젝트를 어렵게 했다. 애초 예상한 계획은 1차 5개년 계획이 끝날 때까지 완료되지 못했다. 공장 가동은 수백만 톤의 철과 강철을 생산하기에는 구성요소 간의 조율이 너무나 형편없었다. 프로젝트는 수정되었고 일정은 2차 5개년 계획 끝까지 밀려

마거릿 버크 화이트,
〈벽돌공, 마그니토고르스크〉

재조정되었다. 1937년에는 대숙청이 프로젝트를 강타했다. "어떤 그룹도, 어떤 조직도 예외일 수 없었다." 조사에 사용된 방법들은 "대다수 문명국가의 기준에 비추어 볼 때 변호의 여지가 없었다". [68] 수천 명이 체포되어 수개월 동안 투옥되었다가 유형지로 보내졌다.

1934~1935년을 전후해 주안점이 생산수단의 건설에서 생산으로 이동하기 시작했다. 외국인 엔지니어와 전문가들로부터 현장 인력으로 책임이 이전된 것은 1936년과 1937년의 일이었다. 소련 당국

---

68) Ibid. , pp. 187, 193. Antony C. Sutton, *Western Technology and Soviet Economic Development, 1930 to 1945* (Stanford: Hoover Institution Press, 1971), pp. 74~77도 보라.

의 환대를 받던 외국인 엔지니어들은 다양한 방해 전술을 쓴다며 공격받기 시작했다. 외국인 엔지니어들을 대신한 젊은 소련 엔지니어들은 과거보다 경험이 많아졌고, 예전에는 외국인 전문가들에게 부여되었던 특권과 존중을 누리기 시작했다. 소련 노동자들 역시 자신의 능력을 입증해 보이기 시작했다. 1934년에 현장 인력의 경험 부족, 연료와 전기 부족, 형편없이 정비된 전기 설비의 오작동 등으로 인해 수시로 가동을 중단해야 했던 분괴 압연기가 1935년부터는 평로에서 생산한 모든 강철을 처리하기 시작했다. 1934년에는 현장 인력이 가능한 최고의 기계들로 설비된 압연기를 효과적으로 가동하지 못했지만, 1935년 1월 이후부터는 최고 속도로 가동하기 시작했다. 노동자 사이에 당원이 존재함으로써 사기와 작업 성취에 좋은 영향을 미치고 있다고 스콧이 믿은 때가 바로 성취가 높아지던 이 시기였다. 그러나 그는 스타하노프 운동에 대해서는 별로 감명을 받지 않았다. 이는 환상적인 노동 산출량을 이뤄 낸 광부의 이름을 딴 운동으로 모든 소련 노동자에게 하나의 모델로 제시되었다. 스콧은 이 운동에서 요구하는 할당량이 노동자의 설비 과용을 초래하며 기계 정비에 적절한 시간과 주의를 기울이지 못하게 한다고 여겼다.

스콧은 이 계획이 유리한 조건에도 불구하고 1938년까지 애초 목표치의 45%를 달성하는 데 그쳤다고 믿었다.[69] 그럼에도 그는 외딴 황무지에서 일군 기적을 보며 깊은 인상을 받았다. 애초 설정한 목표 달성에는 실패했지만, 소련은 마그니토고르스크가 체코슬로바키아나 이탈리아, 폴란드에 있는 모든 제철소를 합친 것보다 더

---

69) Scott, *Behind the Urals*, pp. 69~70.

많은 선철을 생산하고 있다고 뽐낼 수 있었다. 그러나 또 다른 관찰자가 썼듯이, 가까운 미래에 달성가능한 마그니토고르스크의 최대 생산량은 지역 단지의 엄청난 규모 때문에 요구되는 철도 시스템 건설에 필요한 강철 레일을 생산하는 데도 부족했다.

바이마르와 미국 모델

전쟁과 혁명으로 쇠약해진 소련은 새로운 사회를 만들어 내는 방법을 미국에서 찾았다. 소모적이고 사기를 꺾는 전쟁에서 패배를 맛본 독일인들 역시 신대륙에서 산업적·기술적 발전의 모델을 찾았다. 양차 세계대전 사이에 독일인들은 미국을 재발견했다. 수없이 많은 책과 논문이 황무지로부터 세계에서 가장 생산적인 국가로의 변모를 설명해 주었다. 1924년에 미국인 찰스 도스 — 나중에 미국 부통령이 된다 — 는 독일의 전후 배상을 용이하게 하는 계획을 제안했다. 이는 독일의 경제 회복에 박차를 가했고 미국으로부터의 대규모 투자를 자극했다. 미국의 경제적·기술적 힘에 대한 독일인들의 선망과 존경은 극적으로 높아졌다. 독일인들은 새롭게 구성되었으나 아직은 취약한 바이마르 공화국을 받치는 미국 달러의 원천을 찾았다. 그들은 그곳에서 가장 강대한 현대 국가를, 전 세계 완제품의 49%를 쏟아 내는 생산방식을 발견했다. 쾰른대학 교수이자 이후 독일 경제부의 일원이 된 줄리어스 히르슈는 《미국의 경제 기적》(*Das amerikanische Wirtschaftswunder*, 1926) 이라는 책에서 새로운 산업 조직형태 위에 건설된 번영에 관해 썼다. [70] 1920년대 독일이 신대륙에 매혹된 것은 1970년대 미국이 일본에 매혹된 것에 비견할

---

70) Frank Trommler, "The rise and fall of Americanism in Germany", in *America and the Germans: The Relationship in the Twentieth Century*, eds. F. Trommler and J. McVeigh (Philadelphia: University of Pennsylvania Press, 1985), p. 335.

만한 — 심지어 그것을 넘어서는 — 사건이었다.

제1차 세계대전이 끝난 후 짧은 안정기 동안 바이마르 공화국을 지지하는 많은 독일인들은 미국의 기술문명을 모방해야 할 모델로 간주했다. 그들은 미국의 고도로 합리화된 생산 시스템뿐 아니라 미국의 높은 생활수준과 제 기능을 하는 민주주의를 동경했다. 많은 찬미자들은 기술과 민주주의의 상호작용이 미국의 정수를 정의한다고 판단했다. 자유주의자들은 이러한 결합을 독일에 적용함으로써 불안한 바이마르 공화국을 강화하고 보존할 수 있다고 결론 내렸다. 수정 사회주의자들은 미국의 대규모 중앙집중적 생산기술을 사회주의 사회로 향하는 하나의 단계로 보았다. 바이마르 시기의 독일인들은 노동과 자본 사이에 평화가 있고, 임금이 지속적으로 상승하며, 소비가 급격히 증가하고, 전반적으로 이제껏 꿈꿔 보지 못한 번영이 있는 현대 국가를 발견했다고 믿었다. 많은 사람이 미국은 최초의 무계급 사회이고, 모든 사람이 자신의 집과 차를 소유할 동등한 기회를 가지며 — 많은 사람이 실제로도 이를 가졌다 — 마지막이자 가장 중요한 것으로 개인적 자유를 누릴 기회를 갖는 곳이라고 믿었다. 이를 위한 필수조건은 조직화되고 중앙집중화된 대규모 생산 시스템이라고 독일인들은 가정했다. '테일러주의'(과학적 관리)와 '포드주의'(대량생산)가 '미국 정신'을 구성한다는 것이었다. 많은 미국인들은 외국인들이 식민지 시대의 필라델피아를 공화국의 요람으로 생각한다는 잘못된 가정을 했다. 그 대신 외국인들은 현대적인 피츠버그와 디트로이트가 새로운 국가를 만들었다고 믿었다.

1914년 이전에 이미 독일인들은 인공적인 미국의 놀라운 생산성과 힘을 이해하는 열쇠로 테일러의 교의를 지목했다. 이 과정에서 그들은 미국의 기술적 성취가 지닌 심오할 정도로 복잡한 성격을 크게 단순화했다. 그러나 독일에서의 테일러주의는 양차 세계대전 사이의 포드주의가 그러했듯이, 단지 노동자들의 효율과 산업 생산성을 높이는 방식이 아니라 하나의 정치 프로그램이자 사회변화를 위한 의제가 되었다. 독일의 테일러주의 주창자들은 테일러의 교의를 그가 만년에 구상한 머나먼 지평으로까지 확대했다. 제1차 세계대전 발발 직전쯤에 테일러주의는 일상적인 용어가 되었고 거의 모든 신문에서 그에 관한 기사를 읽을 수 있었다. 71) 테일러의 《공장 관리》(*Shop Management*) 와 《과학적 관리의 원칙》은 미국에서 출간되자마자 바로 독일에서도 출간되었다. 독일 기자이자 편집자, 선전가이며 스스로 자청해 나선 테일러주의의 제자인 구스타브 빈터는 1920년에 자신의 소책자 《독일에 테일러 시스템을 도입하는 방법》(*How to Introduce the Taylor System to Germany*) 이 10만 부 넘게 팔렸다고 뽐냈다. 72) 1920년에 빈터는 테일러주의를 독일의 조건에 적절히 맞추어 적용하면 '치명적인 병을 앓는' 독일 경제가 다시 기운을 차릴 수 있다고 보았다.

다른 열정적인 독일인들은 나중에 포드주의에 대해서도 그러했듯이 테일러주의를 사회·정치철학으로 변형했다. 73) 테일러에 열광

---

71) Winfried Nerdinger, *Walter Gropius* (Berlin: Gebr. Mann Verlag, 1985), p. 11.

72) Gustav Winter, *Der Taylorismus: Handbuch der wissenschaftlichen Betriebs- und Arbeitsweise für die Arbeitenden aller Klassen: Stände und Berufe* (Leipzig: S. Hirzel, 1920), p. vii.

73) Charles S. Maier, "Between Taylorism and technocracy: European ideologies and the vision of industrial productivity in the 1920s", *The Journal*

한 사람들은 경제적 이해관계와 정치적 입장에서 매우 넓은 스펙트럼에 걸쳐 있었다. 새로운 의회 바이마르 공화국의 자유주의적 지지자들, 보수적인 기업 경영자들, 노동조합 지도자들, 수정 사회주의자들, 심지어는 반동적 지식인들조차 테일러의 과학적 관리라는 교의를 지지할 이유를 가지고 있었다. 이들 각각이 테일러의 교의를 이해하는 방식은 제각각이었지만 말이다.

반면 수많은 독일 노동자들은 미국에서와 마찬가지로 테일러주의에 반대했다. 그들은 테일러주의가 작업장과 작업 일정에 대한 더 많은 통제권을 경영진에 넘기고, 노동자들을 탈숙련화하며, 실업의 원인이 될 수 있다고 보았다. 테일러주의자들은 독일이 미국에서의 실패를 피할 수 있다고 주장했다.

테일러주의의 다양한 요소를 옹호하는 사람들의 공통된 목표는 효율과 생산성 증가였다. 새로운 공화국의 지지자들은 생산성 증가가 노동자들에게 더 높은 생활수준을 가져다주며 따라서 그들이 급진 좌파나 혁명으로 빠져들지 않도록 할 수 있다고 믿었다. 많은 기업 경영자들은 더 많은 이윤을 위해 효율과 생산성 증가를 원했고, 그중 일부는 테일러주의에 의해 이윤과 임금이 증가하면 유럽에서 계급 간에, 또 노사 간에 고질적으로 발생하는 투쟁을 크게 줄일 수 있다고 믿었다. 반동적 지식인들은 테일러주의가 제공하는 기술적 힘에 의해 보강될 때에만 전통적 독일 문화가 현대 세계에서 살아남을 수 있다고 믿었다. 뿐만 아니라 계획과 질서에 대한 테일러의 열정은 독일의 — 특히 프로이센의 — 전통적 태도와 공명하는 바가 컸

---

of Contemporary History, 5(1970), 27~61.

테일러주의를 통해 모든 전문직에서 노동과 절약을!

다. 또한 많은 독일인은 테일러를 자기 쪽 사람이라고 여겼다. 테일러가 필라델피아의 저먼타운 구역에서 태어났기 때문이었는데, 이는 테일러가 독일계임을 의미한다고 그들은 생각했다. [74)

1920년대에는 포드가 테일러를 대신해 바이마르에 대량생산과 사회적 조화로 가는 길을 보여 줄 수 있는 미국인 구세주가 되었다. 1923년 포드의 《나의 삶과 일》의 번역판 출간[75)을 시작으로 독일 독자들은 포드주의에 관한 책들에 파묻혔다. 포드의 자서전은 즉각 베스트셀러가 되었고 20만 부 이상이 팔렸다. 1925년에 폴 리펠이 쓴 포드 사의 관리와 방법에 관한 책은 독일에서의 포드에 대한 열정을 잘 보여 준다. [76) 이 책에서 그는 헨리 포드가 창조적 활동에 있어 전례를 찾아볼 수 없는 비교불가능한 천재라고 주장하며, 그를 독일의 복지를 증진시킨 사람들 중 으뜸가는 인물이라고 소개했다. 리펠은 "국민에 대한 봉사라는 훌륭하고 오래된 프로이센의 이상이 오늘날 독일에서는 거의 사라졌으나 우리가 투박한 물질주의만을 기대했던 국가인 미국에서 갑자기 등장했다"는 역설적 언급을 했다. [77)

그는 포드주의의 정신과 실천이 독일에서 노사 간의 골을 메울 수 있을 것이라고 예측했다. 포드주의를 주입받은 노동자들은 옛 독일

---

74) Merkle, *Management and Ideology*, p. 172.

75) Henry Ford, *Mein Leben und Werk*, trans. Curt and Margerite Thesing (Leipzig: Paul List Verlag, 1923).

76) Peter Berg, *Deutschland und Amerika, 1918~1929: Über das deutsche Amerikabild der zwanziger Jahre* (Lübeck/Hamburg: Matthiesen Verlag, 1963), p. 101.

77) Paul Rieppel, *Ford-Betriebe und Ford-Methoden* (Munich/Berlin: Verlag R. Oldenbourg, 1926), p. 29.

이 자랑했던 장인 정신과 노동 윤리를 다시 한 번 보여 줄 것이라고 여겼다. 이것이 최고의 찬사가 되리라고 믿은 리펠은 포드를 "'미국의 위대한 프로이센인"이자 오스발트 슈펭글러 — 엄청난 영향을 준 책 《서구의 몰락》(Decline of the West, 1918~1922)의 저자 — 가 정의한 프로이센 사회주의 이상의 실현이라고 불렀다. 78)

1924년, 베를린대학에 있던 영향력 있는 정치경제학 교수인 프리드리히 폰 고틀오틀릴린펠트는 경제사학자 베르너 좀바르트, 사회학자 막스 베버와 함께 《포드주의: 산업과 기술적 합리성에 관하여》(Fordismus: Über Industrie und technische Vernunft)라는 책을 출간했다. 79) 그는 포드 시스템의 구성요소들을 조심스럽게 열거했다. 제품의 표준화(모델 T), 원자재 생산에서 조립라인까지 생산 공정의 수직적 통합, 단위 원가를 낮추기 위한 대량생산, 원자재에서 자동차 판매 대리점의 전시실에 이르는 지속적인 생산의 흐름, 그리고 무엇보다도 '합리화'(독일에서 종종 '효율'과 동의어로 쓰인 단어)의 원칙에 입각한 조직이 그것이었다. 80) 전기기구 제조업의 거인이자 독일에서 가장 규모가 큰 산업체 중 하나를 설립하고 관장하던 가문의 일원인 카를 프리드리히 폰 지멘스는 고틀오틀릴린펠트의 또 다른 책 《합리화의 의미에 관하여》(Vom Sinn der Rationalisierung, 1929)

---

78) Ibid. , p. 29. Oswald Spengler, "Preussentum und Sozialismus", in *Politische Schriften*(Munich/Berlin: C. H. Beck'schen Verlag, 1934), pp. 1~105.

79) Friedrich von Gottl-Ottlilienfeld, *Fordismus: Über Industrie und Technische Vernunft*(Jena: Gustav Fisher, 1926).

80) Ibid. , pp. 18~20, 23, 45, 55, 62~63.

에 쓴 서문에서 포드의 방법을 합리적 시스템화의 전형으로 묘사했다. 나중에 나치가 된 고틀오틀릴린펠트는 포드주의는 사회주의의 요소들을 흡수한 자본주의의 더 높은 단계이며 이윤 획득보다는 공동선이라는 목표를 더 추구한다고 주장했다. 포드는 결코 반동주의자가 아니라 진보주의자이며, 적색 사회주의의 위험을 보고 그에 대한 대안으로 창조성과 기술적 합리성의 정신으로 가득 찬 백색 사회주의를 제안한 인물이라고 그는 말했다. [81]

고틀오틀릴린펠트나 리펠 같은 독일인들은 포드주의가 격렬한 사회적 변화나 혁명을 일으키지 않고도 소요 중인 노동자들을 달랠 수 있을 것이란 믿음으로 고무되었다. 그러나 사회주의자였던 야코프 발허는 당시의 유행을 거슬러 1925년에 출간한 《포드냐 마르크스냐》(Ford oder Marx)라는 책에서 포드주의를 공격하는 입장을 취했다. [82] 발허는 포드식 자본주의에서는 노사 간 화합이 이뤄질 것이라는 약속이 환상이라고 보았다. 그는 포드의 추종자들이 강조하는 착취적 자본주의와 포드의 이른바 창조적 자본주의 사이의 대비를 거부했다. 그는 노동자들의 사생활에 대한 밀착 감시나 노조와 파업에 대한 포드의 적대적 태도 같은 포드 제국의 권위주의적 특성에 주의를 환기했다. 그는 포드식 생산이 지속적인 자동차 가격 하락에도 불구하고 과잉생산으로 인한 시장 포화를 초래할 것이며 이는 다시 실업으로 이어질 것이라고 예상했다. 그는 미국의 거대 산업체들의

---

81) Jost Hermand and Frank Trommler, *Die Kultur der Weimarer Republik* (Munich: Nymphenburger Verlagshandlung, 1978), pp. 54~55.

82) J. Walcher, *Ford Oder Marx: Die praktische Lösung der sozialen Frage* (Berlin: Neuer Deutscher Verlag, 1925).

실천이 또 다른 제국주의적 세계대전을 야기할 것이라고 믿었다. 포드주의는 공산주의의 필요성을 보여 주는 증거라는 게 그의 결론이었다. 83) 발허는 포드의 악명 높은 반유대주의를 싫어했다. 그러나 바이마르 공화국의 전성기 때 포드는 '가짜 구세주'라는 발허의 관점을 공유한 독일인들은 상대적으로 적었다. 84) 또한 나치당이 포드 철학의 특정 측면에서 정신적 자양분을 발견해 그를 창조적 기업가로 자신들의 전당에 모실 것이라고 예견한 사람도 거의 없었다.

훨씬 더 영향력 있고 대중적이었던 고틀오틀릴린펠트는 자신이 '포드주의'라는 용어를 처음 썼으며 그것과 결부된 무해하고 진보적인 개념들을 확산시켰음을 자랑스럽게 여겼다. 그를 비롯한 독일인들은 '포드주의'라는 용어에서 포드의 생산방식을 훨씬 넘어서는 뭔가를 염두에 두고 있었다. 그들은 포드주의를 바이마르 독일에 적합한 실천적 경제사회 철학으로 간주했다. 그들은 포드가 더 높은 임금이 더 많은 소비로, 더 많은 소비가 더 많은 생산과 임금으로 이어지는 나선형 상승곡선을 그린다는 것을 보여 주었다고 지적했다. 열광적 지지자들은 포드가 자신을 기업가로 그리는 것은 이윤 동기 때문이 아니라 일차적으로 사회봉사 윤리에 따른 것이라고 받아들였다. 1927년, 독일에서 출간된 《위대한 오늘과 더 위대한 내일》(*The Great Today and the Greater Tomorrow*)에서 포드는 더 높은 임금을 지급하는 자신의 사회 시스템은 노동자들에게 공산주의와 혁명의 매

---

83) Ibid., pp. 43, 67, 84, 92, 107, 111.

84) Gustav Winter, *Der falsche Messias Henry Ford: Ein Alarmsignal für das gesamte deutsche Volk*(Leipzig: Verlag "Freie Meinung", 1924).

혹을 종식시킬 것이라고 독일 독자들을 안심시켰다. 포드는 자신의
추종자들이 "산업의 불모지를 꽃이 만발한 정원으로" 바꿔 놓을 수
있다고 약속했다. 그의 책들은 바이마르 안정화 시기의 정통 교의가
되었다. 85)

　흥미롭게도 독일에 있는 포드주의의 제자들은 오늘날 미국인들이
일본의 노사관계를 이상화하는 것과 닮은 방식으로 포드의 노동관
계를 이상화했고, 포드 공장의 평화, 조화, 규율, 사기가 독일 사회
전반으로 퍼지길 바랐다. 자유주의자들은 독일에서 봉건적 또는 농
업적 이해관계에 반대하는 엘리트 노조 간부들과 제휴해 포드주의
를 지지했다. 86) 노조 지도자들과 수정 사회주의자들은 포드주의를
백색 사회주의로의 평화로운 이행으로 간주했다. 그들은 또 미국의
생산방식을 사회주의에 적용하면 새로운 사회로의 길이 열릴 것이
라는 소련 지도자들의 믿음에 강한 인상을 받았다. 87)

　포드주의는 자유주의자와 좌파뿐 아니라 일부 정치적 우파에도
호소력을 가졌다. 반유대주의 성향의 보수주의자들은 포드와 건강
한 독일식 창조성과 생산성을 연관 지었고, 유대인들은 영혼 없는
상업적 거래의 영역으로 격하시켰다. 88) 초기의 나치 지도자들, 특
히 엔지니어이자 당 이데올로그였던 고트프리트 페더는 포드를 생
산적이고 자본주의적인 기업가로 칭송했다. 그들은 포드의 긍정적

---

85) Helmut Lethen, *Neue Sachlichkeit, 1924~1932: Studien zur Literatur des
　　"Weissen Sozialismus"*(Stuttgart: J. B. Metzlersche, 1970), p. 20.
86) Ibid., pp. 21~24.
87) Ibid., p. 22.
88) Rieppel, *Ford-Betriebe und Ford-Methoden*, pp. 41~42.

가치들을 자본주의적이고 기생적인 유대인 금융가들 — 그들이 독일적이기보다는 국제적이라고 생각했던 — 의 부정적 가치와 대비했다. 포드의 반유대주의 역시 나치당이 그를 받아들일 수 있도록 해주었다. 89)

테일러주의, 포드주의, 그리고 미국 자본과 기업, 금융의 영향력이 독일에 유입되면서 독일의 엔지니어, 공장 관리자, 기자, 학자들은 그것의 원천을 자기 눈으로 직접 보고자 신대륙으로의 여정에 나섰다. 그들은 신대륙 여행에서 미래를 보려 했다. 그들의 열정적인 선입견은 그들이 쓴 보고나 희망적 이미지에 대체로 영향을 미쳤다. 90) 독일 엔지니어 오토 무그는 《저 너머에 미국이 있다》(*Drüben steht Amerika*)라는 책에서 자신이 여행에서 발견한 것들을 묘사했다. 91) 다른 수많은 독일인들과 마찬가지로 그도 디트로이트와 포드의 하일랜드 파크 공장을 방문했다. 그에게 있어 여행에서 가장 좋았던 점은 대량생산의 전당과 '자동차 왕' 포드에게 경의를 표할 기회가 있었다는 것이다. 디트로이트에 있는 40여만 대의 자동차들이 쉴 새 없이 이리저리 움직이는 모습, 조그만 녹색 잔디밭이 딸린 노동자들의 작은 독립가옥들, 그리고 모든 곳에 퍼져 있는 포드의 정신이 무그의 상상력에 불을 지폈다. 하일랜드 파크 공장에 대해 그는 이렇게 썼다.

---

89) Nevins and Hill, *Ford: Expansion and Challenge*, pp. 311~323.

90) Berg, *Deutschland und Amerika*, p. 98.

91) Otto Moog, *Drüben steht Amerika: Gedanken nach einer Ingenieurreise durch die Vereinigten Staaten* (Braunschweig: G. Westermann, 1927).

그 어떤 교향곡도, 심지어 영웅 교향곡도 그 깊이, 내용, 힘에서 포드의 작업장을 거닐 때 우리를 위협하며 두들겨 대는 음악과는 비교할 수 없다. 그곳을 거니는 사람들은 인간 정신의 대담한 표현에 압도되는 느낌을 받는다. [92]

윙윙 소리를 내며 불꽃을 튀기는 공작기계, 대포 같은 소리를 내며 자동차 부품을 찍어 내는 거대한 프레스, 방향을 바꾸고 올라가고 내려가는 일을 반복하는 컨베이어는 지울 수 없는 인상을 남겼다. 그 후에 그는 리버 루지에 있는 주물 공장과 용광로를 견학했다. 리버 루지는 자신의 작업에 너무 집중한 나머지 서로 말도 주고받지 않는 엄청난 수의 노동자들이 가득 들어찬 '어마어마한 규모의' 공간이었다. 생산의 리듬에서 박자를 놓친 노동자가 있으면 순찰을 도는 작업반장들이 개입해 주의를 주었다. 관찰력이 예민하고 호기심이 많았던 무그는 기계들 사이에 줄지어 걸려 있는 옷들이 누구의 것인지를 물어 보았고, 그것은 노동자들이 입는 외출복이었으며 — 독일과 마찬가지로 탈의실이나 세면실은 없었다 — 자기 자동차를 몰고 집으로 돌아갈 때 입는다는 것을 알게 되었다. 무그는 포드 공장의 스파르타식 노동 조건에는 그리 감명을 받지 않았고, 노동자들이 받는 높은 임금과 그들이 소유한 자동차를 일종의 보상으로 받아들였다. 그는 시간당 85센트의 임금을 받으면서 11년 동안 2만 5천 달러를 저축한 포드의 노동자도 만났다. 그 돈 중 일부는 투기로 번 것이었는데, "투기는 거의 모든 미국인이 하는 것이며 특히 디트로이트

---

92) Ibid. , p. 72.

같은 번창하는 도시에서 그랬다". 93) 이 노동자는 최근 포드 자동차를 처분하고 우아하게 생긴 1천 달러짜리 내쉬 자동차를 구입해 그가 2,800달러를 들여 지은 집 앞에 세워 두었다.

무그는 자족적인 삶을 영위하는 디트로이트 노동자들이 기백으로 가득 차 있어, 눈을 아래로 내리깔고 풀이 죽어 있는 독일 노동자들과는 사뭇 다르다는 사실을 발견했다. 아마도 조직된 공장 견학과 선별된 인터뷰를 통해 포드 노동자들은 수입 증가에 만족하고 있으며 자신이 생산 과정의 역사적 변화의 일부라는 자각에서 성취감을 느끼고 있다고 판단했는지 모른다.

또 다른 독일 엔지니어인 프란츠 베스터만 역시 성지 순례를 떠나 '아메리카'에 관한 책을 써야 한다는 의무감을 느꼈다. 독일에서는 한 주가 멀다하고 신문, 잡지, 책, 강연 등에서 미국에 관해 오래되었거나 새로운 무언가를 계속해서 떠들고 있었는데도 말이다. 94) 그는 미국의 '기적과도 같은' 경제생활이나 완벽한 공장 시스템, 널리 퍼진 효율과 생산성에 대한 이해를 독일인들의 마음에 새기는 것이 자신의 의무라고 믿었다. 자신의 느낌을 절제해서 진술하는 스타일이 아니었던 베스터만은 기대에 부푼 마음으로 여행을 시작했다. 그에게 미국은 '톰 아저씨와 비네토우'(독일 대중문학에 나오는 영웅적 인디언의 이름)의 땅이었고, 엔지니어의 마음을 갈망으로 가득 채우는 나라였으며, 고층건물과 자동차의 고장이자 '테일러와 포드'의

---

93) Ibid., p. 76.

94) Franz Westermann, *Amerika wie ich es sah: Reiseskizzen eines Ingenieurs* (Halberstadt: H. Meyer's Buchdruckerei, 1926), p. 5.

나라였다. 맨해튼, 브루클린 다리, 뉴욕 지하철, 나이아가라 폭포를 방문한 후에 그는 디트로이트에 더할 수 없이 끌리는 것을 느꼈다. 시카고의 냄새나는 가축 사육장과 분해라인은 그를 잠시 주춤하게 만들 뿐이었다. 그는 이 모든 것들을 보고 섭렵한 후 마침내 디트로이트에 당도했고, 그곳에서 강렬한 인상에 압도되었다. 24명이 탈 수 있는 엘리베이터가 있는 제너럴 모터스 회사 건물, 피셔 사(Fisher Company)의 차체 공장, 거대하게 펼쳐져 있는 포드 공장들, 보행자만큼 많은 자동차 행렬, 그가 묵었던 객실 천 개짜리 호텔 — 이것들이 그를 경외감으로 가득 채웠다(그로부터 반세기 후의 미국인들은 미국 기술에 대한 매혹을 상상하거나 머릿속에 디트로이트를 그릴 때면 살인 범죄의 통계나 황폐화된 도시 중심가에 대한 우울한 생각을 자연스레 떠올리게 된다).

베스터만은 마치 단테와 같은 어조로, 하일랜드 파크 공장에 발을 들여놓았을 때 대량생산에서 나오는 소음의 지옥과도 같은 협연이 자신을 놀라게 했지만, 노동자들의 고요한 — 심지어 웃고 있는 — 얼굴 표정 덕분에 계속 나아갈 용기를 얻었다고 회고했다. 당시 매우 인기 있었던 견학 과정에서 베스터만은 독일계 미국인 안내자로부터 하일랜드 파크는 개별 공장이 체계적으로 미궁처럼 연결되어 있고, 각각의 공장은 단 하나의 자동차 부품 생산에 집중하며 수많은 부지런한 노동자들로 북적이는 곳이라는 설명을 들었다. 베스터만은 자신이 여느 독일인들처럼 자연의 아름다움과 낭만에 늘 감동받아 왔다고 썼다. 그는 보름달이 뜬 밤에 삼림 지대의 호수 표면이 은은하게 반짝이는 모습도 보았고, 폭풍 속을 항해하는 증기선의 요동치는 갑판 위에 서서 가없는 바다의 힘을 느끼기도 했으며, 알프

스의 눈 덮인 봉우리들과 어둡고 신비로운 계곡을 보며 마음속 깊숙
이 감동을 받은 적도 있었다. 그러나 "생애에 가장 강력하고 기억에
남는 경험은 포드 공장을 방문했을 때였다. 사람의 손이 단시간에
거대한 생산 단지를 일궈 낸 이곳은 그 규모와 기술적 특성으로 압도
적인 인상을 주었을 뿐 아니라 그것을 조직한 창조자의 강력한 정신
으로 보는 이를 가득 채웠다". 95) 방향을 바꿀 때마다 새로운 기계 경
관(machinescape)과 "노동의 향연"이 독일에서 온 엔지니어를 자극
했다.

바이마르 시대의 모든 독일인이 미국, 테일러주의, 포드주의에
대한 동일한 열정을 공유한 것은 아니었다. 기술에 대한 양면적인
태도는 미국보다 바이마르 공화국에서 훨씬 더 두드러진 특징이었
다. 보수적이고 반동적인 독일인들은 바이마르 시대의 자유주의자
들과 달리 미국을 물질주의와 무질서하고 영혼이 없는 혼란스런 자
유주의와 자본주의에 연결했다. 동시에 그들은 미국의 생산기술이
거둔 경이적인 성취를 마지못해 인정했고 미국의 경제적·정치적
힘이 그로부터 나왔다고 믿었다. 그래서 그들은 구세계가 미국의 기
술을 가져가 그로부터 영혼 없는 물질주의적 자본주의를 제거한 후
미학적·철학적·영적 가치들을 그 속에 주입해 우월한 독일 문화
— 미국의 현대 문명과는 대조되는 — 를 확립할 수 있으며 또 그렇
게 해야 한다고 생각했다. 그런 생각을 가진 이들은 '반동적 현대주
의자'(reactionary modernist)라고 불렸다. 96) 대다수 미국인들과는

---

95) Ibid., p. 99.
96) Jeffrey Herf, *Reactionary Modernism*: *Technology, Culture, and Politics in*

달리, 독일의 반동적 현대주의자들은 현대 기술과 자본주의를 구별할 수 있다고 믿었다. 오스발트 슈펭글러는 《서구의 몰락》에서 물질적이고 무질서한 문명과 응집력 있고 유기체적인 문화 사이의 구분을 대중화했다. 97) 반동적 현대주의자들은 영혼과 미국의 기술적 힘을 모두 갖춘 독일 문화를 열망했다.

그러나 많은 다른 우파 독일인들은 미국 정신, 즉 미국의 기술과 사회 모두를 거부했다. 아돌프 할펠트가 쓴 《미국과 미국 정신》(*Amerika und der Amerikanismus*, 1927) 은 그들에게 미국이 표상하는 모든 것에 대한 거부를 나타내는 가장 중요한 작품이 되었다. '기업국가', '정신의 속박', '성공 관념 만능주의' 등과 같은 할펠트 책의 각 장 제목은 당시 널리 퍼져 있던 고정관념과 편견을 보여 준다. 많은 사람이 미국의 물질주의, 합리화, 삶의 기계화가 독일 문화에 치명적인 위협을 가한다고 느꼈다. 제1차 세계대전 때 많은 독일인이 자신은 이것 때문에 싸운다고 믿었던 바로 그 독일 문화 말이다. 98)

나치당이 1933년 권력을 장악한 후 그 이데올로기적 지도자들은 기술에 대해 반동적 현대주의자와 비슷한 태도를 취했다. 나치 엔지니어인 프리츠 토트 — 1942년 그가 비행기 사고로 사망한 후 그 뒤를 이어 군수장관이 된 사람이 알베르트 슈페어•였다 — 는 독일 엔

Weimar and the Third Reich (Cambridge: Cambridge University Press, 1984), pp. 12, 31.

97) Oswald Spengler, *Decline of the West*, trans. Charles Francis Atkinson (New York: Modern Library, 1965), pp. 24~27 〔오스발트 슈펭글러 저, 박광순 역, 《서구의 몰락》(범우사, 1995)〕.

98) Trommler, "Americanism in Germany", p. 337.

• 〔옮긴이주〕 Albert Speer, 1905~1981, 독일의 건축가이며 나치당에 가입

지니어를 위한 이데올로기를 정식화했다. 그는 아돌프 히틀러가 《나의 투쟁》(*Mein Kampf*, 1925~1926)에서 표현한 기술과 문화에 관한 관점에 크게 의지했다. 토트는 바이마르 현대성 — 즉, 미국식 현대성 — 에 대한 나치의 반응을 보여 줬다. 나치당은 바이마르 현대성이 오로지 소비재의 생산에 전념한다는 점에서 영혼이 없고 물질주의적이라는 딱지를 붙였다. 나치당은 문제를 해결하기 위한 발명가와 엔지니어, 즉 독일판 에디슨과 포드를 원했지만, 해결해야 할 문제는 문화의 담지자이자 창조자인 나치 정치인들이 정의 내리기를 원했다. 토트는 엔지니어를 대상으로 한 연설들에서, 나치 독일에서의 기술은 노동 윤리를 실현하고, 영웅적이고 창조적인 본능을 충족하며, 독일인의 거주지를 만들고, 지배 인종인 아리아인의 올바른 자리를 확립하는 수단이 될 것이라고 주장했다. 토트는 "물질적 수단으로 물질적 문제를 해결하고자 하는 자는 물질에 의해 지배당할 것이다. 지배는 정신을 통해서 오는 법이다. 우리 관념론자들은 나치의 투쟁 정신과 의지를 통해 죽은 물질을 지배할 것이다"라는 말을 남겼다. 히틀러는 《나의 투쟁》에서 "오늘날 우리가 지구상에서 숭배하는 모든 것 — 과학과 예술, 기술과 발명 — 은 몇몇 민족의 창조적 산물이며 아마 이들은 원래 하나의 인종이었을 것이다"라

해 '히틀러의 건축가'라는 별칭을 얻었고, 제2차 세계대전 때 군수장관으로서 전시 경제를 총괄하며 강제수용소의 노동력을 군수생산에 동원했다. 종전 후 연합군에 체포되어 뉘른베르크 전범재판에서 자신의 책임을 인정하고 20년형을 언도받아 제3제국의 각료 중 유일하게 살아남은 인물이 되었다. 형기 동안 집필해 만기 출소 후인 1969년에 출간한 회고록 《기억: 제3제국의 중심에서》(*Erinnerungen*)는 나치 지도자들과 나치 치하 독일에 관한 중요한 자료로 평가된다.

고 썼다. 99)

요컨대 나치당은 현대 기술을 거부한 것이 아니라 유럽과 미국의
아방가르드에 의해 표현된 현대의 기술 기반 문화를 거부하였다. 나
치의 기준에서 볼 때 이는 영혼이 없고 물질주의적이면서 경이적일
정도로 생산적이기도 한 문화였다.

---

99) Thomas P. Hughes, "Technology", in *The Holocaust*: *Ideology, Bureau-cracy, and Genocide*, eds. Henry Friedlander and Sybil Milton (Millwood, N. Y.: Kraus International, 1980), pp. 165~181.

제 7 장

미국의 재발견

20세기 초, 유럽인들 — 소련인을 포함하여 — 은 미국의 재발견을 시작했다. 첫 번째 발견이 처녀지, 자연의 나라로서의 미국이었다면, 두 번째 발견은 기술의 나라, 인공물로서의 미국이었다. 일부 외국인들은 미국을 계속해서 서부의 미개척지와 연관시켰지만, 다른 이들은 한 세기 이상에 걸쳐 미국이 세계에서 제일 활발한 건설의 장소였음을 깨달았다. 미국인들 역시 미국이 급격한 산업적 변화를 겪고 있음을 알게 되었으나, 일정한 거리를 두고 지켜보던 유럽인들은 이 변화가 기술적 · 산업적 혁명을 넘어 문화적 변화의 씨앗도 내포한 것임을 감지했다. 미국을 재발견한 유럽의 지식인, 건축가, 미술가들은 미국이 현대라는 독특한 시대로 세상을 이끌고 있다고 믿었다. 심오한 문화적 감수성을 지닌 유럽인들은 현대 기술이 촉발한 현대 문화를 자신들이 가장 잘 설명할 수 있다고 느꼈다.

미국에서 기술변화와 사회변화에 대한 정의를 내린 사람들은 미국의 물질적 진보를 찬미하는 데 익숙했지만 문화적 성취에 대해서는 겸손한 태도를 취했고, 이 때문에 문화적 변화보다는 그들이 제2차 산업혁명이라고 믿었던 것에 초점을 맞추었다. 산업혁명을 찬미하는 것은 과거에 미국인들의 여흥거리였고 이는 지금도 그렇다. 제2차 세계대전 이후 다양한 기술에 열광한 사람들은 여러 가지 기술(혹은 산업) 혁명의 시작을 선언했다. 그들은 핵에너지의 도래가 가져왔다고 믿은 산업혁명을 찬미했다. 좀더 최근에 와서는 컴퓨터(혹은 정보) 혁명에 대한 논의가 나돌고 있다. 다른 열정적 지지자는 우주비행('새로운 대양'의 탐험) 역시 새로운 시대를 열었다고 말했다. 그에 앞서 '제2차 산업혁명'의 예언자들은 이것이 제1차 산업혁명보다 훨씬 더 큰 사회적 변화를 야기할 것이라고 예상했다.

　원래 영국에서 18세기에 시작되었고 미국과 서유럽에서는 19세기에 시작된 제1차 산업혁명은 증기 기술, 철 생산, 직물 공장을 새롭게 선보였다. 제2차 산업혁명의 예언자들은 제1차 산업혁명을 풍미한 자유방임적 태도와 그로부터 유발된 사회 혼란을 반면교사로 삼아, 새로운 산업혁명 시기에는 기술변화와 그에 수반한 사회변화를 계획해야 한다고 주장했다. 그들은 제2차 산업혁명의 기원을 다양하게 정의했는데, 대체로 전기 산업이 부상한 시기인 1870~1880년 사이를 그 시발점으로 잡았다. 그러나 동시대인들 사이에 자신들이 그러한 혁명을 경험하고 있다는 흥분이 최고조에 달했던 시기는 1920년대 초였다. 그들은 표면적인 수준에서 새로운 산업혁명이 주로 전등 및 전력, 내연기관과 자동차에 대한 활용, 비행기, 무선통신, 합성(혹은 인공) 화학물질 등과 연관되어 있다고 보았다. 좀더 깊은 수준에서 사회비평가들은 새로운 기계, 장치, 공정의 등장과 함께 나타난 사회적 변화를 강조했다. 그들은 발명가와 산업체 과학자들이 발명과 발견의 과정을 조직화했고, 인간이 물질적 환경을 창조하고 통제할 수 있는 가능성이 과거 그 어느 때보다도 커졌음을 알고 있었다. 상황에 대해 숙고한 미국의 해설자들은 현대 세계에서 환경이 점차 자연적인 것에서 멀어져 인공물이 되어 가고 있음을 지적했다. 그들은 영국 산업혁명과 마찬가지로 새로운 혁명이 사회적·제도적·정치적 변화를 수반한다고 믿었다.

새로운 산업화의 물결, 독특한 일련의 특성을 수반한 이른바 제2차 산업혁명은 특히 미국의 현상이었다. 산업국가 중에서는 이제 막 통일된 독일 제국만이 독특하고 현대적인 기계, 장치, 공정의 개발과 거대 산업체, 산업연구소, 공과대학, 연구대학 등과 같은 현대적 제도의 양성에서 1870년 이후 미국과 견줄 만했고 일부 사례에서는 미국을 뛰어넘기도 한 국가였다.

처음에는 유럽의, 뒤이어 미국의 건축가와 미술가들은 새로이 등장하는 기술문화를 표현할 형태와 상징을 탐색했다. 1921년에 루이스 멈퍼드는 스타일을 "공동체 생활에서 나온 사회적·기술적 경험의 복합체를 특정한 작품에서 합당하게 표현한 것"으로 정의했다. 그는 "현대적 스타일이 자신을 인식하는 데 그토록 느린 것은, 여전히 그토록 소심하고 편파적이며 부적절한 것은 어찌된 영문인가?"라고 질문을 던졌다.[1] 그러나 1년 후 그는 "1910년대의 시작과 함께

---

1) Lewis Mumford, "Machinery and the modern style", *The New Republic*, XXVII (3 August 1921), 264~265. 이 장에서 제2차 산업혁명을 다룬 내용의 일부는 Thomas P. Hughes, "Visions of electrification and social change", in *Histoire de l'électricité: 1880~1980, un siécle d'électricité dans*

산업화로부터 진정한 문화를 만들어 가는 시도가 진행 중이라는 증거가 나타났다"고 썼다. 2)

이즈음부터 미국인과 유럽인들은 모두 자신을 독특한 현대적 인간으로, 그들이 살고 있는 시대를 최초의 현대적 시기로 보기 시작했다. 그들은 20세기 초를 가없는 미래로 뻗어 갈 현대의 시발점으로 인식했다. 세계에 대한 제 2의 창조를 이뤄 낸 현대 기술의 힘에 대한 믿음은 아마도 현대가 도래했다는 그들의 믿음에 주된 근거가 되었을 것이다. 처음에는 독일에서, 그리고 미국에서 미술가, 건축가, 사회비평가들은 물질주의적 기술문명을 현대 문화로 변형할 수 있기를 바랐다. 그들이 쓰던 '문화'라는 용어는 미술과 건축을 뛰어넘어 인간의 폭넓은 사상과 활동을 지칭하는 것이었다. 그들은 현대 기술문화의 가치와 의미를 표현할 예술적이고 제도적인 형태를 발견하고자 했다. 그들은 물질세계를 변형하는 수단으로써의 기술이 전례 없이 높은 발전 수준에 도달했으며 이는 현대를 특징짓는 성취라고 믿었다.

제 2차 산업혁명이 진행 중이며 기술에 기반한 새로운 문화가 정의되고 있다고 믿었던 사람들이 양차 세계대전 사이의 세대에 현대를 살아가고 있다는 믿음을 북돋워 줄 수 있었던 것은 그리 놀라운

---

le monde, ed. Fabienne Cardot (Paris : Presses Universitaires de France, 1987), pp. 327~340에 처음 실렸던 것이다.

2) Lewis Mumford, "The city", in *Civilization in the United States : An Inquiry by 30 Americans*, ed. Harold E. Stearns (New York : Harcourt, Brace, 1922), p. 12를 Richard G. Wilson, Dianne H. Pilgrim, and Dickran Tashjian, *The Machine Age in America, 1918~1941* (New York : The Brooklyn Museum, 1986), p. 30에서 재인용.

일이 아니다. 로버트 휴즈는 현대성에 대해 예리한 지적을 했다.

　1880~1930년 사이에 세계 역사상 최고의 문화적 실험 가운데 하나가 유
　럽과 미국에서 일어났다 … 이는 우리가 들어갈 수 있고 볼 수도 있지만
　더 이상 그것의 일부가 될 수는 없는 역사적 공간이다. 3)

---

3) Robert Hughes, *The Shock of the New*(New York: Alfred A. Knopf,
　1981), p. 9.

제 2차 산업혁명인가, 신기술 시대인가?

증기와 철의 도래, 산업 중간계급과 노동자계급의 부상, 그리고 '중공업 지대'(black country)로 변모한 잉글랜드 중부와 북부 지방의 물리적 변화, 정치적 자유방임주의의 강화는 이전 시기의 산업혁명을 특징짓는 요소들이었다. 제 2차 산업혁명은 대량생산기술의 완성, 거대 산업체, 우후죽순처럼 등장한 산업도시, 대학과 칼리지에서 고등 기술교육의 부상, 직업 전문가 계층(특히 엔지니어와 산업체 과학자)의 성장을 가져왔다. 양차 세계대전 사이의 혁신주의 사회개혁가들은 사람이 살고 있는 세계가 제 2의 창조를 경험하고 있으니, 그 과정에서 해가 없고 미학적으로 만족스러운 가치들이 담길 수 있도록 이를 계획해야 한다고 주장했다. 그들은 영국의 산업혁명이 노동과 토지를 황폐화한 것은 부주의한 자본가들과 편협한 엔지니어들이 그 과정을 지배했기 때문이라고 믿었다. 제 2차 산업혁명에서는 사회계획가나 사회공학자들이 주도적 역할을 해야 한다는 것이 그들이 1920년대에 주장한 내용이었다.

최근 역사가들이 밝힌 바와 같이, 20세기 초의 혁신주의자와 사회개혁가들은 이른바 제 2차 산업혁명기에 기술적 변화만 일어난 것이 아니라 관리상의 변화도 일어났음을 알고 있었다. [4] 테일러주의와 포드주의의 확산과 생산성의 급격한 증가는 이를 분명하게 보여 준

---

4) Alfred D. Chandler, Jr., *The Visible Hand: The Managerial Revolution in American Business*(Cambridge, Mass. : Belknap Press, 1977)〔알프레드 챈들러 저, 김두얼 외 역, 《보이는 손》(지식을 만드는 지식, 2014)〕.

다. 또한 인설의 전력 제국과 같은 민간기업이나 통신과 전력 네트워크의 확산에 돈을 댄 금융가와 같은 투자은행들이 대규모 생산 시스템에 대해 중앙집중화된 통제의 수위를 높였다는 점도 이를 잘 보여준다. 중앙집중화된 관리와 통제는 생산, 유통, 마케팅의 수단을 조율하고 통합하는 결과를 가져왔다. 혁신주의자와 사회개혁가들은 그러한 관리와 통제 — 그리고 계획 — 가 민간기업이 아닌 정부의 수중에 있어서는 안 되는 이유를 물었다.

1870년 이후의 제 2차 산업혁명 기간 상품 흐름의 증가는 종종 통제의 위기를 야기했다. 관리자들이 생산, 유통, 마케팅 시스템을 관통하는 흐름의 증가를 통제하지 못하는 일이 자주 생겼다. 시장이라는 보이지 않는 손이 제대로 작동하지 않았을 뿐 아니라 관리자들의 보이는 손 역시 종종 실패를 경험했다. 이러한 위기에 대한 대응은 '통제 혁명'(control revolution)이라는 이름으로 불렸다.5) 관료제의 조직화, 절차를 간소화하고 효율을 증가시키기 위한 조직의 합리화, 전신, 우편 시스템, 전화, 무선전신 같은 통신 시스템의 발전, 그리고 정보를 획득하고 저장하며 검색하는 수단의 발명과 개발 등이 그러한 대응에 속했다.

양차 세계대전 사이에 기술의 완성에 몰두한 혁신주의자들과 급진적 개혁가들은 조직화된 발명과 연구의 창조적 힘, 관리와 통제의 새로운 기법, 그리고 전기의 힘이 새롭고 철저하게 현대적인 사회로

---

5) James Beniger, *The Control Revolution*: *Technological and Economic Origins of the Information Society* (Cambridge, Mass. : Harvard University Press, 1986) 〔제임스 R. 베니거 저, 윤원화 역, 《컨트롤 레벌루션》(현실문화연구, 2009)〕.

가는 넓은 대로를 제공한다고 믿었다. 비물질적 본성을 지닌 전기의 엄청난 잠재력은 현대 기술과 문화가 전례를 찾아볼 수 없는 새로운 것이라고 믿었던 이들에게 특히 호소력을 가졌다. 소련의 블라디미르 레닌과 마찬가지로 미국의 혁신주의자들은 혁신적 정부와 전기화가 결합하면 혁명적 사회변화가 일어날 것이라고 믿었다.

제1차 세계대전 동안 정부는 전례 없는 규모로 기술과 과학에 대한 계획과 통제를 도입했는데, 이는 정부의 주도권과 통제에 대한 신념을 강화했다. 전시의 에너지 부족, 특히 석탄과 전기의 부족은 교전국들로 하여금 그 어떤 조치보다 대규모의 수력발전소와 석탄 화력발전소의 건설, 그리고 부하율을 향상시키기 위한 전력회사들 간의 강제 상호 연결에 자금을 지원하게 했다. 이는 정해진 양의 자본 설비로부터 뽑아낼 수 있는 에너지 산출량을 증대시켰다. 6)

소련에서 레닌은 "공산주의는 소비에트 권력에 온 나라의 전기화를 합친 것이다. 전기화 없이는 산업에서의 진보가 불가능하기 때문이다"라고 말했다. 7) 영국에서는 전국적 전기화 계획의 주창자들이

6) Leslie Hannah, *Electricity before Nationalisation* (Baltimore: Johns Hopkins University Press, 1979), pp. 65~66, 82, 85; R. Blanchard, *Les Forces hydroélectriques pendant la guerre* (Paris: Presses Universitaires de France, 1924); Thomas P. Hughes, "Technology as a force for change in history: The effort to form a unified electric power system in Weimar Germany", in *Industrielles System und Politische Entwicklung in der Weimarer Republik*, eds. H. Mommsen, D. Petzina, and B. Weisbrod (Düsseldorf: Droste, 1974), pp. 153~166; Thomas P. Hughes, *Networks of Power: Electrification in Western Society, 1880~1930* (Baltimore: Johns Hopkins University Press, 1983), pp. 285~323.

7) Vladimir Lenin, *Collected Works*, XXV: 490~491 (in Russian), trans. and quoted in U.S.S.R. Committee for International Scientific and Technical

전기화는 영국을 현대 산업 열강으로 바꿔 놓을 것이며 영국은 다시
한 번 세계의 산업 지도자의 지위를 누리게 될 것이라고 주장했다. [8]
독일에서 새롭게 구성되었지만 취약한 바이마르 공화국의 지지자들
은 독일 전역을 덮는 전기 네트워크(혹은 전력망)의 건설과 국유화가
공화국을 구하는 데 크게 기여할 수 있다고 믿었다. [9]

미국 정부에서 지원한 1921년의 한 연구는 북동부(보스턴-워싱턴)
산업 지역에 '슈퍼파워'(Superpower)를 건설할 것을 권고했다. 이
계획은 민간 자금을 들여 6~30만 킬로와트 출력의 슈퍼파워 발전소
를 건설하고 11~22만 볼트에 달하는 송전선으로 발전소들을 서로
연결할 것을 제안했다. [10] 혁신주의 개혁가들은 슈퍼파워나 그와 유
사한 거대 전기화 계획을 생산량 증가의 방법 이상의 어떤 것으로 받
아들였다. 그들은 제2차 산업혁명의 기술이 새로운 사회와 문화를
가져올 것이라고 믿었다.

멈퍼드는 새로운 형태의 전기와 정치의 힘에 근거한 새로운 산업
시대를 그린 인물들 중 가장 조리 있고 영향력이 큰 사람이었다. 독

　　Conferences, *Electric Power Development in the U.S.S.R.* (Moscow: INRA
　　Publishing Society, 1936), p. 11.

 8) Great Britain, Ministry of Reconstruction, Reconstruction Committee,
　　Coal Conservation Sub-Committee, *Interim Report on Electric Power Supply
　　in Great Britain* (London: HMSO, 1918), pp. 4, 7, 8.

 9) 제1차 세계대전 이후 제안된 독일의 지역 전력망과 전체 전력망에 대한 다양
　　한 계획들은 Georg Boll, *Entstehung und Entwicklung des Verbundbetriebs
　　in der deutschen Elektrizitätswirlschaft bis zum europäischen Verbund*
　　(Frankfurt am Main: VWEW, 1969), pp. 56~67을 보라.

10) 이러한 전후 기획들에 대한 좀더 많은 내용은 Hughes, *Networks of Power*,
　　pp. 285~323을 보라.

립적으로 활동하는 저술가였던 멈퍼드는 당대의 현안인 사회적·건축학적·기술적 쟁점에 관해 일반 독자들을 상대로 글을 쓰는 지식인이었다. 1934년에 그는 기술의 사회사 서술에서 원조 격인 《기술과 문명》(*Technics and Civilization*)을 출간했는데, 11) 이 책에서 그는 원기술(eotechnic) 시대, 고기술(paleotechnic) 시대, 신기술(neo-technic) 시대라는 세 시기로 역사를 구분했다. 그의 명명법에서 신기술 시대는 다른 사람들이 제2차 산업혁명과 연관 짓는 시기에 해당했다. 멈퍼드에게 있어 신기술 시대는 전동기, 수력 터빈, 알루미늄, 새로운 합금, 희토류 원소, 그리고 셀룰로이드, 베이클라이트, 합성수지 같은 합성화학물질의 시대를 약속했다. 이렇게 역사를 시대로 구분하면서 멈퍼드는 그가 매우 존경한 스코틀랜드의 사회학자이자 지역계획가인 패트릭 게데스가 제시한 유사한 틀에 영향을 받았다. 미국의 역사가이자 사회비평가인 헨리 애덤스 역시 멈퍼드가 '기계 단계'에서 '전기 단계'로의 현대적 이행을 사고하도록 영향을 주었다. 12)

멈퍼드와 게데스는 역사의 시대구분을 그 시대의 지배적인 에너지와 물질 기술에 따라 나누었다. 가령 고기술 시대의 주된 에너지는 증기였고 주로 사용된 물질은 철이었다. 그 이전의 원기술 시기는 바람, 수력, 나무의 시대였다. 그러나 멈퍼드는 단순한 기술결정론자가 아니었다. 그는 새로운 기술이 받아들여지려면 이를 선호하

---

11) Lewis Mumford, *Technics and Civilization* (New York: Harcourt, Brace, 1934).

12) Lewis Mumford, "Regionalism and irregionalism", *The Sociology Review*, XIX(1927), 288.

는 사회적·심리적 조건들이 뒷받침되어야 함을 알고 있었다. 그는 "기술의 이득은 절대 자동적으로 사회에 드러나는 것이 아니다"라고 썼다. "이는 정치에서도 마찬가지로 교묘한 발명과 적응을 필요로 한다. …"13) 역사를 바라보는 그의 거대 도식에는 복잡성의 층위들도 있었다. 왜냐하면 각 시대에는 그 시대에 사용된 기술과 밀접하게 연결된 지배적인 정치경제 권력 구조가 존재했기 때문이다. 그러나 그는 생산수단에 의해 사회문화적 상부구조가 결정된다는 극단적으로 단순화된 마르크스주의로 빠지지 않았다.

멈퍼드는 철과 증기가 지배한 고기술 시대의 공장 소유주, 금융가, 광산업자, 군국주의자들이 단순히 기술적 힘의 산물은 아니라고 믿었다. 그들은 지배적인 에너지원, 물질, 생산수단에 의해 형성되는 동시에 이들을 형성하는 존재였다. 그는 신기술 시대, 즉 현대에도 새로운 정치사회적 힘이 등장할 것으로 예상했다. 그는 이러한 힘이 해롭지 않고 경제적 이득과 군사적 공격성 외의 다른 가치들에 의해 동기부여 되기를 바랐다.

멈퍼드는 신기술 시기의 주요한 변화의 동력인 전기가 석탄이 이끌던 고기술 시대 — 흔히 영국 산업혁명으로 지칭되는 — 의 많은 해악을 제거해 줄 것으로 생각했다. 신기술 시기에 석탄은 광산 입구에서 전력, 즉 백색 석탄으로 전환될 것이다. 광산 입구에서는 석탄이 낭비되지 않을 것이다. 먼저 석탄을 건류해서 가장 휘발성이 강한 성분들을 뽑아낸 후 정제해 염료, 약품, 기름, 직물 등으로 사용할 것이고 거기서 남은 코크스를 발전소에서 태우게 될 것이다.

---

13) Mumford, *Technics*, p. 215.

광산 입구에서 일어나는 이처럼 기술적으로 진보된 공정과 생산 현장에 대한 송전으로 인해 매연을 내뿜는 도시의 공장과 스모그로 숨이 막히는 도시는 옛날 얘기가 될 것이다.

멈퍼드는 새로운 에너지원과 운송 및 통신의 방식들을 지역적인 계획과 발전에 연결시켰다. 전력이 자동차, 라디오, 전화와 결합하면 밀집한 도시 중심의 산업사회를 경제적·인구통계학적으로 균형 잡힌 곳으로 바꿀 수 있었다. 이제 산업과 상업에 종사하는 인구는 광산, 골짜기 아래를 따라 지나가는 철도 노선, 항구에 모일 필요가 없을 것이며, 고지대나 농촌 지역으로 분산될 수 있었다. 수력발전은 현재 임업에만 적합한 고립된 산간 지역을 주의 깊게 계획된 산업 지역으로 변형시켜 고기술 시대의 산업 중심지의 밀집과 추악함을 피할 수 있었다.[14]

전기, 그중에서도 특히 수력발전의 도래는 서구 사회가 새로운 시대로 진입했다는 확신을 멈퍼드에게 심어 주었다. 물론 문명이 이처럼 새로운 역사의 단계로 이동할 것인지는 우리가 고기술 시대의 경제와 정치를 포기하는가에 달려 있었다. 멈퍼드는 이윤과 권력을 추구하는 금융가, 군국주의자, 광산업자들이 과학적 엔지니어와 과학자들에게 새로운 세계의 행정가로서의 역할을 넘겨줄 것이라고 믿었고, 그렇게 되기를 희망했던 것이 분명하다.[15] 그는 새로운 시대의 선구자로 19세기 초 영국의 사심 없는 물리학자 마이클 패러데이, 그와 동시대에 산 미국의 물리학자 조지프 헨리, 기계적인 것뿐

---

14) Mumford, "Regionalism and irregionalism", 286.
15) Mumford, *Technics*, pp. 215~221.

아니라 유기체적인 것에도 관심을 가졌던 프랑스의 화학자이자 미생물학자 루이 파스퇴르 등을 꼽았다.

그는 석탄과 철을 수력 전기, 합금, 알루미늄으로 대체하는 것이 심대한 지정학적 결과를 초래할 것이라고 예측했다. 1930년대 초, 멈퍼드는 수력이 풍부한 아시아, 아프리카, 남아메리카가 새로운 시대의 기술을 활용하면 석탄-철 체제에서 서유럽과 미국이 누린 산업 지배력은 무너질 것이라고 내다보았다. 심지어 유럽과 미국 내에서도 산업의 중심지가 "이탈리아, 프랑스, 노르웨이, 스위스, 스웨덴(과) … 미국을 남북으로 가로지르는 2개의 산맥 쪽으로" 이동하고 있었다. 16) 또한 전기는 노동과 작업장의 성격을 변화시키고 산업조직의 방향도 바꿔 놓을 것이었다. 노동자는 자동화된 생산 공정의 기술 감독이 될 것이고, 이런 공정들은 산업도시에 집중되기보다는 분산될 것이었다.

멈퍼드는 오늘날 컴퓨터 시대의 숱한 예언자들과 마찬가지로, 전력과 정보의 전달로 인해 큰 관리단위가 작은 생산단위를 이용하는 것이 가능해질 것으로 예상했다. 큰 공장은 작은 공장으로 대체될 것인데, 이제 더 이상 기계를 모아 놓고 벨트로 가동시킬 필요 없이 하나씩 전기모터로 돌릴 수 있기 때문이었다. 전력이 널리 보급되고 생산기법이 표준화되면 제조업은 시골 마을에서도, "심지어는 농가에서도 …" 가능하게 될 것이었다. "이제 잔디 깎는 기계의 작은 부속품들을 더 이상 필라델피아의 비좁은 집에서 사는 노동자들이 만들지 않아도 된다. … "17) 역시 오늘날 컴퓨터에 열광하는 사람들의

---

16) Ibid., p. 223.

전망을 예견케 하는 어조로, 멈퍼드는 프롤레타리아 — 이 용어는 그에게 거대한 공장과 산업도시의 말단에 있는 조립라인 노동을 의미했다 — 의 대체를 언급하기도 했다. 소규모의 자동생산 공장들은 고도로 훈련된 노동자-기술자들에 의해 관리 감독될 것이었다. 신기술 시대에는 송전선과 작고 효율적인 모터 덕분에 안락한 생활 조건을 갖춘 널리 퍼진 장소에서 효율적이고 작은 규모의 생산이 가능해졌기 때문이었다.

동시대의 다른 사람들 중에는 전력에 의해 가능해진 새로운 산업혁명의 개념에 더욱 열정적으로 몰두한 이들도 있었다. 그중 한 사람이 펜실베이니아 주지사였던 기퍼드 핀쇼였다. 1925년에 그는 펜실베이니아 주에 거대 전력계획을 제안했다. 서부 펜실베이니아 주의 석탄 지대에 있는 광산 입구에 거대한 30만 킬로와트짜리 발전소를 세우고, 10만 볼트 이상의 송전선을 사용하여 그로부터 320킬로미터 떨어진 동부 펜실베이니아 주의 인구밀집 산업 지역에까지 전기를 보내자는 것이었다. 도중에 있는 작은 도시와 농촌 마을들에 대한 전기공급은 주를 가로지르는 송전선에서 갈라져 나온 지선들을 이용했다.

핀쇼는 거대 전력계획의 세부사항에 대한 아이디어를 개혁적인 혁신주의 엔지니어 모리스 쿡으로부터 얻었다고 밝혔다. 쿡은 제1차 세계대전 때 연방 자문위원으로 있으면서 동력원에 대한 정부의 계획과 통제를 검토하고 승인한 적이 있었다. [18] 이 계획은 제안된

---

17) Lewis Mumford, "The theory and practice of regionalism", *The Sociology Review*, XX(1928), 23~24.

거대 전력 시스템에 대한 주 정부의 엄격하고 세부적인 규제 때문에 다양한 이해집단의 반대에 부딪쳤고 결국 실행되지 못했다. 그러나 이를 둘러싼 선전과 논쟁을 살펴보면, 그런 전력 개발이 사회적·산업적 혁명을 가져올 것이라는 명제에 계획의 지지자들이 얼마나 철저하게 몰두했는지, 또 그들이 일반 대중에게 이를 설득하기 위해 얼마나 결연한 노력을 기울였는지를 알 수 있다.[19] 산업화를 가장 많이 이루고, 인구밀도가 높았던 주들 중 한 곳의 주지사를 맡고 있었던 핀쇼는 전력전송의 확산이 그 영향력에서 영국 산업혁명에 버금가는 산업혁명을 야기하는 모습을 열정적으로 그려 냈다. 그는 우리가 오늘날 정보시대의 예언자들로부터 들을 수 있는 가장 열렬한 주장에 필적할 만한 기술적 열정을 드러내 보였다.

제1차 세계대전 이전에 혁신주의 운동의 지도자이자 시어도어 루스벨트의 열렬한 지지자였던 핀쇼는 환경의 과학적 관리를 지칭하는 '보존'(conservation)이라는 용어를 창안했다. 그는 사회가 증기력이 지배했던 산업혁명의 부정적 영향에 제대로 대비하지 않아, 한쪽에는 자본, 다른 한쪽에는 노동과 농업이 서로 대립하는 기나긴 일련의 소요와 투쟁을 겪게 되었다고 생각했다. 그는 증기력이 좋은 쪽으로든 나쁜 쪽으로든 중앙집중화된 산업질서와 자신이 사는 시대의 문명을 형성했다고 단언했다. 증기는 경이적인 생산 증가, 도시 복합단지의 부상, 농촌생활의 쇠락, 소규모 공동체의 붕괴, 가족

---

18) Gifford Pinchot to Morris L. Cooke, 15 February 1927. Morris L. Cooke Papers, Franklin D. Roosevelt Library, Hyde Park, N. Y.

19) 거대 전력계획에 관한 더 많은 내용은 Hughes, *Networks of Power*, pp. 297~313을 참조하라.

유대의 약화 등의 극적인 사회변화를 야기했다. 그런데 증기는 "전기에 대해 '나보다 능력이 많으신 이가 오시나니 나는 그의 신발 끈을 풀기도 감당하지 못하겠노라'• 라고 말할지도 몰랐"기에, 핀쇼는 사회가 더욱 거대한 기술적·산업적 혁명에 대비해야 하며 증기 시대보다 훨씬 정도가 심한 부정적 영향과 기회에 대응할 준비를 해야 한다고 경고했다. 20)

주지사는 전기가 가정주부에게는 전등, 요리, 그 외 가전제품의 안락함을 제공할 것이고, 농부에게는 젖짜기, 여물썰기, 톱질하기, 그 외 무수한 다른 작업에 전등과 전력의 안전성과 편리성을 제공할 것이라고 펜실베이니아 주 의회에 약속했다. 핀쇼는 전기가 모든 노동자에게 더 높은 생활수준, 더 많은 여가, 더 나은 보수를 가져다줄 수 있다고 말했다. 전력 혁명은 "우리에게 상상도 하지 못한 아름다움과 부를 가득 안겨 주고, 이전의 그 어떤 문명보다 더 안전하고 행복하며 자유롭고 기회가 많은 문명의" 기반을 형성할 것을 약속했다. 21) 그는 "그날이 오고 있다"고 예언했다.

아침에서 밤까지, 요람에서 무덤까지 전기서비스가 모든 순간, 모든 방향으로부터 미국의 모든 남자, 여자, 아이들의 일상생활에 적용될 그날이 말이다. 22)

- 〔옮긴이주〕신약성서 누가복음 3장 16절을 인용한 표현이다.
20) Governor Gifford Pinchot's message to the General Assembly of the Commonwealth of Pennsylvania on 17 February 1925, published as Pinchot, "Introduction" to "Giant power: Large scale electrical development as a social factor", *The Annals*, CXVIII (March 1925), viii.
21) Pinchot, "Introduction", pp. xi~xii.

핀쇼는 증기가 불러온 산업 집중, 대량 공장노동, 불쾌한 악취가 나는 도시빈민가로의 경향성이 전력으로 인해 뒤집어질 것이라는 낙관적 예측을 하기도 했다. 그러나 그는 청중인 주 의회의 관심을 전기 시대가 "인류 역사에서 비교할 수 없는 최고의 물질적 혜택"이 되는 엄청난 약속을 실현하기 위해 요구되는 정치적 행동으로 집중시켰다. 23) 그는 "미국 전체에 거미줄을 뻗으며 우리 국민의 삶을 통제하고 그것에 기생하기 위해 서두르는 … 사악한 거미"를 막으려면 법률이 필요하다고 믿었다. 24) 그는 회사 소유주들, 특히 대형 투자 은행가와 민간에서 운영하는 전력회사의 관리자에 의해 확립되던 전력 독점을 언급했다. 분명 주지사가 염두에 둔 인물 중에는 새뮤얼 인설도 있었을 것이다. 핀쇼는 멈퍼드와 마찬가지로 기술혁명에는 정치경제적 권력 구조에서의 변화가 수반되어야 한다고 믿었다.

핀쇼는 전력의 상호 연결이 계속될 것이며 전력망이나 네트워크는 주 경계를 가로질러 확산될 것이라고 추론했다. 심지어 미국에서 상호 연결이 매우 광대해져 결과적으로 국가 전력망이 될 것이라고 예상하기도 했다. 전력망의 물리적 상호 연결은 운영과 금융의 상호 연결을 수반할 것이었다. 이러한 상호 연결은 민간에서 소유한 전력회사에 의해 주도되어 엄청난 규모의 사기업 독점으로 탈바꿈할 수 있으며, 이는 곧 주 정부들의 통제와 규제를 넘어설 것이라고 그는 경고했다. 그는 이런 독점을 한 나라의 모든 증기력의 원천이 단일

---

22) Ibid., p. xi.
23) Ibid.
24) Ibid.

한 괴물회사의 통제하에 있어야 하는 상황에 비유했다. 이런 거대 독점의 일차적 목표는 이윤 창출이지 공공 복지는 아닐 것이었다.

그는 심지어 연방정부가 국가 전력망의 시대에 대비해 규제를 가할 빈틈없는 준비를 하고 있는지에 대해서도 의문을 품었다. 그래서 그는 법률 꾸러미에 주 정부가 전력의 확산을 규제할 수단을 넣자고 제안했다. 민간 공익설비회사들은 거대한 전력망에 참여할 수 있었지만, 그들이 소비자, 특히 농부, 주택 보유자, 소규모 작업장 소유주에게 월등히 나은 서비스와 월등히 낮은 요금을 제공할 수 있을 때만 그러했다.

폭넓은 독자층에게 혁신주의 사회과학의 관점을 전달해 상당한 영향력이 있었던 미국의 정기간행물 〈서베이〉(Survey) 지의 부편집자이자 대학교수였던 조지프 K. 하트는 심지어 핀쇼보다 더 큰 열정을 가지고 새로운 전력 시대의 개막을 알렸다.[25] 하트의 견해는 자유주의적이고 혁신주의적인 개혁가 공동체, 그중에서도 특히 사회과학자들의 관점을 대변하는 것이었다. 하트는 1920년대에 쓴 글에서 그리스부터 현대에 이르는 수 세기의 역사를 개괄했다.[26] 동력을 문화와 동일시한 그는 인간이 역사를 통해 줄곧 혼돈에서 질서를 끌어내기 위해 자연을 정복하거나 지배해 왔음을 지적했다. 그러나 20세기 이전에 동력을 이용하려면 사회는 무거운 대가를 치러야 했다. 그리

---

25) Joseph K. Hart, "Power and culture", *The Survey: Graphic Number*, LI (1 March 1924), 625~628, Thomas Parke Hughes, ed., *Changing Attitudes Toward American Technology*(New York: Harper & Row, 1975), pp. 241~252에 재수록. 아래 인용된 쪽수는 Hughes를 따른다.
26) Hart, "Power", pp. 243~245.

스인들은 소수의 사람들이 평화로운 삶을 영위하고 철학, 예술, 과학을 꽃피울 수 있도록 서비스와 생산 시스템을 만들기 위해 인구의 90%를 노예로 삼고 지위를 격하시켰다.

영국 산업혁명은 증기력과 함께 세상을 생산 시스템으로 조직하는 놀라운 능력을 선보였다. 그러나 다시 한 번, 치러야 할 대가는 지독하리만큼 컸다. 하트는 사람들이 오랜 뿌리와 단절되어 여러 부류의 사람들이 뒤섞인 중심지로 모이게 된 것은 '위대한 집중자'(great centralizer)인 증기 탓이라고 했다. 또 증기 시대에 쏟아져 나온 상품과 서비스에 매혹된 사람들은 기계를 삶의 수단이자 목적인 지위로까지 끌어올렸다. 뿐만 아니라 하트는 "증기는 우리를 오랜 숙련, 취향, 문화의 기준으로부터 떼어내 자유롭게 만들었다"고 썼다. 27) 결국 인간은 자연을 지배하기 위해 기계를 사용하면서 새로운 주인인 증기동력 기계를 만들었는데, 이는 좀더 규칙적이긴 하지만 한때 두려운 환경이었던 자연에 비해 인간의 정신을 지탱해 주는 능력은 떨어졌다. 현대의 인간은 자연을 정복하기 위해 풍부한 증기력을 이용하면서 자연을 인공적인 도시 환경으로 대체했고, 그 환경은 다시 인간을 인공적인 것으로 만들었다.

하트는 다시 한 번 인간이 부서지는 파도 소리를 듣고, 눈 덮인 고요한 벌판을 바라보며, 야생의 황무지를 탐험하고, 초록 골짜기의 시내를 따라 걸을 필요가 있다고 주장했다. 하트는 급속한 도시화와 산업화의 시기를 살았던 다른 미국인들과 마찬가지로 땅과 농촌생활의 상실을 자기 존재의 핵심에서 느꼈다. 이어 하트는 전력이 증기에

---

27) Ibid., p. 246.

대한 예속 관계를 종식할 것이라고 했다. 전기를 필요한 곳에서 에너지 전달 수단으로 사용하면 "인간은 다시 한 번 통제와 자유의 희열을 느낄 수 있을 것이다". 28) 이 놀라운 사회적·심리적 변화가 발생하는 이유는 전력의 도입과 함께 산업의 분산화가 가능해졌기 때문이다. 전력이 도입되면서 미래는 "인간 앞에 활짝 열릴 것이다. 여호와가 야곱에게 이렇게 말했던 때와 꼭 마찬가지로. '보아라, 내가 생명과 번영, 죽음과 파멸을 너희 앞에 내놓았다. 오늘 어느 쪽을 섬길지 선택하라.'"29) 이어 하트는 지적 자유와 '정신의 문화'를 실현하기 위해 전기라는 요정을 이용하는 소규모 공동체의 상을 다소 모호하게 제시했다.

> … 그러한 생활의 분산화는 우리 문화를 재생하는 경향을 가질 것이다. 문화에 겉만 번드르르한 광택을 부여한 도시의 매음굴에서 우리 문화를 해방시켜 다시금 현실에 본래의 근원을 두도록 하면서 말이다. 30)

전력으로 가능해진 새로운 사회의 전망을 공유한 사람들 모두가 자본의 권력을 대체하려는 성향을 지닌 정치적 자유주의자나 혁신주의자는 아니었다. 리버 루지와 하일랜드 파크의 지배자인 헨리 포드 역시 수력발전이 산업을 분산하고 도시를 탈도시화하며 농촌을 다시 활성화하는 방법이라고 생각했다. 제1차 세계대전 이후 포드는 면밀하게 중앙집중화된 통제는 유지하면서 산업 생산을 물리적

---

28) Ibid., p. 250.
29) Ibid., p. 251.
30) Ibid.

으로 분산시킬 수 있는 가능성을 보았다. 이런 방향으로의 그의 의도는 반세기 동안 분산적 생산 또는 신(新) 가내생산의 새로운 탈산업 시대 도래를 열정적으로 예측해 온 오늘날의 예언자들을 앞지른 것이었다. 오늘날에는 컴퓨터 네트워크의 확장이 그런 전망을 부추기고 있다. 수력 네트워크는 포드의 상상력을 사로잡았다.

포드는 "도시를 쪼개고, 농업의 기간을 축소해 1년에 25일만 농사를 짓도록 하고, 집과 공장이 무리 지어 형성하는 마을을 미국인의 삶과 노동을 위한 새로운 구조의 주춧돌로 만들고" 싶어 했고, 그런 점에서 산업개혁가뿐만 아니라 사회개혁가로서의 면모를 드러냈다.[31] 여기서 그가 개혁의 열망을 품게 된 주된 동기는 그가 농촌 출신이라는 점과 그가 말년에 19세기의 중서부 농촌 지역을 감상적인 눈으로 보게 된 점에서 유래한 듯하다.

그는 디트로이트 인근 루지 강변의 디어본에 있던 부모님의 농장에서 보낸 유년 시절, 특히 작은 개울에 초보적인 댐과 물방아를 만들었던 일을 즐겨 회고했다. 어린 포드는 루지 강가에 줄지어 있던 제분소와 다른 제조소들을 작은 규모로 복제하는 놀이를 했다. 나이가 든 후 그가 디어본에 설립한 박물관에 19세기의 촌락 생활을 공들여 재구성한 것은 이러한 과거를 되찾고 싶었던 그의 희망을 대변한다. 디트로이트의 도시화와 산업화에 그토록 큰 기여를 한 포드가 빈민가나 "다른 어떤 부자연스러운 삶의 방식도" 없었던 과거를 동경하는 말을 한 것은 다분히 역설적이다.[32]

---

31) Paul Kellogg, "The play of a big man with a little river", *The Survey*: *Graphic Number*, LI(1 March 1924), 637ff.

1920년대 초 포드의 전망에는 댐에서 얻은 전력이 포함되어 있었지만, 그는 대규모 전력망이나 네트워크를 요청하지는 않았다. 그는 송전선이 아니라 강을 에너지 전송에 사용하길 원했다. 그는 "냇물이 전선보다 나은 전송선이다. 전선에서는 상당히 많은 손실이 생긴다. 물은 댐 위를 흘러넘친 후에도 여전히 힘을 갖고 있다 …"고 주장했다.³³⁾ 그는 대규모의 중앙 댐에서 전력을 전송하는 것보다 강을 따라 서로 독립적인 수력발전소를 짓는 것을 선호했다. 생태학자로서의 포드는 댐을 만들면 연못이 생겨 그로부터 증발한 물이 인근 지역에 좀더 주기적인 강우를 촉진할 것이라고 덧붙였다. 그의 단정하고 질서 잡힌 순환적 세계에서는 사용하면 사용할수록 이용가능성이 커질 것이었다. 그는 또 노동자와 농부들이 안락한 연못가에서 나란히 살 수 있게 되어 기쁘다고 말했다.

1924년에 그는 루지 강을 따라 실제로 일을 시작했다. 디어본에 있는 자택과 큰 농장 옆에 '1호 댐'을 설치해 집과 농장건물에 조명을 공급하게 했다. 또 좀더 상류에 있던 낸킨 제분소를 수력발전소와 공장으로 전환하여 17명의 노동자들이 전기로 가동되는 공작기계를 이용해 나사와 포드 카뷰레터의 부품을 생산하게 했다. 플리머스에 있던 또 다른 개조된 공장에서는 수력 터빈이 25마력의 출력을 냈고, 25명의 숙련기계공들이 암나사를 깎는 공구와 수나사를 만드는 기계를 가지고 일했다. 피닉스에서는 150명의 여자들이 마을 공장

32) Henry Ford with Samuel Crowther, *My Life and Work*(Garden City, N.Y. : Doubleday, Page, 1922)를 Kellogg, "Play of a big man", 640에서 재인용(원래 쪽수가 표시되어 있지 않음).

33) Kellogg, "Play of a big man", 641.

에서 포드 발전기의 배기 밸브를 생산했다. 그로부터 멀지 않은 노스빌에서는 350명의 남자들이 모델 T의 모터에 들어갈 밸브를 만들었고, 워터퍼드란 마을에서는 또 다른 포드 댐이 유량계를 만드는 작은 포드 공장에 280마력의 동력을 공급했다. 포드는 하일랜드 파크에 있던 500여 개의 생산 부서들을 이들 마을의 수력 공장으로 분산했다. 이러한 마을 공장에서 만들어진 부품은 포드의 거대한 생산 및 조립 시스템으로 편입되었다. 그는 결국에는 한두 가지 제조공정만이 하일랜드 파크에 집중될 것이라고 예언했다. "1천 명 아니 500명 정도면 하나의 공장을 돌리는 데 충분할 것"이라고 그는 덧붙였다. 34)

1920년대 중반에 포드 사는 이와 유사한 분산화 움직임을 추진해 10개 나라에 조립 지부를 두고 미국의 34개 도시에 조립 또는 서비스 지부를 두었다. 이 과정에서 포드는 생산을 하나의 공장 지붕 아래 집중시키는 이전까지의 경향을 역전시켰으나, 그런 움직임이 촌락이나 소도시에 국한된 것은 아니었다. 포드 사는 수력발전소도 건설했다. 가령 미네소타 주 세인트폴에서는 이전에 연방 소유였던 댐이 포드 공장에 2만 8천 마력의 동력을 공급했다. 35) 기술적 합리화와 경제적 효율로 이런 대규모의 분산화를 설명할 수도 있지만, 그가 만든 마을 공장과 작업장에서 볼 수 있듯 포드는 좀더 미래를 내다본 계획에 착수하였고, 이에 그가 제시한 추가적인 이유는 경제적

---

34) Ford with Crowther, *My Life and Work*를 Kellogg, "Play of a big man", 641에서 재인용.

35) Allan Nevins and Frank Ernest Hill, *Ford: Expansion and Challenge, 1915 ~1933* (New York: Charles Scribner's Sons, 1957), p. 228.

인 것도, 기술적인 것도 아니었다.

포드는 낸킨 공장처럼 10~12가구가 거주하는 작은 마을에서 노동자들이 주위를 깨끗이 정돈하고 집에 페인트를 칠했으며 훌륭한 마실 물도 있다는 것을 자랑스럽게 언급했다. 또 다른 마을에서는 식료품 가게에 신선한 상품들이 진열되기 시작했다고 그는 기쁜 마음으로 기록했다. 포드는 노동자들이 산업노동과 농업의 균형을 맞출 수 있도록 파종과 수확철에는 공장에서 일을 쉽게 해주었다. 그는 한때 이렇게 말하기도 했다.

> 나는 농부다. … 나는 지구상의 모든 땅이 행복하고 만족해하는 사람들이 사는 작은 농장으로 덮이는 모습을 보고 싶다. 36)

또한 포드는 하일랜드 파크에서보다 마을 공장에서 비용이 덜 든다고 했지만, 미사용 토지나 미완성 프로젝트를 고려한다면 촌락 산업은 아마 손실로 이어졌을 것으로 추정된다. 37) 반면 그는 노동자들의 숫자가 줄어서 불만족이나 노동 봉기로 이어질 가능성은 낮다는 사실을 발견했을 것이다. 그의 동기에는 분명 하나 이상의 요인이 작용했고 이들이 뒤섞인 것이었지만, 그 결과는 우리가 거대한 하일랜드 파크와 리버 루지 공장을 만든 포드와 연관 짓곤 하는 모습과는 달랐다.

---

36) Ibid. , p. 226.
37) Kellogg, "Play of a big man", 641; Nevins and Hill, *Ford: Expansion and Challenge*, pp. 229~230.

새로운 정신

우리가 이미 본 바와 같이 유럽인들은 헨리 포드와 미국에서 현대 기술을 찾았지만, 건축, 미술, 문학과 같은 현대 고급문화에서는 그렇게 하지 않았다. 건물을 지을 때 현대의 생산기술과 기술적 가치(효율, 정확성, 통제, 시스템 등)를 표현하는 미학적 기법을 모두 사용하려 애쓴 것은 미국이 아니라 유럽의 건축가들이었다. 건축에서 미국의 프랭크 로이드 라이트와 루이스 설리번은 첨단의 건설 기법과 재료들을 창의적으로 활용했지만, 그들이 지은 건물의 형태가 20세기 전반에 지배적인 현대 건축 스타일이 되지는 못했다. 설리번은 마천루 건설에 강철 프레임을 사용해 20세기의 건설 패턴을 결정하는 데 일조했다. 라이트는 건축가들에게 철근 콘크리트, 유리, 표준화된 구성요소들을 창의적으로 활용하라고 독려했다. 두 사람은 기술진보에 대해 경의를 표했고 설리번은 교량건설을 하는 엔지니어들을 영웅적 인물로 떠받들었다. 그러나 두 사람은 자신들의 작업을 묘사할 때 생물학과 자연에서 빌려온 은유를 사용한 반면, 유럽에 있던 현대적 또는 국제적 스타일의 선구자들은 자신들의 미학적 신념을 표현하기 위해 기계와 산업에서 빌려온 은유를 선호했다. 라이트와 설리번은 사회다원주의의 영향을 받았지만, 발터 그로피우스나 르 코르뷔지에 같은 유럽 아방가르드의 거물들은 다원주의로부터 명시적인 영향을 덜 받았고, 오히려 미국의 프레드릭 테일러와 헨리 포드의 생산 철학으로부터 깊은 영향을 받았다. 설리번이 형태는 기능을 따라야 한다는 말을 한 적은 있었지만, 여기서 그는 공학적 고려에서 형태가 도출된다는 단순한 의미가 아니라 다원주의에 따른 생물체가 복잡한 경제적·사회적·기술적 환경에서 기능하는 것을 염두에 두고 있었다.

사회적 불안과 노동자 소요는 국제적 건축 스타일의 선구자들, 특히 프랑크푸르트와 베를린의 도시 건축을 담당한 독일인 에른스트 마이와 마르틴 바그너에게 깊은 우려를 주었다. 반면 설리번은 시카고의 상업적 고층건물 설계로, 라이트는 시카고와 그 외 장소에서 상류 중산층의 교외주택 설계로 기억된다. 두 미국인은 국가적 스타일, 심지어 지역적 스타일을 추구한 반면 유럽인들은 자신들의 작업이 지닌 국제적 성격에 자부심을 가졌다. 이 모든 대조사항들을 고려하면, 탈현대 건축의 부상 이전에 지배적이었던 국제적·현대적 스타일의 주류에 미국인들을 위치시킬 수는 없다. 르 코르뷔지에는 1928년에 미국의 건축가들에 대해 이렇게 썼다.

그리고 그들은 마천루를 건설할 때 마치 에콜 데 보자르(École des Beaux Arts)●의 학생들이 개인 주택을 짓는 것 같은 방식으로 짓는다. 되풀이하건대, 지난 100년 동안 새로운 자재와 방법들이 쏟아져 나왔음에도 그들의 건축학적 관점에는 아무런 변화도 일으키지 못했다.

"미국인들은 진보를 위해 그토록 많은 일을 했으면서도 대체로 죽은 전통에 소심하게 묶여 있는 사람들이다"라고 그는 덧붙였다. 38)

● [옮긴이주] 프랑스의 국립미술학교로, 회화, 판화, 조각, 건축 등에 재능 있는 학생들을 교육하기 위한 목적으로 설립되었다. 17세기 초에 처음 생겼으며 현재와 같은 이름을 갖게 된 것은 1863년의 일이다.

현대 기술에 내재된 미학을 표현하는 현대적 형태를 찾는 과정에서, 20세기 초 독일의 몇몇 지도적 건축가들은 양차 세계대전 사이에 나타난 국제적 스타일의 건축가들을 예견케 했다. 페터 베렌스는 엔지니어들이 산업과 엔지니어링의 설계에서 효율, 흐름, 시스템과 같은 현대 기술의 원리를 표현한다고 믿었다.[39] 그러나 그들의 기계와 구조는 오직 미술가나 건축가만이 표현할 수 있는 미학을 결여하고 있었다. 독일에서 가장 큰 전기기구 제조회사인 알게마이네 전기기구회사(AEG)의 수석 건축가이자 산업 디자이너였던 베렌스는 대규모 생산과 기업 조직의 정신을 표현하는 공장, 전기제품, 전시

---

38) Le Corbusier, "Architecture, the expression of the materials and methods of our times", *The Architectural Record*, LXVI (August 1928), 123, 128. 그러나 유용한 대상에 대한 르 코르뷔지에의 이론은 일종의 다윈주의적 진화를 암시했다 — 심지어 미국의 디자이너들 사이에서도 말이다. Reyner Banham, *Theory and Design in the First Machine Age* (Cambridge, Mass. : MIT Press, 1980), pp. 211~212. 그리고 Robert Twombly, *Louis Sullivan : His Life and Work* (New York : Viking, 1986), pp. 130~132, 217~218; Louis H. Sullivan, *The Autobiography of an Idea* (New York : Dover, 1956), pp. 247~250; Carl W. Condit, "Sullivan's sky-scrapers as the expression of nineteenth century technology", *Technology and Culture*, I (1959), 78~93; Colin Rowe, "Chicago frame : Chicago's place in the modern movement", *The Architectural Review*, 128 (November 1956), 285~289; Frank Lloyd Wright, "In the cause of architecture", *The Architectural Record*, 61 (May and June 1927), 394~396, 478~480; 62 (July and October 1927), 163~166, 318~321도 보라.

39) Peter Behrens, "Art and technology", lecture delivered at the 18. Jahresversammlung des Verbandes Deutscher Electrotechniker, Braunschweig, 26 May 1910, *Industriekultur : Peter Behrens and the AEG, 1907 ~1914*, ed. Tilmann Buddensieg, trans. Iain Boyd Whyte (Cambridge, Mass. : MIT Press, 1984), pp. 212~219에 재수록.

페터 베렌스, AEG 터빈 공장

회, 제도법을 디자인했다. "기계와 기계 제조로부터 직접 도출되어 그것에 부합하는 형태"를 성취하려는 노력을 기울였다는 점에서, 베렌스는 그로피우스, 루트비히 미스 반 데어 로에, 르 코르뷔지에를 예견케 했다. 이들은 모두 베렌스의 아틀리에에서 일했고, 모두 걸출한 현대 건축가가 되었다. 40) 베렌스가 설계한 가장 주목할 만한 건물 중에는 베를린의 터빈 제조 공장이 있다. 그는 공장을 설계하면서 생산방법과 건물에서 만들어지는 제품 — 터빈을 포함해서 — 의 응집된 힘, 질서, 정확성, 규칙성을 표현했다. 예를 들어 베렌스는 건물의 외벽을 따라 돌쩌귀 위에 일련의 기둥들을 세웠는데, 이

---

40) Buddensieg, "Industriekultur", in *Industriekultur*, p. 8에 실린 베렌스의 말을 재인용.

는 일종의 리듬감을 부여해 외벽이 어디까지라도 늘어날 수 있다는 인상을 주었다. 시각적 은유는 강하고 정확한 일련의 기계적 동작을 암시했다. 당시 어떤 사람은 이 건물에 대해 "이상하지 않은가, 저토록 논리적이고 통일된 건물이 그 속에 에워싸여 있는 것의 상징이 된다는 것이?"라고 논평하기도 했다. 41) 건축을 현대 기술문화의 표현으로 만들고자 애쓴 베렌스는 "기술이 그 자체로 목적인 데서 머무르지 않고 문화에 이르는 수단과 그 표현이 될 수 있는지는 역사적으로 매우 중요한 질문이다"라고 썼다. 42)

제1차 세계대전 이전 독일의 또 다른 유력 건축 이론가이자 비평가인 헤르만 무테시우스 역시 현대적 형태의 탐색 면에서 유럽의 아방가르드 건축가들에게 오래도록 영향을 미쳤다. 산업 디자인을 장려하기 위한 기업가, 건축가, 미술가들의 조직인 독일공작연맹(Deutscher Werkbund) 43)의 지도적 인물이었던 무테시우스는 기계 시대의 제품들은 기계 생산을 위해 디자인되어야 한다고 주장했다. 전통적 수공예품의 형상은 기계가 효율적으로 이용하기에는 적합하지 않았다. 44) 흔한 예로 무테시우스는 기계 생산을 위해 단순하게 잘라서 꿰맨 현대의 의복 디자인을 들었다. 평평한 면, 직각, 입방

---

41) Karin Wilhelm, "Fabrikenkunst: The Turbine Hall and what came of it", in *Industriekultur*, p. 142.

42) Buddensieg, "Industriekultur", in *Industriekultur*, p. 17에 실린 베렌스의 말을 재인용.

43) Joan Campbell, *The German Werkbund*(Princeton: Princeton University Press, 1978), pp. 11~17.

44) Herman Muthesius, "Handarbeit und Massenerzeugnis", *Technischer Abend im Zentralinstitut für Erziehung und Unterricht*, IV(1917).

체, 구체, 그 외 다른 기하학적 형태들은 장인이나 전통적 건축가들이 종종 선호하는 울퉁불퉁하고 배배 꼬인 유기체적 형상보다 대다수의 생산기계를 이용한 제작에 더 적합했다. 또 기술적·경제적 효율성도 디자인에서 장식을 떼어 버릴 것을 요구했다.

현대의 건축가들은 이러한 디자인의 원리와 함께 유리, 석탄재나 콘크리트로 만든 벽돌, 구조 강철과 같은 값싼 인공 재료들을 사용할 수 있는지를 고려했다. 유럽의 현대 디자인과 건축의 선구자들은 단순히 현대적 교량, 철도역, 대량생산 제품의 형태에서 영감을 얻은 것이 아니었다. 그들은 그것을 건설하고 제조하는 데 쓰인 방법에 강한 영향을 받았다.

그로피우스, 테일러주의, 포드주의

무테시우스와 베렌스의 디자인 철학이 양차 세계대전 사이의 독일에서 포드와 테일러의 생산방법론과 융합되며, 이후 많은 사람에게 '국제적 스타일'로 알려지게 될 현대 건축의 중요한 지류가 형성되기 시작했다. 베렌스의 아틀리에에서 1907~1910년까지 일했고 독일 공작연맹의 회원이기도 했던 그로피우스는 건축 구조에서 테일러와 포드의 방법에 대한 지지자가 되었다. 그는 발표한 글과 실제 건축물에서 현대 건축의 원리와 형태를 명료하게 표현했다. 그는 1919년 바이마르(이후 데사우로 이전)에 미술, 공예, 건축을 교육하는 학교인 바우하우스를 설립하고 1928년까지 교장을 맡아 폭넓은 영역에 걸쳐 지속적으로 영향을 미쳤다.

그로피우스는 1934년에 나치 독일을 떠나 1937년에는 국제적 스타일을 미국에 전달하던 사람들과 합류했다. 그는 하버드대학에서 가르치면서 하나의 건축 관행을 확립했으며, 현대적 스타일에서 중요하고 폭넓게 모방된 건축물들을 디자인했다. [45] 1920년대에 현대 건축을 정의하기 위해 미국의 생산기술에 의지했던 그는 유럽의 건축 스타일로 변형된 미국의 기술 스타일을 다시 미국으로 가져왔다.

그로피우스는 건축가들이 미학적 고려와 가치들을 엔지니어링 설계에 통합시켜야 한다고 주장했다. 건축가가 없다면 엔지니어는 현

---

45) 그로피우스에 관해서는 Reginald R. Issacs, *Walter Gropius: Der Mensch und sein Werk*(Berlin: Gebr. Mann Verlag, 1983)를 보라.

대적 디자인을 산업 제품이나 건물에 결코 도입하지 않을 것이었다. 가령 엔지니어가 설계한 다리는 공학적 사고의 계산과 합리성은 보여 주면서도, 오직 예술가로서의 건축가만이 도입할 수 있는 질감, 색조, 빛과 그림자는 포함시키지 못했다. 그로피우스는 장식을 주장한 것이 아니었다. 그는 엔지니어링 설계의 기능주의와 물질주의를 넘어서 현대 기술의 — 결국에는 현대 문화의 — 원리와 가치를 좀더 완전하게 표현하고자 했다. 1920년대 중반에 그로피우스 같은 아방가르드 건축가들은 의식적이고 명시적으로 자기 자신과 자신의 창조물을 독특하게 현대적인 것으로 규정했다. 여기서 그들이 의미한 바는 오늘날 우리가 이해하는 것처럼 그들의 작업이 동시대를 반영한다는 뜻은 아니었다. 그들의 주장은 그들 스스로 '현대적'이라고 부르는 스타일을 규정하고 있다는 것이었다. 마치 이전의 스타일을 고딕, 르네상스, 바로크 양식이라고 불렀던 것처럼 말이다.

이미 제1차 세계대전 이전에 그로피우스는 자신의 시대를 위한 새로운 건축의 필요성을 예견했다. 그는 예술적 천재라면 항상 자기 시대의 가장 위대한 사상이나 주제를 표현해야 한다고 느꼈다. 그는 자신이 사는 시대를 특징짓는 사실은 노동이 수행되는 방식에서의 혁명에 있다고 믿었다. 이제 개인의 수공이 지배적인 시대는 끝났고 전문화, 조직화, 중앙집중화가 그 자리를 대체했다.[46] 건축가들은 항상 그들이 사는 시대의 기술을 수용해야 하는데, 그가 사는 시대는 새로운 기술을 경험하고 있었으므로 새로운 건축이 필요하게 되

---

46) Walter Gropius, "Monumentale Kunst und Industriebau", typescript (37 pages) of address given in the Folkwang Museum, Hagen, Westfalen, 29 January 1911, p. 12. Bauhaus Archiv, West Berlin.

발터 그로피우스
(1883~1969)

었다는 것이 그의 생각이었다. [47] 1911년에 그로피우스는 성당이 중세 문화를 표현한 것처럼, 공장과 다른 산업 건물들이 자신이 사는 시대의 정신을 가장 잘 표현해 줄 것이라고 믿게 되었다. 1920년대에 그는 노동자들의 주거 지역도 현대 산업 시대의 정신을 중요하게 표현할 수 있다고 판단했다. 그는 제1차 세계대전 이후 유럽의 많은 정치사회 개혁가들과 마찬가지로, 노동자들을 위한 주택을 짓지 않으면 노동자들의 소요가 '사회적 재앙'을 야기할 것이라 믿었다. [48]

---

47) Ibid. , p. 9. 그로피우스는 로베르 마이야르 같은 교량건설자들이 새로운 기술뿐 아니라 새로운 미학과도 타협하고 있었다는 사실을 염두에 두지 않고 있다. 이 점에 대한 지적은 프린스턴대학의 데이비드 빌링턴에게 빚졌다.

48) Ibid. , p. 13.

미국의 기술적 가치는 젊은 그로피우스에게 깊은 인상을 주었다. 훗날 르 코르뷔지에처럼 그는 19세기 말과 20세기 초에 지어진 미국의 콘크리트 사일로에 그런 기술적 가치들이 특히 잘 표현된 것을 발견했다. 1911년에 '기념비적 미술과 산업 건물'이라는 주제의 강연을 위해 준비한 일련의 도판에서 그는 오하이오 주 볼티모어, 뉴욕 주 버펄로, 미네소타 주 미니애폴리스에 있는 사일로를 보여 주었다. 49) 이집트의 피라미드나 그리스 로마 시대의 신전처럼 사일로의 형태는 그로피우스에게 기념비적 성격과 힘을 표현했다. 바로 미국의 기술과 문명이 가진 기념비적인 성격과 힘이었다. 그로피우스는 미국의 기술적 형태들을 유럽의 문화로 고상하게 만들기를 열망했다. 건축 비평가이자 그로피우스의 동료였던 아돌프 베네는 이를 두고 "미국의 직선적 솔직함을 미학적으로 걸러 낸 것"이라고 했다. 50)

미국의 많은 직업발명가처럼 그로피우스는 기업가이기도 했다. 건물을 설계만(발명만) 하는 데서 만족하지 못한 그는 건물을 짓는 (개발하는) 기술적・경제적・조직적 측면에도 관심을 가졌다. 미국의 독립발명가-기업가들이 그러했듯이 그의 열정은 발명 디자인에 있었지만, 그는 자신의 디자인을 실제 사용에 도입하는 과정을 관장해야 함을 알게 되었다. 그는 건축에 대한 전일론적 접근법에 있어서도 미국의 시스템 건설자들의 핵심 특성을 공유했고, 그럼으로써 테일러주의와 포드주의에 경도되었다. 그는 전통과 분야 구분에 얽

---

49) Ibid.

50) "From Americanism to the new world", in *Walter Gropius*, ed. Winfried Nerdinger (Berlin: Gebr. Mann Verlag, 1985), p. 9.

매인 동시대의 대다수 건축가들과는 다른 행보를 취했다. 진정으로 혁신적인 인물들과 마찬가지로 그는 자신의 분야에서 계속 진행 중인 제도나 아이디어에 거리를 두었고 인간 활동의 다른 영역들에 적용가능한 유추를 추구했다.

바우하우스 교장을 맡고 있던 1920년대 중엽에 그로피우스는 기술에 열정을 불태우는 인물처럼 행동했다. [51] 1925년 바우하우스가 바이마르에서 산업도시인 데사우로 이전한 것, 독일에서 인플레이션이 끝나고 안정기가 도래한 것, 사회주의적 시 정부들이 공공 주택(특히 노동자 주택)에 대한 지출을 늘린 것, 그리고 현대 기술에 대한 관심을 공유하는 독일의 아방가르드 건축가들 — 브루노 타우트나 에른스트 마이 같은 — 과 교류한 것, 이 모든 일들은 건축, 기술, 산업의 상호작용에 대한 그로피우스의 관심을 강화했다. 그가 보낸 편지, 남긴 메모, 발표한 글들은 그가 지닌 기술적 열정과 함께 그가 현대의 생산수단, 특히 테일러와 포드의 방법에 정통했음을 증언해 준다. [52] 그는 드러내고 포드와 테일러에 대해 언급했고, 디자인과 건설에서 정밀 구성 부품의 표준화, 자본집약적이고 노동절약적인 특수목적 기계의 사용, 노동 분업을 옹호했다. 그와 휘하에서 일하던 직원들은 원가계산 기법을 사용했고 생산 능력의 최대 활용을 통

---

51) Thomas P. Hughes, "Gropius, machine design, and mass production", *Wissenschaftskolleg Jahrbuch 1983~1984*(Berlin: Siedler Verlag, 1985), 172.
52) 그로피우스 관련 문헌들은 매사추세츠 주 케임브리지의 하버드대학 부시-라이신저 미술관에 소장되어 있다. 그로피우스에 관한 추가 자료의 사본은 독일 베를린에 있는 바우하우스 문서고에 보관되어 있다.

한 단위 원가의 절감을 강조했다. 이는 그의 기술적 자각을 보여 주는 신호였는데, 여기서 더 나아가 그는 건설 기법에 관한 발명과 특허, 실험실 환경에서의 연구개발, 주택의 공장 생산에 관한 글을 쓰기까지 했다. 바우하우스가 데사우로 이전한 후 그로피우스는 이를 주택 산업을 위한 실험실이라고 부르기도 했다.[53)]

1924년에 그는 기계로 만든 주택을 대량생산할 때가 되었다고 예언했다. 저렴하고 매력적이며 건강에 좋은 주택을 대중에게 제공하는 오랜 꿈을 실현시킬 수단이 바로 지척에 있다는 것이 그의 주장이었다. 그는 과거로부터의 관성과 감정적 반발만 제거된다면 포드가 값싼 모델 T를 생산하는 것과 흡사한 방식으로 집을 생산하는 것이 가능하다고 믿었다. 그로피우스는 '포드 주택'(Wohnford)을 머릿속에 그렸다.[54)] 사실 그의 입장은 포드보다 좀더 유연했다. 표준화되고 호환가능한 집의 구성요소들을 공장에서 생산해 이를 다양한 조합에 따라 합리적으로 조립할 수 있는 방식을 원했기 때문이다. 자동차에서 쓰는 용어를 빌리자면, 그로피우스는 다양한 모델의 집을 원했지만, 표준화된 구성요소의 다양성을 몇 가지 유형으로 제한하

---

53) Walter Gropius, "Wohnhaus-Industrie", *Berlin Tageblatt*, 24 September 1924; Gropius, *Scope of Total Architecture* (New York: Harper & Row, 1955), pp. 128~135; Gropius to Schumann Haus-und Küchengeräte, Berlin, 11 July 1925, Korrespondenz W. Gropius über Rationalisierung im Bauwesen, Bauhaus Archiv, Berlin; "Arbeitsprogrammskizze für einige Vesuchswohnhäuser", six-page typescript dated 29 December 1924, Korrespondenz 1924~1926, Dewog, Bauhaus Archiv, West Berlin.

54) 이 표현은 건축사가인 지그프리트 기디온에게서 나온 것이다(Gilbert Herbert, *The Dream of the Factory-Made House: Walter Gropius and Konrad Wachsmann* (Cambridge, Mass. : MIT Press, 1984), p. 4).

바우하우스에 모인 현대의 대가들: 바실리 칸딘스키, 니나 칸딘스키, 게오르그 무셰,
파울 클리, 그로피우스(왼쪽부터 오른쪽으로)

려 했다. 55) 1924년에 그는 건축가인 마르틴 바그너, 에른스트 마이
와 계약을 맺고 대규모 주택 건설 프로젝트의 모델이 될 수 있는 실
험적 주택을 설계하고 짓는 일을 맡았다. 그들은 대규모의 체계화되
고 합리화된 생산에 적합한 모델 주택을 디자인하기로 합의했다. 노
동 절약, 공장 전체의 활용, 경제적인 원자재 취급, 생산시설의 수
직적 통합이 그들의 명시적 목표였는데, 이는 현대 건축가들과 흔히
연관되기보다는 포드주의나 테일러주의와 더 연관된 특징들이었
다. 56) 그로피우스는 "우리는 어떻게 더 값싸고, 더 좋고, 더 매력적

---

55) Gropius, "Wohnhaus-Industrie".

인 집을 만드는가?"라는 글에서 자신의 접근법을 요약했다. 대량생
산방법 이용, 공장과 같은 조립라인 공정, 작업 공정도(flow chart),
그 외 다른 통제 기법들이 그것이었다. 57)

　그로피우스와 유럽의 다른 아방가르드 건축가들이 현대적 생산방
법을 활용하고 현대적 가치를 표현하겠다는 굳은 결의를 보이면서
완전히 성숙한 현대적 형태, 디자인, 스타일이 등장했다. 그들은
1927년에 바이젠호프 주택단지를 위해 디자인된 다양한 건물들을
통해 이를 선보였다. 이곳의 주택들은 그로피우스, 르 코르뷔지에,
베렌스, 미스, 그 외 아방가르드 건축가들이 독일 슈투트가르트에
서 열린 독일공작연맹 전시회를 위해 디자인한 것이었다. 58) 건축사
가인 헨리-러셀 히치콕과 건축가 필립 존슨은 유럽의 이러한 아방가
르드 스타일을 미국의 청중들에게 소개했다. 그들은 1932년에 《국
제적 스타일》(The International Style)을 출간했고, 같은 해에 현대미
술관(Museum of Modern Art)에서 그로피우스, 르 코르뷔지에, 미
스 등의 작품들에 대한 전시회를 열었다. 59)

　미국의 건축가가 아니라 독일의 건축가인 그로피우스가 현대 미
국 기술의 건설 기법과 원리를 특징으로 하는 스타일의 개발을 선도
한 역설적인 상황은, 바이마르 독일에서 공공주택 프로젝트가 쏟아

---

56) "Arbeitsprogrammskizze für einige Vesuchswohnhäuser".
57) Herbert, *Factory-Made House*, p. 60. 그리고 Hughes, "Gropius, machine design, and mass production", passim도 보라.
58) "Weissenhof, 1927~1987", *Info bau*, X(1983), 15~35.
59) Henry-Russell Hitchcock and Philip Johnson, *The International Style*(New York: W. W. Norton, 1932).

져 나온 데서 그 주된 이유를 찾을 수 있다. 대부분 사회주의적 시 정부들이 자금을 지원한 주택 프로젝트는 재능 있는 아방가르드 건축가들 — 이들 대다수가 이상주의적이고 좌파적인 가치를 공유했다 — 에 의해 디자인되었다. 이 건축가들은 미국의 테일러주의와 포드주의가 경제적 주택을 대량생산할 수 있는 방법이라고 보았다. 1926년에 데사우 시는 시 외곽의 교외 지역인 퇴르텐에 세워질 주택 단지 건설을 계획하고 감독해 줄 것을 그로피우스에게 의뢰했다.

그는 이 기회를 포착해 포드와 테일러의 방법을 대규모로 동원하고 효율성, 규칙성, 창의적인 기술적 해법, 표준화, 시스템과 같은 현대 기술의 가치들을 표현하는 형태를 건물 디자인에 적용했다. 그로피우스와 동료들은 데사우-퇴르텐 단지를 위해 몇 가지 기본적인 주택 유형들을 설계하고 300채 이상의 건물을 지었다. 서로 붙은 2층짜리 건물들이 한 줄로 길게 8채 혹은 그 이상으로 늘어서 있었다. 간결하고 기하학적인 디자인은 굴곡이 없는 표면, 입방체 모양, 같은 평면상에 위치한 창문, 평평한 지붕 등의 특징을 보였다. 건물의 외관은 경사진 지붕, 움푹 들어간 창문, 곡선 형태, 그리고 크고 작은 주택에 흔히 덧붙여진 장식 등에 익숙했던 독일인들에게 충격을 주었다. 주택 내부에서 그로피우스는 효율적인 주방, 작은 여분의 방, 특수 설계된 가구, 그리고 뒤편에 있는 작은 텃밭을 강조했다.

건설 과정에서 그는 현장에서 만든 복합 건축용 벽돌과 철근 콘크리트 빔을 사용했다. 그와 동료들은 포드처럼 원자재와 노동의 원활한 흐름을 달성하기 위해 건설 부지를 체계적으로 배치한 데 대해 특별한 자부심을 가졌다. 주택이 한 줄로 늘어서 있었기 때문에 그와 나란히 철도를 깔고 그 위로 주행 크레인과 활차에 실은 건설 자재들

주택단지, 데사우-퇴르텐

이 움직일 수 있도록 했다. 콘크리트, 모래, 석탄재, 자갈 보관통의 위치는 편리하고 체계적으로 정해졌다. 그로피우스는 다양한 노동 절약 기계들을 열정적으로 사용했는데, 그중에는 콘크리트 믹서, 암석 파쇄기, 벽돌 제조기, 철근 콘크리트 빔 성형기 등이 있었다. 그는 프로젝트의 규모 덕택에 기계에 대한 투자가 가능했다고 설명했다. 데사우-퇴르텐의 계획가와 건설회사들은 테일러의 방법에 따라 노동과정에 대한 상세한 일정과 지시사항을 작성하고 상세한 원가계산법을 사용했다. 계획가들은 건설 과정을 정확히 정의된 일련의 단계로 나누었다. 개별 노동자들은 표준화된 주택 각각에서 같은 직무를 수행했다. 공중에서 이 프로젝트를 보면 체계적이고 조립라인과도 같은 배치가 드러난다. 그로피우스는 데사우-퇴르텐에서 대량생산방법을 위해 디자인되고 그 방법으로 만들어진 제품, 즉 '포드 주택'이라는 자신의 목표를 추구했다.

합리화된 건설,
데사우-퇴르텐

철도와 크레인, 데사우-퇴르텐

건설 현장의 합리화된 배치, 데사우-퇴르텐

르 코르뷔지에

나중에 르 코르뷔지에라는 이름으로 알려진 스위스의 건축가 샤를르-에두아르 장느레는 현대 건축을 표현하는 데 그로피우스만큼 많은 기여를 했고, 현대 기술문화를 정의하는 데에는 그를 능가하는 기여를 했다. 그로피우스처럼 그 역시 포드주의와 테일러주의에 의해 영향을 받았다. 그러나 그는 기술에 대해 독일인 동료보다 더 큰 열정적 태도를 보였다. 그 역시 1911년에 베를린의 페터 베렌스의 아틀리에에서 5개월 동안 제도기사로 일한 적이 있었다. 이에 앞서 그는 파리에 있는 오귀스트와 귀스타브 페레의 건축회사에서 파트타임 일을 얻는 행운을 잡았다. 당시 이 회사는 철근 콘크리트 건물 사용에 있어 혁명적인 건축학의 선언을 내놓았다. 이는 정역학이라는 엔지니어링 과학의 이해에 근거를 두고 수학에 의해 뒷받침된 혁신이었다. 르 코르뷔지에는 1916년 전시 상태의 파리에 정착했고, 건설회사에 컨설팅 건축가로 일자리를 얻었다.

다른 프로젝트들 중에서 그의 도살장 설계는 그가 현대 생산 엔지니어링에 대해 지나가는 관심 이상의 것을 가지고 있었다는 뚜렷한 증거를 제공한다. 이 사례에서 르 코르뷔지에는 자동차를 조립하는 포드 시스템을 거꾸로 뒤집었다. 그는 컨베이어 벨트의 네트워크를 동물을 분해하는 데 사용했다. 1917년 산업과 기술 연구회(Société d'Études Industrielles et Techniques)라는 이름의 작은 회사를 설립해 파리 인근에서 벽돌 공장을 운영했다. 동시대의 대량생산(포드주의)과 산업조직(테일러주의) 정신은 르 코르뷔지에를 크게 자극했

다. 60) 1918~1935년 사이에 출간된 르 코르뷔지에의 거의 모든 책
에서 테일러주의에 대한 언급이 나왔을 정도였다. 61) 그로피우스처
럼 그는 포드가 자동차를 생산하던 방식대로 주택을 생산하는 것을
꿈꿨다. 62) 그는 또 테일러주의 생산방법들이 제1차 세계대전 후 재
건의 문제에 대한 해답이라고 생각했다. 63) 1920년부터 그는 자신을
건축가인 동시에 기업가로 부르기 시작했다.

그는 자신이 살아가는 시대의 핵심이 기술적 · 산업적인 것에 있
으며, 자신은 집념과 열망을 무기로 삼아 전문직업적 · 지적 주류에
속해 있다고 믿었다. 르 코르뷔지에와 가까운 친구인 화가 아메데
오장팡은 그가 품었던 기술적 열정, 새로운 건축에 대한 집념, 기술
문화에 대한 전망에 자극받아, 1920년에 〈에스프리 누보〉[*L'Esprit
Nouveau* ('새로운 정신'이라는 뜻)]를 발행하기 시작했다. 이 잡지의
지면을 통해 그는 자신이 정의한 현대 시기의 정신을 널리 알리려 했
다. 64) 이 잡지는 1920~1925년까지 총 28호가 나왔는데, 건축에 관
한 에세이 외에도 엔지니어링과 엔지니어, 사회학, 음악, 연극, 미
술, 스포츠, 영화, 산업과학, 당시의 첨단기술 업적 — 암모니아 합
성을 포함해서 — 에 관한 기사들이 실렸다. 다루어진 주제의 다양

---

60) Le Corbusier-Saugnier, "Trois Rappels à MM. Les Architectes",
   L'Esprit nouveau, I: 2(November 1920), 196.
61) Mary McLeod, "Architecture or revolution: Taylorism, technocracy,
   and social change", *Art Journal*, 43(Summer 1983), 133.
62) Le Corbusier-Saugnier, "Les Maisons 'Voisin'", *L'Esprit nouveau*, I: 2
   (November 1920), 214를 보라.
63) McLeod, "Architecture", 143~145.
64) *L'Esprit Nouveau*, I: 1(October 1920), title page.

성에도 불구하고 〈에스프리 누보〉의 일관된 주제는 질서, 합리성, 엔지니어링, 기술로, 요컨대 새로운 시대의 정신을 담고 있었다.

그의 건축에 주로 관심을 가진 사람들이 종종 그러하듯 〈에스프리 누보〉를 일차적으로 건축학에서의 선언으로 보는 것은 르 코르뷔지에와 이 잡지의 의도를 놓친 셈이 된다. 그의 관점에서는 새로운 건축이 새로운 정신을 일으키는 것이 아니었다. 오히려 그 반대로 새로운 정신(에스프리 누보)이 새로운 건축을 일으키는 것이었다. 65)

르 코르뷔지에에게 20세기 엔지니어링과 고전 건축의 명료함과 합리성은 새로운 정신의 전형적인 사례를 제공했다. 그는 당시의 건축가들이 음침한 19세기식 건축과 지루한 신고전파 건축으로 시대의 정신을 흐리고 있다고 생각했다. 그에 반해 엔지니어들, 특히 미국의 엔지니어들은 수학적 계산, 과학적 연역, 과감한 경험적 실험으로 현대 문화의 형태와 내용을 찾고 있었다. 그는 미국의 건축가들이 유럽의 건축가들과 마찬가지로 이러한 시대정신을 느끼지 못하고 있다고 믿었다. 르 코르뷔지에가 보기에 현대의 엔지니어 중에서는 미국인이 동년배 중 제1인자였다. 그는 "미국 엔지니어들의 충고를 귀담아 듣되 미국 건축가들은 경계하자"라고 썼다. 그들 역시 19세기 역사주의의 과도한 장식을 위해 고대의 고전적, 기하학적 형태의 순수성을 포기했기 때문이다. 66) 그는 자신과 같은 새로운 세대의 건축가들이 엔지니어의 순수하게 합리적인 디자인에 미학적

---

65) Thomas P. Hughes, "Appel aux Industriels", in *L'Esprit Nouveau*: *Le Corbusier und die Industrie 1920~1925*, ed. Stanislaus von Moos(Berlin: Wilhelm Ernst & Sohn Verlag, 1987), pp. 26~31.

66) Le Corbusier-Saugnier, "Trois rappels", 199.

차원을 가져다주어야 한다고 믿었다.

　그로피우스와 마찬가지로 르 코르뷔지에도 기능이 형태를 결정한다고 주장하는 단순화된 기능주의자는 아니었다. 그는 현대의 곡물 사일로, 비행기, 증기선, 자동차, 그 외 엔지니어의 작품들을 열정적으로 찬양했지만, 오직 창조적인 건축가만이 그런 구조들을 건축으로 변형할 수 있다고 주장했다. 그가 남긴 가장 기억에 남는 사진 중 하나는 파르테논 신전과 1921년형 들라주 스포츠카를 병치해 놓은 것인데, 그는 이 둘 모두가 보편적 아름다움의 근원을 이루는 비례와 조화의 법칙을 교묘하게 표현한다고 믿었다.

　우리는 푸아시의 빌라 사보아(1929~1931) 같은 개인 주택, 마르세유의 유니테 다비타시옹(1952) 같은 아파트 단지, 인도 찬디가르의 공공건물들(종합 계획, 1951), 롱샹 성당(1955) 같은 건물로 르 코르뷔지에를 기억하지만, 그는 1920년대의 그로피우스처럼 대량생산 주택을 열망했다. 그는 노동자에게 좋은 주택이 제공되지 못할 경우 사회 혁명이 일어날지 모른다는 우려를 하고 있었지만, 그와 동시에 대량생산을 현대성의 핵심으로 열렬히 수용했다. 그는 건물의 모델을 대규모의 대량생산기법에 근거해 만들 것을 주장했다. 제1차 세계대전은 유럽의 수많은 기업가와 엔지니어에게 그러했던 것처럼 그의 상상력을 자극했다. 그는 만약 공장에서 비행기, 트럭, 대포를 대량생산할 수 있다면 주택 역시 비슷한 방식으로 지을 수 있을 것이라고 추론했고, 자동차와 비행기 제조회사들이 보유한 기법을 주택 건설에도 적용할 수 있다고 믿었다. 67)

67) Stanislaus von Moos, "Le Corbusier und Gabriel Voison", in *Avant*

르 코르뷔지에, 롱샹 성당(1955)

　1921년에 그는 시트로앙 주택의 스케치를 발표했는데, 이는 프랑스에서 대량생산된 자동차 시트로엥의 기법 및 스타일의 유추를 통해 그린 것이다. 시트로엥의 제조회사는 포드의 전례로부터 직접적인 영감을 얻어 자동차 생산에 조립라인을 도입한 곳이었다.[68] 그는 대량생산된 주택은 현대 기술의 가장 우아한 작업 공구와 기계가 그러하듯이, 아름다우면서도 기능적이어야 한다고 믿었다. 그의 여

　　Garde und Industrie, eds. S. von Moos and C. Smeenk (Delft: Delft University Press, 1983), pp. 80~82.

68) Stanislaus von Moos, "Standard und elite: Le Corbusier, die industrie und der esprit nouveau", in *Die Nützlichen Künste*, eds. T. Buddensieg and Henning Rogge (Berlin: Quadriga, 1981), pp. 311~313; Von Moos, "Im Vorzimmer des 'Machine Age'", *L'Esprit Nouveau: Le Corbusier und die Industrie 1920~1925*, pp. 20~22.

러 제안 중에는 콘크리트를 거푸집에 부어 단 사흘 만에 완성할 수 있는 집도 있었다. 천연 자재들은 철근 콘크리트 같은 인공 자재로 대체되어야 했다. 인공 자재는 그 강도를 수학적으로 계산할 수 있어 좀더 효율적이고 경제적으로 사용하는 것이 가능했기 때문이다. 그는 1920년대에 예언하기를, 20년 내에 대규모 산업체들이 세분화된 공장에서 자재를 표준화하고 구성요소들의 생산을 합리화할 것이라고 했다. 변모한 건축학교와 대규모 투자은행도 참여할 것이었다. 69) 1924년에 보르도의 한 괴짜 기업가가 페삭에 노동자용 주택을 대량생산해 줄 것을 르 코르뷔지에에게 의뢰했지만, 이 프로젝트는 노동자들과 청부업체들이 협력하려 하지 않아 완성하지 못하고 포기해야 했다. 70)

1930년대 말까지 르 코르뷔지에, 그로피우스, 미스, 그 외 다른 유럽의 아방가르드 건축가들의 현대적 스타일은 미국 기술에 뿌리를 두고 있음에도 불구하고 대체로 유럽에서의 운동으로 남았다. 예외라고 한다면 비엔나의 건축가 리처드 노이트라가 지은 캘리포니아의 저택들, 그리고 조지 하우와 윌리엄 레스카즈가 지은 필라델피아 저축은행 빌딩을 들 수 있는데, 전자는 국제적 스타일과 라이트의 유기체론적 스타일의 영향을 보여 주었고, 후자는 국제적 스타일과 미국의 마천루 스타일이 결합된 양상을 보여 주었다. 71) 독일에

---

69) Le Corbusier-Saugnier, "Esthétique de l'ingénieur: Maison en série", *L'Esprit nouveau*, III: 13 (December 1921), 1521~1542.

70) Brian Brace Taylor, *Le Corbusier et Pessac 1914~1928* (Paris: Fondation Le Corbusier and Harvard University, 1972).

71) William J. R. Curtis, *Modern Architecture Since 1900* (Oxford: Phaidon,

서 나치가 정권을 잡자 그들은 1920년대 말, 대중의 관심이 높았던 국제적 스타일에 반대하는 행동을 부채질했다. 바이마르 공화국의 지지자들은 국제적 건축 스타일을 새로운 독일 문화의 한 예로서 세계에 내놓았다. 보수적 건축가들과 기분이 상한 건설업계의 숙련공들은 새로운 건설 기법에 질색했고 역공을 시작했다. 나치 이데올로그들도 곧 이 공격에 합세했다.

자신이 지은 전통적 건물에서 역사적 전례를 참조한 것으로 유명했던 독일의 보수적 건축가 파울 슐체-나움부르크는 국제적 스타일이 현대 생산기술의 정신과 형태에 집착한다는 점에서 물질주의적이고, 국민적 특성이 아닌 국제적 특성을 내세운다는 점에서 비독일적이라고 규정했다. 그는 새로운 건축의 주택들이 대도시의 유목민들이 디자인한 고정형 침대차 같다고 했다(1920년대 극보수파는 베를린 사람들이 정치와 문화에서 국제적 유행을 좇는 뿌리 없는 추종자들이라고 믿었다). 흥미로운 점은 인종적 색채가 가미된 이 신랄한 설전이 한동안 경사진 지붕(독일식)과 평평한 지붕(비독일식)이 갖는 미덕에 초점을 맞춰 전개되었다는 사실이다. 지붕 건설공들의 소식지에서는 평평한 지붕을 납작머리와 비교하면서 그런 지붕을 쓰는 것은 추잡한 일이라고 말했다. 72)

나치 지도자들이 국제적 스타일에 적대감을 표시하고 새로운 체제로부터 의뢰를 받으려는 수차례의 시도가 실패로 돌아감에 따라

1982), pp. 156~157.

72) Barbara Miller Lane, *Architecture and Politics in Germany, 1918~1945* (Cambridge, Mass. : Harvard University Press, 1985), pp. 125~140.

그로피우스는 1937년 영국으로, 이어 미국으로 이주했다.

1933년 정부가 바우하우스의 문을 닫은 후, 그로피우스와 하네스 마이어의 뒤를 이어 1930년 바우하우스의 교장으로 취임한 미스 역시 1937년에 미국으로 이주했다. 제2차 세계대전 이후 그로피우스, 하버드대학에서 그에게 훈련받은 건축가들, 그리고 미스는 미국에서 국제적 스타일을 확립했고 시카고와 뉴욕 시에 대형 고층건물들을 지었다. 그러나 1920년대의 대량생산 주택에 표현된 사회적 우려와 간결하고 상상력 넘치는 기계미학은 기업과 고급 아파트의 고층 건물, 부유층을 위한 개인 주택, 그리고 비용절감 — 단순화된 기하학적 구조, 조립식 가옥의 사전 부분품 제조, 표준화 등으로 가능해진 — 을 1차적 이유로 설계된 진부한 건물들에 자리를 내주었다.

현대미술과 기계기술

기술적 열정의 시대에 내포된 가치를 표현하려 애쓴 것은 아방가르드 건축가들뿐 아니라 화가들도 마찬가지였다. 여기서도 현대 기술의 가치와 형태를 비구상미술(nonrepresentational art)•에서 처음 표현하려 시도한 것은 미국인이 아니라 유럽인들이었다. 유럽과 미국에서는 여러 세기에 걸쳐 미술가들이 산업적 경관을 묘사했으나, 20세기 들어 일부 미술가들은 주제와 스타일을 통해 현대 문화는 본질적으로 기술문화라는 자신들의 확신을 전달하고자 했다. 이 과정에서 그들은 국제적 스타일의 건축가들과 비슷한 접근법을 취하게 되었다. 미술가들은 기술이 발명과 발견이라는 확신에 찬 정신을 구현하고 있다고 믿었다. 그들이 보기에 기술에는 인간이 물질적 환경을 창조하고 질서를 부여하며 통제할 수 있다는 믿음이 스며들어 있었다. 기술은 질서, 정확성, 힘, 운동, 변화와 같은 가치들에 대한 신념을 포함했다. 그들은 자신들의 회화 작품에서 이런 정신을 상징적으로 나타내려 했다. 이 미술가들의 주제는 단순한 산업적 풍경이 아니라, 피스톤과 실린더, 발전기와 송전선, 탱크와 튜브 같은 기계·전기·화학적인 기술형태들이었다. 이들 중 일부는 빠르게 움직이는 자동차와 기관차의 운동 본질을 포착하려 했고, 다른 이들은 엔지니어와 건축가들의 정확성과 냉정한 객관성을 가지고 스케치하

• 〔옮긴이주〕 현실세계에 존재하는 대상의 구체적 이미지와는 아무런 관련 없이 이뤄지는 미술을 말하며 추상미술과 비슷한 의미로 쓰인다.

며 그림을 그렸다. 그들은 또 원활하게 기능하는 기술시스템의 조화, 균형, 상호작용을 전달하고자 노력했다.

제 1차 세계대전 이전에 이탈리아 미래주의자들은 기술문화에 적합한 스타일을 표현하겠다는 열망을 선도했다. 유럽의 많은 다른 지역에 비해 덜 산업화되고 더 농업적인 국가의 관점에서, 미래주의자들은 기술과 미술이 급진적인 사회변화의 동인으로 행동할 것을 대담하게 요구했다. 미국, 독일, 프랑스, 영국을 방문한 경험이 있는 이탈리아인들은 자신의 국가와 좀더 산업화가 많이 진행된 국가들이 사회적·정치적·경제적·군사적으로 대조를 이룬다는 사실을 알게 되었다. 그들은 이러한 발전이 기술을 이용해 사회변화를 강제하려는 신념에 힘입어 일어났다며 그 원인을 돌렸다.

미래주의 창시자이자 후원자, 지도자이며 정력적인 선언 집필가인 필리포 토마소 마리네티는 새로운 기술의 극적 효과와 힘이 지닌 매혹을 발견했다. 그는 그것이 야기한 사회적 변화를 받아들였다. 소설과 시를 쓰는 작가이기도 했던 그는 주위에 건축가, 화가, 조각가, 사진가, 극작가, 작가 등을 모았고, 이들은 마리네티가 미래주의 창립 선언을 발표한 1909년부터 제 1차 세계대전 말까지 유럽의 미술계와 지식인층 사이에서 상당한 주목을 끌었다. 새로운 기술에 대한 마리네티의 불타는 열정과 낡은 질서에 대한 경멸은 1909년 선언에 포함된 일화에 표현되어 있다. 여기서 그는 밀라노에 있는 자신의 집 앞을 지나가는 전차와 집 뒤로 흐르는 르네상스 시기의 운하 (레오나르도가 갑문을 설계했다고 알려져 있는) 를 대비시켰다.

갑자기 바깥에서 우르릉거리는 소리와 함께 알록달록한 빛을 내뿜는 거

대한 2층 전차의 엄청난 소음이 들려오자 우리는 펄쩍 뛰었다. … 그리고
는 정적이 깊어졌다. 그러나 오래된 운하가 주절거리는 미약한 기도 소
리와 축축한 녹색 덤불 위로 병든 궁전의 뼈대가 삐걱거리는 소리를 듣고
있을 때, 창문 아래서 갑자기 굶주린 듯한 자동차의 포효 소리가 들려왔
다. …"갑시다!" 나는 말했다. "동지들, 떠납니다! 갑시다 … !"

우리는 콧김을 내뿜는 3마리 짐승 위에 올라타 사랑에 빠진 손을 그들
의 바싹 마른 가슴 위에 올려놓았다. 나는 관 위에 놓인 시체처럼 차에서
몸을 쭉 뻗었고, 운전대 아래서 즉시 되살아났다. 단두대의 칼날처럼 내
배를 위협하고 있는 운전대 아래서. 73)

자동차는 기술과 현대성에 관해 미래주의자들이 품고 있던 생각
을 상징적으로 나타냈다. 마리네티는 부릉거리는 자동차가 사모트
라케의 니케•보다 더 아름답다고 말했다. 미래주의자들은 새로운
시대의 정수가 사람을 흥분시키는 속도와 힘, 그리고 정신의 해방에
있다고 생각했다. 자동차의 역동적 이미지들은 마리네티를 포함한
미래주의자들의 회화에 나타났고, 자코모 발라는 속도를 내며 달리
는 자동차를 주된 소재로 한 작품만 100점 넘게 그렸다. 74) 마리네티
는 또한 밤에 빛을 내는 병기창과 조선소, '웅장한 소리를 내는 기관

---

73) *Futurist Manifestos*, ed. Umbro Apollonio (London: Thames and Hudson,
    1973), pp. 19~20.
• 〔옮긴이주〕 기원전 3세기경의 작품으로 추정되는 그리스 시대의 조각으로
    그리스 신화의 승리의 여신인 니케를 표현했다. 대리석으로 조각했으며 전
    세계적으로 가장 높은 찬사를 받는 조각 작품 중 하나이다.
74) Gerald Silk, "Automobile", in *Futurismo & Futurismi*, catalogue of an
    exhibition organized by Pontus Hultén (Milan: Bompiani, 1986), p. 421.

차들'이 들어찬 철도역, 연기를 내뿜는 공장, 날아다니는 비행기, 그리고 급진적 사상으로 가득 찬 사람들이 우글거리는 도시에 대해서도 찬사를 보냈다. 반면 미래주의자들은 소중히 다뤄지던 이탈리아 르네상스 미술, 건축, 도서관, 아카데미 등을 농업적이며 소멸해가는 문화의 영향을 확산시키는 상징으로 간주해 경멸했다.

미래주의자들이 보기에 새로운 기술과 미술은 역동적이고 강하며 적극적인 이탈리아의 탄생을 낳을 물질적·정신적 환경을 창조하는 것이었다. 이 그룹의 일원이었던 움베르토 보치오니는 자동차, 군중, 냉혹한 경쟁을 통해, 모든 것을 소비하는 현대성의 소용돌이 속으로 자신을 던져 그들 자신을 미국화하기를 원한다고 말했다. 75)

현대적 도시 역시 그들의 상상력을 사로잡았다. 미래주의 건축가인 안토니오 산텔리아는 1914년에 열린 미래주의의 '새로운 경향' 전시회에서 새로운 기술 도시의 개념을 제시했다. 수력 댐, 발전소, 공장들이 그의 도시 개념의 일부를 이루었다. 그러나 산텔리아는 미국 도시의 활기로부터 분명 영향을 받아 마천루들이 지배하는 설계를 만들었다. 당시 유럽의 다른 건축가들이 도시의 수직성에 거의 주목하지 않던 때에 말이다. 그는 또 마천루와 그 외 구조들을 하나의 종합적인 도시 계획으로 통합하는 시스템적 접근을 취했다. 그의 아이디어는 이후 1920년대에 현대적 또는 국제적 스타일을 정의한 건축가들에게 영향을 주었다. 76) 마리네티는 새로운 도시가 미래주의의 정신에 자양분을 제공할 것이라고 믿었다. 1910년에 베네치아에

---

75) Ester Coen, "City", in *Futurismo & Futurismi*, p. 452.

76) Enrico Crispolti, "Sant'Elia", in *Futurismo & Futurismi*, p. 563~564.

서 한 연설에서 그는 "이제 수많은 빛의 지점을 제공하는 전기등으로 신비롭고 매혹적이며 황홀한 그림자를 난폭하게 자르고 찢어버릴 때가 도래했습니다!"라고 외쳤다. [77] 그는 운하를 메운 후 전차 선로를 새로 놓고, 북적거리는 군중은 제조업과 상업의 중심지인 대도시에서 물건을 구매할 수 있게 되기를 바랐다. 여기서 그는 관광사업의 경제적 결정론을 완전히 망각한 것 같다.

이탈리아 외 다른 지역의 미술가들도 미래주의의 접근이 자신들의 주위에서 일어나고 있는 중대한 기술과 도시의 변화를 표현하고 있다는 사실을 알아챘다. 1909년 마리네티의 미래주의 선언은 여러 언어로 번역되었고, 1912년 2월에 파리의 베른하임-준 갤러리에서는 미래주의 화가들의 작품이 전시되었다.

전시회에서 영향을 받은 사람 중에는 이탈리아에서 태어난 미국의 화가 조지프 스텔라가 있었다. 그는 1909년 이후 유럽 이곳저곳을 여행했고, 1912년에 미국으로 돌아간 후 이탈리아 미래주의자들과 같은 주제와 기법을 사용해 운동, 기술적 형태, 현대 도시와 산업의 풍경을 그리는 방향을 택했다. 그는 아머리 쇼(Armory Show), 즉 1913년 뉴욕 시의 제 69보병연대 연병장에서 처음 열린 국제현대미술전에 작품을 출품했다. 이 전시회는 동시대의 미술을 미국의 청중들에게 선보였고, 그중에는 미국 미술가 모턴 샴버그, 찰스 실러의 작품과 유럽의 입체파 작품들이 포함되어 있었다. 가장 잘 알려진 스텔라의 작품에는 〈가스 탱크〉(*The Gas Tank*, 1918)와 〈브루클린 다리〉(*Brooklyn Bridge*, 1920~1922)가 있다. 그가 그린 여러 점의 맨해

---

77) Coen, "City", in *Futurismo & Futurismi*, p. 452.

튼 풍경화에서는 그가 미래주의의 관념을 받아들였음이 분명히 드러난다. 78)

미국의 사진가이자 혁신적인 미술관 운영자인 앨프리드 스티글리츠도 현대 기술을 표현하는 미국 미술의 부상을 위한 기틀을 마련했다. 1864년 뉴저지 주 호보컨에서 태어난 그는 뉴욕시립대학과 베를린공과대학에서 엔지니어링을 공부했다. 이후 그는 사진에 대한 관심을 좇았고 미술을 함께 다루는 여러 사진 잡지의 편집자가 되었다. 제1차 세계대전 이전에 그는 베를린, 드레스덴, 뮌헨, 런던, 파리, 그 외 다른 유럽 도시들을 여러 차례 방문했다. 유럽의 도시들과 뉴욕의 선명한 대조를 목격한 이후부터 그는 신세계의 기계와 도시의 산업경관에 대해 집중적인 사진 작업을 시작했다. 그는 항상 건설 중인 예인선, 기차, 비행기, 도시에 초점을 맞추었다. "맨해튼의 가공되지 않은 활기와 역동적인 성장은 '비예술'(non-art)의 주제를 제공하는데, 이는 독특하게 미국적인 것이기도 하다." 그에게 건설 중인 마천루는 영감을 불러일으키는 대상이었다. 1903년에 플랫아이언 빌딩의 사진을 찍은 후, 그는 이렇게 썼다.

그것은 마치 괴물 같은 대양횡단 증기선의 뱃머리처럼 나를 향해 다가오는 것 같았다. 새로운 미국이 아직 만들어지는 모습이었다.

그는 "플랫아이언과 미국의 관계는 파르테논 신전과 그리스의 관계와 같다"고 덧붙였다. 79)

---

78) Gail Levin, "Joseph Stella", in *Futurismo & Futurismi*, p. 579.

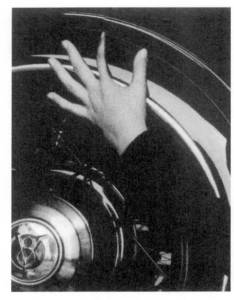

앨프리드 스티글리츠,
〈오키프의 손과 포드 자동차 바퀴〉

스티글리츠는 미국의 마천루를 '거대한 기계'라고 불렀다. 그는
"인간을 기계와 결혼시키고 문젯거리를 얻었다". [80] 그는 1905년에
15번가 291번지에 '291' 갤러리를 열고 1903~1917년까지 잡지 〈카
메라 워크〉(Camera Work)를, 1915~1916년까지는 잡지 〈291〉을
발간했다. [81] 스티글리츠는 수많은 사진과 회화 전시회를 통해 미국

79) Dorothy Norman, *Alfred Stieglitz: An American Seer* (New York, Random House, 1973), p. 45.

80) Dickran Tashjian, *Skyscraper Primitives: Dada and the American Avant-Garde, 1910~1925* (Middletown, Conn.: Wesleyan University Press, 1975), p. 205에 실린 마리우스 데 자야스의 말을 재인용.

81) William Innes Homer, *Alfred Stieglitz and the American Avant-Garde* (Boston, Mass.: New York Graphic Society, 1977), pp. 4, 37~38, 192 ~194.

인에게 현대 미술 — 처음에는 유럽의, 뒤이어 미국의 — 을 소개했
다. 나중에 그는 새롭게 등장하던 도시적 기술문화에 관심을 가진
미국의 젊은 현대미술가들의 작품을 전시했는데, 데무스, 아서 도
브, 조지아 오키프 등이 그런 이들이었다. 오키프는 1920년대 스티
글리츠의 인티메이트 갤러리에서 전시회를 열었고, 1924년에 그와
결혼했다.

1915년의 침공

황무지를 건설 현장으로 바꿔 놓은 대량생산 기술사회를 표현하는 미술로 향하는 움직임은 미국에서 느리고 미완의 상태였다. 이런 경향은 1915년에 마르셀 뒤샹, 프란시스 피카비아, 그 외 몇 명의 손꼽히는 프랑스 화가들이 미국에 도착한 이후 가속이 붙었다. 그들은 미국으로 오기 전, 입체파와 거리를 두기 위해 새로운 표현양식을 찾고 있었다. 뒤샹은 프랑스의 생리학자 에티엔-쥘 마레가 움직이는 형상을 사진으로 분석한 것에 영향을 받아 〈계단을 내려가는 누드〉(*Nude Descending a Staircase*)를 그렸다. 피카비아는 1911년에 뒤샹을 만나 뒤샹 형제의 집에서 작업하던 그룹에 합류했고, 역시 움직임을 표현한 몇 점의 그림을 그렸다. 앞서 마리네티가 그러했듯이 피카비아 역시 속도를 내며 달리는 자동차에 매료되었다. 그는 모양과 색을 통해 속도가 주는 흥분을 전달하려 했다. 현대성의 정신을 찾던 뒤샹과 피카비아는 1915년 미국을 방문해 미술과 기술을 연관짓는 자신들의 성향을 뒷받침하는 증거들을 발견했다. 그들은 이런 신념에 담긴 열정을 소규모의 미국 미술가 그룹에 전달했고, 이 그룹은 기술에 대한 두 미술가의 태도에서 회의적인 측면보다는 긍정적인 측면을 더 많이 흡수했다.

뒤샹과 피카비아가 도착하자 미국의 언론은 이들을 미술계의 유명인사로 환대했다. 두 사람은 이미 1913년 아머리 쇼에 출품한 작품 — 뒤샹의 〈계단을 내려가는 누드〉가 포함된 — 으로 유럽 미술에 대한 미국인들의 통상적 견해에 도전한 바 있었다.[82] 1915년,

그들은 미국인들을 그들의 편으로 끌어들이는 데 성공했는데, 그 비결은 대다수의 다른 유럽 지식인이나 미술가들과는 달리 그들이 신세계에서 보고 배울 수많은 것을 발견했다고 선언한 데 있었다. 〈뉴욕 트리뷴〉(*New York Tribune*)은 이렇게 보도했다.

> … 유럽이 미술 문제와 관련하여 미국을 탐구하고, 유럽의 미술가들이 우리 땅에 당도해 생생하고 진취적인 기상을 지닌 미술에 필요한 생명력을 찾으려 한 것은 처음 있는 일이다. … 그들은 다시 우리에게 마찬가지로 필요한 것, 즉 유럽의 전통으로부터 단절할 용기를 줄 것이다. 83)

뒤샹은 세상에서 완전히 새롭고, 젊고, 강력한 힘을 지닌 약동하는 전기를 보고 자랑스럽게 느꼈다고 말했다.

1915년에 뒤샹과 피카비아는 이들을 숭배한 〈뉴욕 트리뷴〉의 기자가 '현대 프랑스 미술가들'이라고 묘사한 프랑스 미술가들이 감행한 소규모 침공의 한 부분이었다. 그들 중에는 조각가 프레드릭 맥모니스, 입체파 화가 알베르트 글레즈, 시인이자 화가인 줄리엣 로슈 글레즈, 그리고 미술가 이본 크로티와 장 크로티가 있었다. 이들은 모두 전쟁 중인 유럽에 절망을 느꼈고, 그들이 자유롭고 평화로우며 활기차고 기술적인 미국에서 형성되고 있다고 믿은 문화를 열정적으로 받아들였다. 그들이 보기에 유럽은 전쟁 전에 억압적으로

---

82) Association of American Painters and Sculptors, *Catalogue of International Exhibition of Modern Art* (New York: Vreeland Press, 1913), pp. 29, 36.
83) *New York Tribune*, 24 October 1915, sect. IV, p. 2. 내가 이 자료에 주목하게 된 데는 애거서 H. 휴즈의 도움이 컸다.

변모했고, 심지어 전쟁 중에는 파리마저도 활기찬 미술에 필수적인 자유롭고 영감이 넘치는 분위기를 잃어버렸다. 뒤샹은 미국인들에게 카르티에 라탱(Quartier Latin)•은 우울한 분위기라고 잘라 말했다. 어디에나 퍼져 있는 죽음과 불구는 전장에 나가지 않은 미술가들조차 붓을 놓게 만들었다. "난 뉴욕을 매우 좋아합니다"라고 뒤샹은 덧붙였다. "이곳에는 과거 좋던 시절의 파리와 비슷한 점이 많아요."84)

　뒤샹, 피카비아, 그 외 사람들은 미국의 재발견, 기술적 혹은 인공적 세계의 재발견을 수행하고 있었다. 이러한 미국은 피카비아에게 다시 활기를 불어넣었다. 그는 대담하고 기세당당하며 끝이 없는 미국의 정신이 퍼져 나감에 따라 미래에는 미술이 '화려한 전성기'를 맞게 될 것이라고 예상했다. 신세계에서는 미술과 생활이 하나가 될 것이었다. 미국 방문은 그의 그림에 혁명을 일으켰다. 예전에 그는 풍경 화가였다가 입체파가 되었고 유럽을 떠나기 직전에는 그가 창조한 형태를 통해 심리적 통찰을 그려 내는 데 몰두했다. 그는 "미국에 거의 도착하자마자 내 머릿속에 떠오른 생각은 현대 세계의 천재는 기계이고, 미술은 기계를 통해 가장 생생한 표현을 찾아야 한다는 것이었습니다"라고 했다. 이어 그는 이렇게 말했다.

　나는 미국에서 기계의 엄청난 발전을 보고 깊은 인상을 받았습니다. 기

• 〔옮긴이주〕'라틴어 구역'이라는 뜻으로 파리의 센 강 좌안의 5, 6구 지역 일대를 가리킨다. 지적 활동의 중심지로서 각급 학교와 부속시설, 인쇄소, 출판사 등이 많이 밀집해 있다.
84) Ibid.

계는 인간 생활의 단순한 부속물 이상의 것이 되었어요. 이는 진정으로 인간 생활의 일부이며 아마도 바로 그것의 영혼일지도 모릅니다. 그것을 통해 아이디어를 해석하거나 인간적 특성을 드러낼 수 있는 형태를 찾는 과정에서, 나는 마침내 가장 탁월하게 모습을 바꿀 수 있으며 상징주의로 가득한 듯 보이는 형태를 찾아냈습니다. 나는 현대 세계 기계류의 도움을 받았고, 이것을 내 작업실에 들여놓았어요. … 나는 기계적 상징주의의 정점에 도달할 때까지 계속 작업할 생각입니다. 85)

피카비아는 '현대적' 미술이 미국에서 미래의 고향을 발견할 것이라고 예언했다.

피카비아는 기계를 발견하는 과정에서 자신이 미국을 발견했으며, 미국의 정신은 전통과 역사에 무관심하고 행동에 진력한다는 점에서 현대 미술과 유사하다고 믿었다. 멕시코 출신 풍자만화가이자 예술비평가이고 스티글리츠의 잡지 〈291〉의 기고자이며 뉴욕에 있는 모던 갤러리의 소유주였던 마리우스 데 자야스는 피카비아에 대해 이렇게 말했다.

미국을 정복하러 온 모든 사람 중에서 피카비아는 에르난 코르테스•가 했던 일을 똑같이 한 유일한 인물이었다. 그는 타고 온 배를 그 자리에서 불태웠다. 86)

---

85) Ibid.
• 〔옮긴이주〕 Hernán Cortez, 1485~1547. 스페인 출신의 신대륙 정복자로서 16세기 초 대륙 본토 원정에서 아즈텍 문명을 멸망시키고 멕시코의 많은 부분을 스페인령으로 만들었다. 스페인의 신대륙 식민화 과정에서 1세대 정복자에 해당한다.

피카비아는 프랑스 육군에서 8개월을 복무한 후, 쿠바산 당밀을 구입하라는 비밀 임무를 가지고 프랑스군에 의해 미국으로 파견되었다.[87] 그는 배를 불태우지 않고 유럽으로 돌아갔고, 자신이 기계 문화에 대해 느낀 흥분을 1916년 취리히에서 시작된 아방가르드 미술 운동가인 다다이스트들에게 전달했다. 그러나 그는 1916년 이후 뉴욕 시에서의 체류를 연장했고 일련의 기계 도면을 잡지 〈291〉에 기고했다. 엔지니어링 또는 기계 도면은 피카비아에게 큰 영향을 미쳤다. 이를 포함한 이후의 작품에서 그는 산업체 카탈로그부터 점화 플러그, 피스톤, 실린더 같은 기계 도면을 가져와 이를 자유롭게 변형한 후 자신의 창작물에 여자와 남자의 이름을 참조해 사전(특히 라틴어)에서 뽑은 인용구로 이름을 붙였다. 이로써 그는 고대로부터의 지혜, 생물학, 현대 기술을 융합한 셈이 되었다.[88] 그에게 있어 기계는 그 자신의 행동에 모델을 제공했고 통상의 제약과 책임으로부터의 자유를 의미했다. 그는 기계가 대단히 매력적이라고 생각했는데, 기계에는 아무런 도덕이 없기 때문이었다. 기계를 그리면서 그는 자신이 지닌 회의주의, 역설, 쾌락주의의 태도를 드러냈다.[89]

미국의 미술가들은 월터와 루이스 아렌스버그의 뉴욕 아파트에 모여 뒤샹과 피카비아의 아이디어를 듣고 흡수했다. 부유한 지식인

86) Tashjian, *Skyscraper Primitives*, pp. 42~43.

87) Calvin Tomkins, *The World of Marcel Duchamp* (New York: Time-Life Books, 1966), p. 37.

88) Katia Samaltanos, *Apollinaire: Catalyst for Primitivism, Picabia and Duchamp* (Ann Arbor: UMI Research Press, 1984), p. 70.

89) K. G. Pontus Hultén, *The Machine as Seen at the End of the Mechanical Age* (New York: Museum of Modern Art, 1968), p. 84.

이자 미술품 수집가이면서 후원자이기도 했던 아렌스버그 부부는 1914년에 뉴욕으로 이사했다. 1913년 뉴욕에서 열린 아머리 쇼가 그들에게 심대한 영향을 미쳤는데, 그들은 그곳에서 처음으로 현대 회화 작품을 구입했다. 뒤샹의 형인 자크 비용이 그린 작품이었다. 이어 아머리 쇼를 조직한 사람 중 한 명인 화가 월터 패치의 안내를 받아 아방가르드 미술품들을 사들였다. 그들은 또 미국에서 현대 미술의 수입과 자생적 성장을 장려하던 데 자야스를 돕기도 했다.

패치는 뒤샹이 1915년에 뉴욕으로 왔을 때 아렌스버그 부부를 소개해 주었고, 그들은 이내 가까운 친구가 되었다. 90) 뒤샹은 아렌스버그 부부가 매우 큰 아파트를 가지고 있던 뉴욕 시의 건물에 작업실을 임대했고, 그들은 정기적으로 아방가르드 예술가들의 집단을 뒤샹의 주위로 불러 모았다. 아렌스버그의 아파트는 새로운 미국 문화를 표현하는 데 몰두하는 프랑스 현대 미술가들과 미국 예술가 및 지식인들의 전초기지가 되었다. 미국인으로는 스텔라, 마스던 하틀리, 이사도라 덩컨, 캐서린 드라이어, 에이미 로웰, 윌리엄 카를로스 윌리엄스, 실러, 데무스 등이 있었다. 67번가에 있던 그들의 살롱은 성적 문란함, 음모, 오래 눌러앉은 손님들로 북적였다. 지칠 대로 지친 아렌스버그 부부는 1922년에 캘리포니아로 거처를 옮겼다. 91)

---

90) Francis Naumann, "Walter Conrad Arensberg: Poet, patron, and participant in the New York Avant-Garde, 1915~1920", *PMA Bulletin*, 76 (Spring 1980), 4~11.

91) Martin L. Friedman, *The Precisionist View in American Art* (Minneapolis: Walker Art Center, 1960), pp. 24, 25 n. 16.

프란시스 피카비아,
〈여기, 이것은 스티글리츠,
믿음과 사랑〉

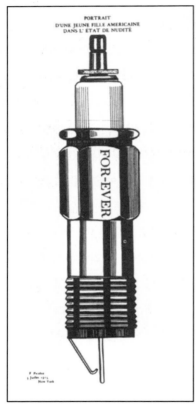

피카비아,
〈누드 상태의 젊은 미국인 소녀의 초상〉

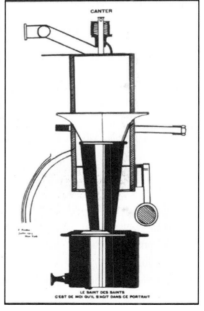

피카비아,
〈성자들의 성자〉

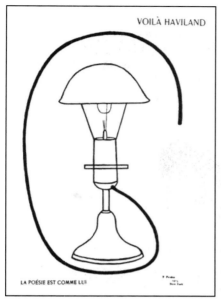

피카비아,
〈여기가 하빌랜드〉

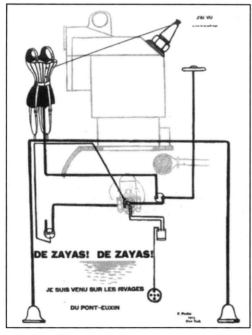

피카비아,
〈데 자야스! 데 자야스!〉

뒤샹은 뉴욕 시에 머무르면서 몇몇 미국 미술가들에게 유럽을 스승으로 삼는 태도에서 벗어나 미국의 강력한 기술문명에 관해 성찰함으로써 자신만의 예술적 접근법을 발전시키도록 확신을 불어넣어 주었다. 그는 평범한 기계제품을 미적 고려의 가치가 있는 대상의 수준으로 끌어올리는 법을 그들에게 보여 주었다. 뒤샹은 흔히 볼 수 있는 자기로 만든 소변기를 골라 서명한 후 〈샘〉(Fountain)이라는 이름을 붙인 '기성품'(ready made)을 미국의 한 전시회에 출품했다. 이 작품은 충격을 받은 심사위원들에 의해 거부당했다. 뒤샹은 자신이 소변기를 관심의 대상이자 기계 시대를 나타내는 물건으로 인식했으므로 그것은 전시회에 출품될 자격이 있다고 주장했다. 그는 '기성품'에 주의를 환기함으로써, 미국 사회가 자신을 정의하는 주된 방식으로 대량생산된 물건들이 어느 곳에나 존재한다는 사실을 뉴욕 미술계가 깨닫도록 했다. 그는 또한 미국의 미술가들이 기계 인공물의 상징적 특성을 찾고 이를 문화적 표현으로 제시할 수 있도록 격려했다.

뒤샹의 뒤를 따라 샴버그는 세면대 아래의 꼬인 배관 부분을 연귀 이음통 위에 고정시키고는 이를 〈신〉(God)이라고 이름 붙였다. 만 레이는 흔히 볼 수 있는 다리미 바닥에 압정을 줄지어 붙인 것을 〈선물〉(Cadeau)이라고 불렀다. 92)

1915년 미국에 도착한 후 뒤샹은 그의 작품 중 가장 널리 알려진

---

92) Wilson, Pilgrim, and Tashjian, *Machine Age in America*, pp. 213~214. 오늘날의 많은 뒤샹 학자들은 기성품에 대한 그의 관심이 미학적인 것이었는지에 대해 의문을 제기한다. 이런 관찰은 취리히대학의 스타니슬라우스 폰 무스에게서 얻었다.

〈그녀의 독신자들에 의해 발가벗겨진 신부, 조차도〉(*The Bride Strip-
ped Bare by Her Bachelors, Even*)의 작업을 시작했다. 유리판 위에 그
린 이 작품은 1923년까지도 미완성이었다. 늘 수수께끼 같았던 뒤
샹은 그것이 자동차를 위한 스케치인가 하는 질문을 받으면 '아니'라
고 답했다. 그는 이것이 자동차 보닛과 유사한 것이라고 말했다. 그
림의 모든 부분 — 그중 일부는 기계의 요소와 화학 기구를 나타낸다
— 은 서로 기능적으로 불합리한 방식으로 연관되어 있다. 그는 이
작품의 또 다른 이름인 〈대형 유리〉(*The Large Glass*)가 기계에 대한
태도를 반영함을 시인했다. 생물학적인 것, 에로틱한 것, 기술적인
것의 이해할 수 없는 혼합 역시 그림과 그 제목을 특징지은 요소였
다. 피카비아는 기계를 남자에 의해 만들어져 어머니 없이 태어난
딸이라고 부름으로써 비슷한 정서를 표현했다. [93]

1920년대 초에 뒤샹은 1920년대 중반까지 지속된 뉴욕 다다 운동
의 초점이 되었다. 1916년 2월 취리히의 카바레 볼테르에서 루마니
아 출신 시인 트리스탕 차라, 프랑스의 조각가이자 화가인 장 아르
프, 독일인인 후고 발과 리하르트 휠젠베크에 의해 태동한 다다 운
동은 베를린, 하노버, 쾰른, 파리로 퍼져 나갔다. 1918년, 피카디
아가 미국의 소식을 가지고 취리히에 도착하기 전까지 다다이스트
들은 기계기술에 특별히 관심을 보이지 않았다. 미술에 반대한다고
선언한 유럽의 다다이스트들은 기존에 확립된 회화의 주제와 그에
대한 접근법 — 가령 입체파 같은 — 모두를 이미 거부했다. 자신들
이 물려받은 예술적 유산을 부인한 그들은 미술에서 불합리하고 예

---

93) Pontus Hultén, *Machine*, pp. 80~83.

측불가능한 것들을 보고 기뻐했다. 그러나 그들이 기술에 대한 피카디아의 매혹을 흡수하자, 일부 다다이스트들은 새로운 기술문화라고 본 것에서 자극을 찾았다. 미국에서 현대 생산기술의 완전한 발전을 목도한 그들은 아울러 현대 문화의 원재료도 그곳에서 찾았다.

미래주의자나 구성주의자들이 아니라 뒤샹과 피카비아의 뒤를 따른 다다이스트들 — 막스 에른스트가 그중 하나였다 — 은 현대의 기술적 형태와 주제에 대한 신랄하고 불손하며 초현실적인 표현으로 알려지게 되었다. 그들은 기계적인 것과 유기체적인 것, 생명과 기계의 불합리한 병치에서 즐거움을 찾았다. 손꼽히는 미래주의자들과 소련의 구성주의자들이 기술에 열광하는 이들이었던 반면 다다이스트들은 기술에 대한 관점에 있어 불손하고 회의적이었으며 우상파괴주의적인 태도를 보였다. 94)

아방가르드의 작은 잡지들과 연결된 몇몇 편집자와 작가들 역시 미국의 미술가들에게 기계적 스타일을 발전시키고 기술적 주제를 그릴 것을 촉구했다. 〈소일〉(Soil)의 편집자였던 로버트 J. 코디는 미국에 미술 잡지를 창간하는 엄청난 과제를 시도했다. 높은 질과 감수성을 지닌 독특한 미국 미술의 가능성을 깨닫도록 국민적 의식을 자극하려는 의도였다. 1916년 12월에 발간을 시작한 그의 잡지는 놀라울 정도의 주목을 받았고 25센트라는 높은 가격에도, 매 호 5

---

94) Ileana B. Leavens, *From "291" to Zurich: The Birth of Dada* (Ann Arbor: UMI Research Press, 1983), p. 137; Werner Spies, "Die klischeedrucke Resultat der verarbeitung typographischen materials", in *Max Ernst in Köln: Die rheinische Kunstszene bis 1922*, ed. Wulf Herzogenrath (Cologne: Rheinland-Verlag, 1980), pp. 197~205.

천 부가 넘는 판매량을 올렸다. 그러나 4호까지 낸 후 자금이 바닥나 버렸다. 그는 미국 미술이 "다양한 유형의 인종들이 버린 식물 퇴비"에서 발생할 것이라고 예상했다.[95] 그는 열정적으로 이렇게 썼다.

영국인은 베세머 제강법을 발명했고 우리는 마천루를 지었다. 덴마크인은 스페인어를 쓰는 아프리카인과 결혼했고 버트 윌리엄스•는 〈노바디〉라는 노래를 불렀다. 우리는 흙을 파 나갔고 증기삽을 개발했다. 우리는 경기를 즐기고 권투를 한다. … 우리의 예술은 아직 예술계 바깥에 있다. 그것은 파나마 운하의 정신에 있고, (뉴욕의) 이스트 강과 (뉴펀들랜드 세인트존스의) 배터리에 있으며, 피츠버그와 덜루스••에 있다. 그것은 풋볼 경기장, 야구장, 권투 링에서 나온다. 우리는 이미 시작했으며, 비록 이곳저곳에 흩어져 있지만 이는 엄청난 가능성을 내포한 시작이었다. 이것이 어디로 이끌릴지 누가 알겠는가? 오늘날은 활동사진의 시대이고, 또한 활동조각의 시대이기도 하다. …[96]

코디가 '활동조각'이라는 말에서 의미한 것은 "셀러스 10톤 회전 지브 크레인, 기관차 넘버 4000, 인더스트리얼 웍스(Industrial Works)의 120톤 크레인, 체임버스버그 해머, 이리 해머" 같은 기계로, 모

---

95) Robert Alden Sanborn, "A champion in the wilderness", *Broom*, III (October 1922), 175.
- •〔옮긴이주〕에그버트 오스틴 윌리엄스(Egbert Austin Williams, 1875~1922)는 20세기 초에 활동한 흑인 코미디언이자 배우로, 미국 흑인 음악의 발전에서 중추적인 역할을 했으며 인종차별의 장벽을 넘는 데도 크게 일익을 담당한 인물로 평가받는다.
- ••〔옮긴이주〕슈피리어 호에 면해 있는 미네소타 주의 도시.
96) Ibid. 에 실린 코디의 말을 인용.

미국의 재발견 149

두 그가 〈소일〉 1917년 1월호에 도면을 실은 기계들이었다. 97) 코디의 추종자 중 한 사람은 이러한 기계들이 그에게 미국이라는 나라의 위대함을 표현했다고 썼다. 마치 그리스 신화에 나오는 신들이 그리스의 황금기에 아테네인들에게 그러했듯이 말이다. 코디는 "동화된 이민자의 무리에 의해 활성화된 일련의 사회경제적 현상"의 산물인 "이 거대한 기계 형태가 학자들에게 분명하든 그렇지 않든 간에 우리의 국민 예술의 가장 대표적인 소재로 간주되어야" 한다고 느꼈다. 98)

미국의 미술가들은 기계의 합리적이고 우아한 설계를 예술적 이미지로 번역하는 흥미진진한 도전을 받아들였다. 예술적 감수성은 기계 설계자가 이곳저곳에서 핸들이나 나사 위치를 바꾸게 할 수 있고, 선을 똑바로 긋거나 곡선을 변화시킬 수도 있으며, 면들의 교차 지점을 약간 변경할 수도 있지만, 기계 그 자체는 여전히 웅장한 예술에 영감을 던져 주는 대상으로 남아 있었다. 코디는 "산업의 엄격한 진지함과 스포츠와 유머의 아이 같은 진지함"에서 진정한 미국 예술의 기반을 찾음으로써 실러, 샴버그, 데무스, 그 외 양차 세계대전 사이에 활동한 다른 미국의 미술가들을 예견케 했다. 99)

또 다른 작은 잡지의 편집자이자 기고자로 매튜 조지프슨이 있었다. 그 역시 미국의 미술가와 작가들에게 유럽에서 파생된 것도 아니고 미국의 위대한 야생과 서부 변경지대에 의해 형성된 것도 아닌

---

97) Ibid.
98) Ibid., 176에 실린 코디의 말을 인용.
99) Ibid., 177.

독특한 미국 문화를 규정하도록 격려했다. 프랑스에서 보낸 1921~
1923년과 1927~1928년에 조지프슨은 르 코르뷔지에와 그의 친구
아마데 오장팡의 미술과 아이디어에서 영향을 받은 것 같다. 오장팡
은 우아한 기계 형태의 고전적 조화와 순수함을 찬양한 인물이었다.
또한 조지프슨은 다다이스트들이 광고, 싸구려 소설, 보드빌(vau-
deville),• 영화와 같이 일상적인 미국적 사물들뿐 아니라 미국의 사
업 방법과 새로운 재료 및 인공물 — 마천루 같은 — 에 대해서도 열
정을 품고 있다는 것을 알게 되었다. 실러의 친구였던 조지프슨은
화가와 사진가들에게 영향을 준 기계에 대한 낭만적인 태도를 명료
하게 표현했다. 100) 그는 미국이 그 핵심에 있어 기계기술에 의해 형
성된 국가라고 믿었다. 그는 현대 기술세계에 대한 모험적인 탐험에
나선 미국의 다다를 옹호했다. 그는 잡지 〈브룸〉(Broom)에서 기계
시대의 도래와 함께 기술문명에서 유래한 새로운 미술과 문학을 선
언했다. 조지프슨은 기술에 의해 만들어진 새로운 "미국의 식물상과
동물상"을 강조했다. 101) 신규 구독자를 모집하는 1923년의 광고에
서 〈브룸〉은 "미국에서 기계의 시대는 영적 변화와 성장의 시대이자
경제적 지배의 시대"라고 선언했다.

새로운 미술과 문학은 기계문명으로부터 힘차게 튀어나온다. 102)

• 〔옮긴이주〕 20세기 초 미국에서 인기를 끌었던 버라이어티 쇼의 일종으로
  촌극, 노래, 춤, 곡예 등의 짧은 공연들로 구성되었다.
100) Susan Fillin Yeh, *The Precisionist Painters 1916~1949: Interpretations
  of a Mechanical Age*(Huntington, N.Y.: Heckscher Museum, 1978),
  p. 12.
101) Wilson, Pilgrim, and Tashjian, *Machine Age in America*, p. 225.

조지프슨은 전후 프랑스 문학계를 개관한 〈브룸〉의 기고글에서, 젊은 작가들은 적어도 동시대의 기계 천재들만큼은 대담해야 하며, 기계가 "우리를 납작하게 만들"거나 "으스러뜨린다"며 비난할 것이 아니라 이를 장엄한 노예로 보아야 한다는 기욤 아폴리네르•의 경구에 찬동했다. 조지프슨은 "우리는 새롭고 더욱 단련된 종족이며, 마천루와 지하철의 친구이기도 하다"고 덧붙였다. 그는 미국의 젊은 미술가와 작가들이 프랑스인이나 유럽인들을 따르기 위해 그들의 특혜를 포기하는 것을 원치 않았다.

> 왜냐하면 그들이 제기하는 공격성, 유머, 분명한 확언의 근본적 태도는 본래 미국에서 온 것이기 때문이다. 미국에서의 삶이 지닌 빠른 속도와 긴장이 대량으로 유럽에 수출되었는지 모르지만, 그래도 가장 풍부한 재료를 가진 것은 여전히 우리다. 103)

---

102) *Broom*, Ⅴ(August 1923).

- 〔옮긴이주〕 Guillaume Apollinaire, 1880~1918. 프랑스의 시인이며 동시대의 입체파 등 아방가르드 예술운동에도 참가한 것으로 유명하다.

103) Matthew Josephson, "Made in America", *Broom*, Ⅱ: 3(June 1922), 269 ~270.

정밀주의자들

제 1차 세계대전과 대공황 발발 사이에 서로 느슨하게 엮인 일군의 미국 미술가들은 '정밀주의', '기계미술', '입체파 사실주의', '무결점 유파' 등으로 다양하게 불린 회화 스타일의 부상에 기여했다. 그들은 이탈리아 미래주의자들의 주제와 역동성, 대상을 기본적인 기하학적 형상으로 환원하는 입체파적 경향, 뒤샹의 다다이즘 경향, 작은 잡지들의 기계 예찬, 그리고 무엇보다도 그들 주변의 놀라운 기술세계에 의해 영향을 받았다. 그들의 주제는 기술형태와 산업적이고 도시적인 풍경을 포함했는데, 특히 뉴욕의 마천루와 피츠버그의 철강 공장이 대표적이었다. 데무스, 실러, 샴버그는 이들 미술가의 첫 번째 물결에서 두드러진 인물이었다. '정확한 선'과 특히 피츠버그의 철강 공장을 그린 1928년 그림으로 주목받은 엘시 드릭스와 정밀하게 만들어진 기계의 정확도로 그림을 그린다는 평가를 받은 조지아 오키프는 정밀주의자들과 어울리면서 함께 전시회를 열기도 했다. [104]

실러, 데무스, 샴버그는 모두 당시 세계에서 으뜸가는 산업도시 중 하나였던 필라델피아의 펜실베이니아 미술아카데미에서 수학했다. 그곳에서 실러는 샴버그와 작업실을 같이 썼다. 세 사람 모두 아렌스버그 동아리의 일원이었고 뒤샹과 피카비아의 영향 아래 있었다. [105] 1916년에 샴버그가 기계를 모티프로 완성한 8점의 작품들은

---

104) Yeh, *Precisionist Painters*, p. 9.

아마도 피카비아가 〈291〉에 기고한 기계 도면들과 같은 해에 모던 갤러리에 전시된 그의 그림에서 영향을 받은 것으로 보인다. 106)

펜실베이니아 주 랭커스터에서 태어난 데무스는 미술학교를 마친 후 유럽으로 여러 번 여행을 갔는데, 그중에는 1907~1908년에 걸쳐 파리, 베를린, 런던을 5개월간 방문한 것도 포함되었다. 1912~1914년에 파리에서 좀더 오랜 기간 수학한 후 그는 뒤샹과 피카비아를 알게 되었다. 그는 전쟁이 터지기 바로 전해에 베를린을 방문했다. 나중에 그는 화가로 파리에 정착하지 않은 것을 조금 후회했지만, "대부분의 것들이 엉망인" 미국과 뉴욕에서 자신이 현대적인 모든 것의 뿌리를 찾았음은 인정했다. 107)

모두 현대 기술문화에 관심을 가졌고 유사한 기질의 소유자였던 데무스와 뒤샹은 뉴욕에서 서로 가까워졌다. 세계주의자로서의 면모를 지녔던 두 사람은 할렘에서 같이 술을 마시는 것을 즐겼다. 데무스는 도상적 성질을 가진 뒤샹의 '대형 유리'가 자기 시대의 위대한 작품이라며 찬사를 보냈다. 그러나 기술에 대한 그의 접근법은 뒤샹과 달랐다. 그는 실러와 마찬가지로 개별 기계뿐 아니라 산업건축과 산업도시를 그리는 것을 선호했다. 그의 기법은 구상주의적이기도, 추상적이기도 했다. 친구이자 시인인 윌리엄 카를로스 윌리엄스에게 헌정한 1920년 작품 〈기계〉(Machinery)에서는 뒤샹과 피카비아의 영향이 뚜렷했다. 데무스는 커다란 공장 배기 시스템을 그

105) Wilson, Pilgrim, and Tashjian, *Machine Age in America*, p. 213.
106) Tashjian, *Skyscraper Primitives*, p. 204.
107) Ibid., p. 212.

렸는데, 그 속에 있는 배관, 거대한 탱크, 평면들은 환상적이고, 에로틱하고, 물결처럼 구불구불했다.108) 〈나의 이집트〉(My Egypt, 1927)에서 그는 현대 미술가와 건축가에게 익숙한 소재를 다루었다. 그림의 주제는 미국의 곡물 사일로였는데, 그로피우스나 르 코르뷔지에 같은 유럽 건축가들의 상상력에 불을 붙인 바로 그 인공물이었다. 그림의 제목은 이집트의 정신을 표현한 기념비적 건축물과 새로 등장하는 미국 기술문화의 정수를 포착한 건축물 사이의 유사성을 암시했다. 그로피우스와 유럽의 다른 성찰적 아방가르드 건축가들은 곡물 사일로, 기차역, 거대한 다리, 공장이 형태는 다르지만 그 기념비적 성격이나 문화적 표현력에서는 중세의 성당에 비견할 만하다고 주장한 바 있었다.

실러 역시 공장과 고딕 성당 사이의 유사성을 보았다. 그는 다음과 같이 믿었다.

> 우리 시대와 같은 시기에는 몇 안 되는 고립된 개인들이 종교적 내용의 증거를 제시할 때, 그 진정한 표현을 위해서는 고딕 성당이 아닌 어떤 형태를 찾아야 한다. 압도적으로 가장 많은 사람과 관여하는 것이 산업체이기 때문에, 예술가의 관심사는 그에 대한 표현을 찾아내는 것이다.109)

그는 구상주의적인 것과 추상적인 것 사이에서 오락가락했다. 현대 기술을 그려 넴에 있어 뒤샹이나 피카비아보다 훨씬 덜 역설적인

---

108) Ibid., p. 209.
109) Ibid., p. 221에 실린 실러의 말을 재인용.

찰스 데무스,
〈새로운 교회의 향〉(1921)

데무스, 〈행진의 끝,
펜실베이니아 주 코츠빌〉
(1920)

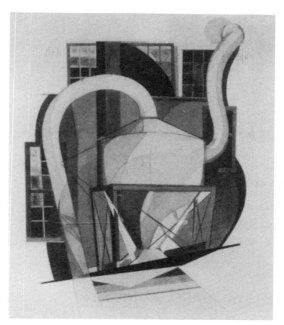

데무스, 〈기계〉(1920)

태도를 보였던 그는 현대 기술의 구조에서 핵심적이고 널리 퍼진 합
리적 세계 질서를 감지할 수 있다고 믿었다. 주의 깊고 반복적인 관
찰을 통해 그는 그림을 그리기 전, 마음의 눈 속에 기계나 산업적 경
관의 이미지를 구성했다. 그는 엔지니어나 건축가가 모든 구성요소
가 조화롭게 상호작용을 하고 효율적으로 기능할 수 있도록 기계나
건물을 설계해야 하는 것과 마찬가지로, 자신과 같은 미술가는 그림
속의 모든 부분을 서로 연관 지어 통합되고 전체적인 효과를 거둘 수
있도록 노력해야 한다고 믿었다. 그는 효율적으로 상호작용하고 기
능하도록 만들어진 건축과 기계 인공물의 진가를 매우 높이 샀다. 포
드와 같은 시스템 건설자처럼 그 역시 생산기술을 포괄적인 시스템

찰스 실러, 〈설치〉(1939)

실러, 〈유예된 힘〉(1939)

실러, 〈미국의 풍경〉(1930)

실러, 〈리버 루지 공장〉(1932)

실러, 〈도시 내부〉(1936)

으로 이해했다. 그는 리버 루지 공장을 그린 1936년 작품 〈도시 내부〉(*City Interior*)에서 이를 시각적으로 포착했다.

사진가이기도 했던 실러는 나중에 그릴 광경을 종종 사진으로 찍어 연구했다. 정밀주의자들은 카메라 사용이 기계문화에 특히 적합하다고 믿었다. 1927년에 헨리 포드는 리버 루지 공장을 소재로 사진 작업을 그에게 의뢰했고, 실러는 이 중 여러 장을 포드 공장단지의 그림을 그릴 때 밑천으로 사용했다. 1930년대에 그는 회화와 사진 작업에서 점차 도시와 기술 경관으로 눈을 돌리게 되었다. 그는 데무스와 마찬가지로 세부사항의 명징하고 정확한 표현에 몰두했다. 두 사람은 모두 기술 경관에서 사람을 생략했다.

1927년에는 〈리틀 리뷰〉(*Little Review*)의 편집자인 진 힙이 기계 시대 전시회(Machine Age Exposition)를 조직했고, 5월부터 전시가 시작되었다. 그녀는 소련 구성주의에서, 또 기술과 현대의 정신에 대한 르 코르뷔지에의 열정적 태도에서 영향을 받았다. 1917년 혁명 이후 융성한 소련의 구성주의자들은 미술과 건축이 새로운 체제와 현대 기술의 가치를 체현한 물질적 환경을 구성하는 방법이라고 보았다. 그들은 이러한 환경이 새로운 소련 시민의 성격을 결정하는 데 도움을 줄 것이라고 믿었다. 일찍이 힙은 자신이 발간하는 잡지에서, 미국의 미술가는 소련에서 제공되는 것과 유사한 정부의 지원을 기대할 수 없으니 "다른 예술 분야의 창조적 예술가들, 그리고 우리 시대의 건설적인 사람들, 즉 엔지니어, 과학자 등과 제휴할" 것을 촉구했다. [110] 그녀의 전시회는 1925년 파리에서 열린 장식미술박람회(Exposition des Arts Décoratifs)에서 르 코르뷔지에가 설계한 에스프리 누보관(Pavillon de L'Esprit Nouveau)에 대한 대응이었다. [111] 힙은 맨해튼 중심부의 상업 건물인 스타인웨이 홀에 실제 기계들을 전시했는데, 그중에는 크레인 사의 게이트 밸브, 스튜드베이커 사의 크랭크축, 커티스 사의 비행기 엔진, 하이드 윈들라스 사의 프로펠러 등이 있었다. 그녀는 또 마천루, 데사우의 바우하우스 건물, 소련의 산업 건물, 그로피우스의 건축 등에 대한 사진과 도면, 그리

---

110) "Comments", *The Little Review*, IX: 2(Winter 1922), 22를 Wilson, Pilgrim, and Tashjian, *Machine Age in America*, p. 231에서 재인용.

111) Yeh, *Precisionist Painters*, p. 12.

고 현대 미술가들이 창작한 회화, 도면, 조각, '발명'들도 함께 전시
했다. 러시아 태생의 미국 미술가인 루이 로조빅 — 역시 소련 구성
주의자의 영향을 받았다 — 은 미국의 도시 연작을 전시했고 데무스
는 〈비즈니스〉(Business)라는 유화 작품을 내놓았다. 또한 전시회
는 장식미술을 강조했다. 실러, 데무스, 로조빅, 뒤샹은 조직위원
회 위원들이었다.

힙은 1900년 파리박람회 같은 대규모 세계박람회에서 그랬던 것
처럼 엔지니어링의 창조물을 한쪽 구획에, 미술가들의 작품을 다른
한쪽 구획에 전시하는 것을 피하려 했다. 그녀는 자신이 위대한 신인
류라고 불렀던 엔지니어들을 동경했으나, 그들이 "모든 미학적 법칙
에 사실상 무지한 채로" 고립 속에서 작업하는 것을 심란하게 여겨
엔지니어링의 작품과 미술품을 한데 모아 전시했다. 그녀는 엔지니
어들이 "우리 시대의 실체를 역동적인 아름다움으로 조직하고 바꾼"
선도적 예술가들로부터 배워야 한다고 믿었다. 112) 전시회는 별다른
주목을 받지 못했고, 1929년에 〈리틀 리뷰〉는 발간을 중단했다. 진
힙은 미술가와 엔지니어들의 공동 작업에 대한 신념을 잃어버렸
다. 113)

로조빅은 기술사회와 거기서 새로 나타나는 문화에 대해 전시회가
보여 준 신념 — 그 자신의 신념이기도 한 — 을 진 힙의 1927년 전시
회에 맞춰 준비된 선언문에 요약했다. 힙과 마찬가지로 로조빅은 소

---

112) Jean Heap, "Machine-age exposition", in *Machine-Age Exposition Cata-
    logue*: *The Little Review*, XII (1926~1929), 36.
113) Wilson, Pilgrim, and Tashjian, *Machine Age in America*, p. 234.

런 구성주의자들의 낙관적 태도, 그리고 정치적으로 급진적인 사회
에서 예술가가 엔지니어, 과학자와 힘을 합쳐 새로운 세상을 창조해
낼 수 있다는 그들의 믿음에 영향을 받았다. 그러나 로조빅은 미래는
미국에서 모습을 드러내고 있다고 생각했다. 그는 "미술의 미국화"
(The Americanization of Art) 라는 제목의 글에서 이렇게 썼다.

미국 역사는 거대한 엔지니어링의 위업과 웅장한 기계 건설의 역사이다.
뉴욕의 마천루, 미니애폴리스의 곡물 승강기, 피츠버그의 철강 공장, 오
클라호마의 유정, 버트의 구리 광산, 시애틀의 목재 야적장은 미국의 산
업 서사시가 미치는 범위를 보여 준다. …
　　모든 시대는 예술가의 태도와 표현 방식을 대단히 미묘하고 에두르는
방식으로 조건 짓는다. 그는 환경적 사실, 사회적 조류, 철학적 사색을
관찰하고 흡수한 후, 그 자신의 미학적 전망과 그것을 조건 짓는 환경의
핵심 특성을 드러낼 수 있는 방식으로 작품을 위한 요소를 선택하고 환경
의 특정 측면에 초점을 맞춘다. …
　　오늘날 미국에서 일견 혼란과 혼돈처럼 보이는 그 모든 것의 저류에 있
는 지배적 경향은 질서와 조직을 향하고 있으며, 그것이 바깥으로 드러
나는 기호와 상징은 미국 도시의 엄격한 기하학에서, 즉 굴뚝의 수직선
에서, 자동차도로의 평행선에서, 거리의 정사각형에서, 공장의 입방체
에서, 다리의 원호에서, 가스탱크의 원통형에서 찾을 수 있다. 114)

114) Louis Lozowick, "The Americanization of art", in *Machine-Age Expos-
　　 ition Catalogue: The Little Review*, XII(1926~1929), 18.

신객관주의

미국 미술가들(특히 실러)이 기계와 산업경관을 그린 작품들은 엔지니어링 도면과 건축 모델을 연상케 했고, 이 점에서 1920년대에 '신객관주의'와 연관된 동시대 독일 화가들의 작품과 닮았다. 우리가 이미 본 바와 같이, 바이마르 공화국의 자유주의자와 급진주의자는 미국의 대량생산기술이 새로 출범한 정부를 강화해 줄 것이라고 기대했다. 따라서 기술문화의 정의에 몰두하는 건축뿐 아니라 미술까지 그곳에서 번창했다는 것은 별로 놀랄 일이 아니다. 그러나 지식인과 예술가 사이에는 기술에 대한 열광과 뿌리 깊은 문화적 비관주의가 동시에 반영된 양면적 태도가 남아 있었다. 이런 태도는 널리 읽힌 슈펭글러의 책 《서구의 몰락》에 잘 나타나 있다.

1925년 독일에서 열린 '신객관주의' 전시회는 독일 미술가들이 주제에 대해 사실 그대로 혹은 객관적인 접근법 — 낭만적 혹은 표현주의적 접근법과 상반되는 의미에서 — 을 취한다는 것을 드러냈다. 이 과정에서 그들의 스타일은 엔지니어링 도면의 특성을 띠게 되었다. 기술적 형태와 산업적·도시적 광경을 선호하는 미술가들이 전시회를 지배했다. 실러와 마찬가지로 그들의 회화 작품에는 대체로 노동자와 대도시의 군중이 빠져 있었다. 어떤 면에서 그들의 작품은 인간 활동의 흔적이 빠진 풍경을 그리는 화가들의 그림을 연상시켰다. 그러나 신객관주의 미술가들은 창조주 신(God-the-creator)의 작품을 그리는 것보다는 제작자 인간(man-the-maker), 즉 발명가, 엔지니어, 시스템 건설자, 건축가의 작품을 그리는 것을 추구했다.

루이 로조빅,
〈철강 공장의 모퉁이〉(1929)

로조빅, 〈고전압-코스콥〉(1929)

로조빅, 〈탱크 #1〉(1929)

신객관주의의 성원 중 가장 영향력 있던 두 사람, 프란츠 라치빌과 카를 그로스베르크는 기계에서 상호작용하는 구성요소와 다리, 건물의 구조 부재를 꼼꼼하게 묘사했다. 그들의 공장 그림은 건축학적 묘사와 닮았다. 때, 기름, 녹, 노동자의 흐트러진 복잡성은 순수한 기술의 세계에 끼어들지 못했다.[115] 신객관주의 스타일은 앞서 우

---

115) Ingeborg Güssow, "Malerei der Neuen Sachlichkeit", in *Kunst und Technik*

리가 다룬 기계주의적 미국 미술가들과 마찬가지로 돋보이는 세부 묘사에서 단단한 금속성의 날카로움을 강조했고, 혼동을 일으키는 복잡성을 생략하기 위해 도식화를 도입했으며, 붓질이나 그림 그리는 과정의 흔적을 제거했고, 미래주의 회화와는 다르게 엄격히 구조화되었으며 정적이었다. 그러나 신객관주의 작품들이 대상을 단순히 재현한 것은 아니다. 이들 미술가는 기계와 구조를 재조직했다. 그들은 특정한 요소를 강조하고 선별해 실제 엔지니어링이나 건축의 실물보다 기술 인공물의 본질을 더 효과적으로 포착하는 뚜렷한 인상을 남겼다.

건축학도이기도 했던 그로스베르크는 때때로 작품에 초현실적 현상을 암시하는 불협화음을 집어넣었다. 〈정유 공장 안의 보일러〉 (*Boiler in a Refinery*) 에서 그는 표면적으로 화학 산업의 장비를 그렸지만, 그것의 전반적인 목적이나 그 기술이 어떻게 작동하는지는 표시하지 않았다. 어렴풋이 보이는 보일러의 형태와 그 아래 놓여 있는 상자는 제단 위에 걸려 있는 거대한 성상(聖像)을 암시한다. 이런 인상은 베르톨트 브레히트의 시 〈700명의 지식인들이 석유 탱크에 경배하네〉를 연상케 한다. 그로스베르크의 그림은 로조빅의 탱크 석판화를 상기시킨다. 가장 기억에 남는 그로스베르크의 그림 중 하나인 〈잠수부〉(*Diver*, 1931)는 줄에 매달린 심해 잠수복 — 추측컨대 주위 환경으로부터 완전히 밀폐된 그 안에 사람이 있을 — 을 보여 준다. 잠수부는 바닷속이 아니라 강철과 유리로 된 우리 같은

---

in den 20er Jahren: *Neue Sachlichkeit und Gegenständlicher Konstruktivismus* (Munich: Städtische Gallerie im Lenbachhaus, München, 1980), p. 49.

카를 그로스베르크,
〈정유 공장 안의 보일러〉(1933)

그로스베르크,
〈잠수부〉(1931)

기술적 배경에 서 있다. 병든 것처럼 팔을 축 늘어뜨리고 있는 형상
은 케이블에 무기력한 인형처럼 매달려 자신의 창조물의 죄수가 된
것처럼 보인다. 여기서 그로스베르크는 기술진보에 대한 양면적 태
도를 인정한다. 116)

라치빌도 건축을 공부했다. 117) 그는 자신의 유화 작품에서 비행
기나 배 같은 기술 인공물을 부자연스러운 우주적 사건과 병치하는
데 몰두했다. 때때로 그는 사람을 집어넣기도 했지만 그들은 생기가
없고 기술환경과 식별가능한 관계를 맺지 않은 것으로 그려졌다. 대
조 효과를 위해 그는 종종 현대 기술을 농촌 환경에 위치시켰다.
1928년의 〈마을 입구〉(Dorfeingang) 라는 작품에서 그는 중간쯤에
자동추진 증기기관이 작동하지 않고 정지해 있는 모습을 보여 준다.
시골 풍의 경사진 지붕을 가진 독일식 주택 몇 채가 빈약해 보이는
평평한 지붕의 현대식 건물을 에워싸고 있다. 현대적 비행기가 구식
의 범선 위에 높이 떠 있는 모습이 병치된 것을 보면 혼란은 더욱 커
진다. 운하에 갇힌 물은 자유롭게 흐를 수 없다. 험악한 날씨의 하늘
은 이해할 수 없는 우주적 사건을 담고 있다. 라치빌은 거대한 강철
증기선도 그렸지만, 이를 정해진 길이 없는 바다 위에 두어 작게 보
이도록 만들지 않고 부두에 정박해 있는 모습으로 그려 금욕적인 인

---

116) "700 Intellektuellen beten einen Öltank an"의 출전은 Bertolt Brecht,
  Gesammelte Werke(Franfurt am Main: Suhrkamp Verlag, 1967), VIII:
  316~317이다. 그로스베르크에 관해서는 Hessisches Landesmuseum,
  *Carl Grossberg, Gemälde Aquarelle, Zeichnungen und Druckgrafik (1914 ~
  1940)* (Darmstadt: Druckerei Anthes, 1976), p. 19를 보라.
117) Waldemar Augustiny, *Franz Radziwill* (Göttingen: Musterschmidt,
  1964).

프란츠 라치빌, 〈마을 입구〉(1928)

라치빌, 〈항구〉(1930)

간 형상과 부대시설을 아주 작게 보이도록 했다. 〈거대한 두 척의 증기선이 있는 항구〉(*Hafen mit Zwei grossen Dampfern*)를 보면 뱃머리가 위쪽으로 향한 한 척의 배가 작은 보트에 탄 불운한 관찰자들을 압도하듯 위협하고, 다른 배는 그들 앞을 벽처럼 막고 서 있다. 작은 범선들도 이처럼 괴물 같은 기술에 의해 무기력한 처지에 있다.

그로스베르크와 라치빌, 실러와 로조빅은 기술형태와 산업경관을 유사한 방식으로 그렸지만, 독일과 미국의 화가들은 기술에 대한 태도에서 미묘한 차이를 보인다. 그로스베르크와 라치빌은 전근대적 상징과 가치로 가득 찬 심오한 문화적 조건들을 버리기 어려웠다. 중세, 바로크, 신고전주의 독일 건축의 근사하고 인상적인 형태와 그 속에 내포된 가치들을 현대 기술 시대의 형태와 병치하면 미적 감수성을 지닌 일부 독일인들에게 (종종 창조적 효과를 낳은) 긴장을 유발했다. 반면 미국인들은 기간도 짧고 뿌리도 얕으며 미학적으로 풍족하지도 않은 과거 미국의 형태와 가치들을 버리는 데 별로 문제를 겪지 않았다.

실러와 데무스의 작품은 그로스베르크와 라치빌에 비해 기술문화에 대한 좀더 분명한 수용을 반영한다. 그로스베르크와 라치빌은 다른 독일인이나 유럽인들과 마찬가지로 기술적 변화에 직면하는 데 있어 불길한 예감이나 소외의 느낌을 완전히 감출 수 없었다. 앞서 보았듯이, 나치당은 이런 반현대적이고 반기술적인 태도를 잘 이용했다.

제8장

테네시 강 유역 개발과 맨해튼 프로젝트

독립발명가의 무용담, 널리 선전된 산업연구소의 성취, 대규모 생산 시스템의 조직과 관리는 미국이 그 미래를 계획적으로 발명하고 생산할 수 있다는 믿음을 확산시켰다. 테일러주의는 노동과정에 대한 통제를 계획과 연결했고, 헨리 포드나 새뮤얼 인설과 같은 시스템 건설자는 생산 목표를 설정하고 이를 충족하는 데 적절한 통제 방법을 고안했다. 제1차 세계대전 기간 연방정부는 다소 마지못해 응하는 태도를 보이며 때로는 의도한 효과를 거두지 못하면서도 산업 생산의 계획에 나섰다. 전쟁이 끝난 후 모리스 르웰린 쿡과 같은 엔지니어와 기업가들은 펜실베이니아 주의 거대 전력계획의 사례에서처럼 정부의 계획을 평화 시에도 계속 이어가기를 원했다. 그러나 산업체들이 전후의 불황에서 회복하고 여느 때와 다름없는 사업이 기조로 자리 잡으면서 정부의 계획 관여를 추진하는 운동은 모멘텀을 잃었다.

대공황이 터지고 프랭클린 루스벨트가 대통령이 되기 전까지 미국의 기술변화는 대체로, 그리고 정당하게 민간의 일로 간주되었다. 정치인들이 구사하는 수사(修辭)와 대기업들의 선전 이데올로기는 확산되는 생산 시스템이 자유기업 자본주의의 결실임을 대다수 미국인에게 설득시켰다. 그들은 많은 전력회사가 정부의 소유이고 산업 발전에 대한 정부의 관여가 흔하게 이루어지던 독일에서 새로운 산업기술이 인상적으로 발전한 사실을 무시했다. 몇몇 자유주의 성향의 엔지니어와 기업가들, 가령 제너럴 일렉트릭 사의 회장인 제라드 스워프 같은 이들은 여기서 한 걸음 더 나아가 허버트 후버 ― 처음에는 상무부 장관일 때, 나중에는 1929년에 대통령이 된 이후에 ― 와 힘을 합쳤다. 그들은 과학적 관리와 보존의 정신에 입각해 인적자원과 천연자원을 효율적으로 사용하기 위해 자발적으로 계획과 조정 작업을 하도록 다른 엔지니어와 기업가들을 독려했다. 훈련받은 엔지니어로 광산 엔지니어링에 경험이 있던 후버는 이러한 도전을 마음에 들어 했다.

생산기술의 대규모 이용에서 정부의 역할을 증가시키려 애쓰던 자유주의적 사회과학자들은 대공황 도래 이전까지 수세적인 위치에 있었으나, 이후 계획의 가치, 특히 지역 전체의 개발에서 정부 계획의 가치를 좀더 대담하게 주장하기 시작했다. 민주주의 사회에서 현대 기술의 계획은 사람들이 이상적인 환경 ― 신의 은총을 잃고 타락해 에덴동산에서 쫓겨난 것을 만회할 새로운 예루살렘 ― 을 창조해 나가는 고래(古來)로부터의 꿈을 실현시킬 수 있다고 그들은 믿었다.[1] 계획에 대한 그들의 열정은 종종 전기화를 통해 지역의 변화를 꾀하는 계획으로 표현되었다. 전력은 지역 변화를 위한 기술적 동인이 될 예정이었다. 혁신주의 정치가들은 법률적 기반을 마련할 것이었고, 사회과학자 — 일각에서는 '인간공학자'(human engineer)라고 부른 — 들은 계획된 개발을 관장할 것이었다. 앞서 살펴본 바와 같이, 그러한 목표들은 역사가이자 사회비평가인 루이스 멈퍼드를 비롯해 비슷한 생각을 가진 다른 이들에 의해 이미 1925년에 정의된 바 있다. 2)

　　지역계획의 옹호자들은 조직을 설립했다. 멈퍼드, 벤턴 매카이, 클라렌스 스타인, 그 외 몇 명의 건축가와 계획가는 1923년 미국지역계획연맹(Regional Planning Association of America)을 조직했다. 스타인은 뉴욕 주 주택 및 지역계획 위원회(New York State Commission on Housing and Regional Planning) 의장과 미국건축가협회(American Institute of Architects)의 공동체계획위원회 의장이 되었다. 매카이는 애팔래치아 트레일(Appalachian Trail)*을 계획하고 추진했다. 1925년에는 국제 마을, 도시, 지역계획 및 전원도시 학술대회(International Town, City, Regional Planning and Garden Cities Congress)가 뉴욕에서 열렸다. 러셀세이지 재단은 1929년 《뉴욕과 그 주변 환경을 위한 지역계획》(Regional Plan for New York and Its Environs)의 발간에 자금을 지원했다. 도시사회학자와 지역

---

1) Lewis Mumford, *The Culture of Cities*(New York: Harcourt Brace Jovanovich, 1970), p. 378.
2) 지역계획을 특집으로 다룬 *The Survey: Graphic number*, LIV(1 May 1925).
● 〔옮긴이주〕미국 동부의 유명한 하이킹 도로로 애팔래치아 산맥을 가로질러 조지아 주에서 메인 주까지 뻗어 있으며 총 연장은 3,500킬로미터에 달한다.

테네시 강 유역 개발과 맨해튼 프로젝트　175

사회학자들은 컬럼비아대학, 시카고대학, 노스캐롤라이나대학에
센터와 연구 프로그램을 설립했다. 채플힐에 세워진 하워드 오덤의
사회과학연구소(Institute for Research in the Social Sciences)는 남
부 지역주의에 대한 연구로 널리 알려졌다.[3]

---

3) 내가 이러한 지역개발에 주목하게 된 데는 메인대학의 하워드 시갈 교수,
   에모리대학의 앨런 툴로스 교수, 브라운대학의 존 토마스 교수가 도움을 주
   었다. Howard Segal, "Mumford's alternatives to the megamachine";
   Allen Tullos, "The politics of regional development, Lewis Mumford,
   and Howard W. Odum"; John Thomas, "Lewis Mumford, Benton
   Mackaye, and the regional vision", Papers presented at the Inter-
   national Symposium on Lewis Mumford, University of Pennsylvania,
   Philadelphia, 5~7 November 1987.

지역계획가들

열렬한 지역주의자였던 멈퍼드는 자신과 자유주의적 사회과학자, 건축가, 계획가들의 생각을 폭넓은 대중에게 전파했다. 스코틀랜드의 생물학자이자 사회학자인 패트릭 게데스는 지역을 하나의 생태계로 보는 관점에서 멈퍼드와 다른 지역계획가들에게 깊은 영향을 주었다. 그들은 모두 현대 기술의 유익한 잠재력을 믿었다. 그것이 이윤 동기로 움직이는 자본가와 기업가들의 후원 아래 있지 않고 계몽된 지역지도자의 후원하에 계획과 개혁을 담당하는 사회과학자들의 통제에 있다면 말이다. 그들은 제 1차 산업혁명 기간 펜실베이니아, 뉴저지, 오하이오 주의 산업 지역에서 증기기관, 철도, 공장을 남용해 물리적 환경이 입은 상처는 기술(특히 전기기술)을 계몽되고 무해한 방식으로 사용하여 고칠 수 있다고 주장했다. 그들은 이처럼 혼잡하고 불쾌하며 지저분한 지역들이 커진 이유를 제 1차 산업혁명 때 사회개혁가들 사이에서 미래를 보는 안목과 효과적인 지도력이 결여돼 있었던 탓으로 돌렸다. 이들 사회개혁가 대다수는 외골수로 물질적 부의 증가를 추구한 기업가들에게 고용된 기계 엔지니어들의 사회적 감수성 결핍을 메워 주지 못했다. 그들은 당시에 사회공학자 또는 '인간'공학자가 필요했고, 이는 새로운 산업혁명에서도 마찬가지라고 생각했다.

개혁적 사회과학자, 교육자, 사회사업가, 계몽된 지역지도자들 — 사회과학 정기간행물인 〈서베이〉에 기고하던 이들 같은 — 은 새로운 '인간공학자'였다. 그들은 개인의 자아실현, 풍족하고 조화로운 사회관계, 사회적 창조성 등과 같이 인간 복지를 측정하는 기준을 점차 세워 나가고 있다고 믿었다. 새로운 인간공학자들은 단지 물질적 부의 축적만이 아니라 이러한 기준들을 이용해 기술적 잠재력이 사용될 수 있는 방식을 결정하려 했다.[4] 새로운 인간공학자들은 전력망이나 네트워크에 기반한 대규모의 지역개발계획을 마련해야 한다고 주장했다. 그들은 기퍼드 핀쇼 주지사의 펜실베이니아 주 거대 전력계획을 그러한 미래지향적 개념 중 하나로 보았다.

지역계획과 전력이 자동차, 전화, 그 외의 연관된 기술들과 함께 새로운 시대를 열 것이라고 믿은 사람들은 〈서베이〉를 통해 두 차례에 걸쳐 자신들의 핵심 프로그램을 공표했다. 첫 번째는 1924년에 나온 '거대 전력' 특집이고, 두 번째는 1925년의 '지역계획' 특집이었다.[5] 거대 전력계획이나 전력망을 통해 지역 전기화를 이루려는 계획을 옹호한 기고 논문의 필자에는 핀쇼 주지사, 〈서베이〉의 부편집자 조지프 K. 하트, 핀쇼 주지사의 동맹자이자 이후 루스벨트 밑에서 농촌전력청(Rural Electrification Administration) 청장을 맡은 쿡, 정부가 소유하고 운영하는 지역 전력 시스템인 캐나다 온타리오 주 수력발전위원회(Hydro-Electric Power Commission) 의장인 애덤 벡 경, 앨프리드 E. 스미스 뉴욕 주지사, 미국노동총동맹(Amer-

---

4) Robert W. Bruère, "Pandora's box", *The Survey: Graphic Number*, LI(1 March 1924), 557. 지역계획가를 다룬 이 절의 일부는 Thomas P. Hughes, "Visions of electrification and social change", in *Histoire de l'électricité: 1880~1980, un siècle d'électricité dan le monde*, ed. Fabienne Cardot(Paris: Presses Universitaires de France, 1987), pp. 327~340에 처음 발표된 것이다.

5) *The Survey: Graphic Number*, LI(1 March 1924)와 LIV(1 May 1925).

ican Federation of Labor) 회장 새뮤얼 곰퍼스 등이 포함되었다. 이 특집호에는 포드와 당시 상무부 장관이던 허버트 후버와의 인터뷰도 실려 있었다. 1년 후에 나온 '지역계획' 특집호에서 주목할 만한 기고자는 멈퍼드, 스타인, 스튜어트 체이스, 앨프리드 스미스 주지사, 조지프 하트, 그리고 〈서베이〉의 산업 담당 편집자 로버트 브루에르 등이었다.

미국정치사회과학원(American Academy of Political and Social Science)에서 발간하는 또 다른 영향력 있는 사회과학 학술지인 〈애널즈〉(Annals)도 '사회적 요인으로서의 대규모 전기개발'이라는 제하의 특집호를 발간해 거대 전력계획을 지지했다. 6)

이러한 특집호에서 전력과 지역개발을 결합한 전반적 논리는 간단명료했다. 요컨대 동력 이용의 성격이 근대 역사의 다양한 시대를 형성했다는 것이다. 석탄과 증기 시대의 동력은 철도에 의해 장거리 전달되었고, 가죽 벨트가 단거리 배분을 담당했다. 이는 지저분한 광산, 불쾌한 공장 인근, 철도 노선의 중심지에 산업과 인구가 집중되는 결과를 낳았다. 반면 새로운 시대에는 석탄 광산과 댐 인근에 있는 발전소에서 얻은 동력이 고전압 전기 네트워크 또는 송전망에 의해 장거리 전달되고 저전압 시스템으로 단거리 전달이 이루어진다. 앞서 언급했듯이 전선을 통한 동력의 전달과 배분은 철도나 벨트보다 비용이 덜 들었기 때문에, 인구와 산업은 사람들의 삶과 문화를 더 잘 지탱해 주는 환경으로 분산될 수 있었다. 멈퍼드는 거대

---

6) "Giant Power", *The Annals*, CXVIII(March 1925). 이 특집호의 책임을 맡은 편집자는 모리스 르웰린 쿡이었다.

도시에서 혼잡이 없는 시골로 다시 이주하는 것을 '네 번째 이주'라고 불렀다. 7) 앞선 이주에서는 첫 번째 이주로 신대륙에 정착했고, 두 번째 이주로 산업 지구에 정착했으며, 세 번째 이주로 뉴욕과 같은 금융 중심지에 인구가 모여들었다. 멈퍼드는 네 번째 이주가 앞서의 세 차례처럼 아무 계획 없이 이루어지지 않기를 바랐다. 그는 계획 없는 성장은 "난처한 상황을 자꾸 만들어 낼 겁니다 … "라고 예언했다. "네 번째 이주에서 좋은 성과를 거둘 수 있도록 미리 계획해서는 안 될 이유가 무엇인가요?"8)

지역의 균형 잡힌 경제개발은 전기를 농부와 마을 공장에 공급함으로써 달성될 수 있었다. 멈퍼드와 그 동료들이 지역의 전기화를 장려하면서 추구한 목표는 단순한 경제적 합리성을 넘어선 것이었다. 그들은 농촌에서 도시로의 인구 이동을 목도하면서 그들의 눈앞에서 사라지고 있는 농촌의 가치와 농촌 사회를 이상화하기 시작했다. 〈서베이〉 지역계획 특집호에 쓴 무기명 서문에서 멈퍼드는 특집호에 논문을 기고한 사회과학자, 정치인, 학자들에 관해 묘사했다. 그는 그들의 관점에 노스탤지어의 흔적이 있음을 알게 되었다. 기고자 중 한 사람은 브루클린의 아파트에 살면서 코네티컷의 시골 마을을 "동경하며" 글을 썼고, 다른 한 사람은 "도시의 황무지에서 소리치는 예언자로, 그의 마음은 무너지고 있는 시골 마을에 가 있었"으며, 또 다른 사람은 도시의 건물 사이 공유지에 있는 녹색의 작

---

7) "The fourth migration", *The Survey: Graphic Number*, LIV(1 May 1925), 129~133.

8) Mumford to Patrick Geddes, 4 December 1924. Lewis Mumford Papers, University of Pennsylvania.

은 땅뙈기에 "집착하고" 있었다. 9) 이들을 비롯해 새로운 혁명을 열정적으로 지지하는 사람들은 녹색의 노동·문화 공동체를 만들어 냄으로써 자신들의 파편화된 정신을 다시 짜 맞출 수 있기를 바랐다. 다른 여러 미국인들과 마찬가지로, 그들은 인공의 미국이 변경지대를 대체하고 황무지를 평평하게 밀어 버리며 심지어는 대평원지대까지 침범하는 것을 보며 상실감과 변화를 경험하고 있었다. 10)

전력전송, 내연기관, 합금이 20세기의 다른 발명과 함께 신기술시대를 일으킬 것이라고 믿은 멈퍼드는 그 다음에 도래할 생기술 (biotechnic) 시대를 예견했다. 이는 생물학과 사회과학이 지역적 배경에 맞추어진 새로운 사회와 문화를 일으키는 시대를 가리켰다. 그는 지리적 지역이 사회활동과 문화활동을 위한 틀로 산업 대도시를 대체해야 한다고 믿었다. 그는 지역주의(regionalism)를 정의하면서 미국에서 철도가 도래하기 이전에는 산업활동과 인구가 지리적 지역 내에 분산되어 있었음을 상기시켰다. 미국 북동부에서는 다양한 종류의 제조소를 가동하는 수차들이 소규모 산업공동체의 번성을 가져왔다. 운하는 원자재와 완성된 제품의 충분한 교역을 가능

---

9) "The regional community", *The Survey: Graphic Number*, LIV(1 May 1925), 129. 특집호 서문에는 필자가 명기되어 있지 않지만, 멈퍼드가 패트릭 게데스에게 보낸 편지는 멈퍼드를 필자로 암시하고 있다(Mumford to Geddes, 4 December 1924. Lewis Mumford Papers, University of Pennsylvania).

10) 1893년 7월 12일 미국사가인 프레드릭 잭슨 터너는 시카고에서 열린 미국역사학회(American Historical Association) 모임에서 지금은 고전이 된 논문 "미국사에서 변경지대의 중요성"(The significance of frontier in American history)을 발표했다. 이 논문은 *Proceedings of the State Historical Society of Wisconsin*(14 December 1893)에 처음 출간되었다.

하게 하여 제한적인 지역 경제가 발전할 수 있게 했다. 남북전쟁 이전의 뉴잉글랜드에서는 균형 잡히고 풍부한 지역 문화가 번성해 '황금기'를 맞았다. 11) 생기술 시대에는 산업과 인구가 다시 한 번 분산될 것이고, 이와 동시에 상호작용과 교역의 그물망으로부터 고도로 발전되었지만 느슨하게 엮인 지역 경제와 문화적 개화가 나타날 것이었다. 12) 전력전송과 자동차는 통신과 운송 네트워크의 확산을 가져올 뿐 아니라, 철도가 도달할 수 없는 — 철도가 올라갈 수 있는 경사도는 대개 2%로 제한되었다 — 고지대까지 그런 네트워크가 도달하는 것도 가능할 것이었다. 멈퍼드는 1930년대에 쓴 저술에서, 건강에 좋은 기후를 가진 테네시 계곡의 가파른 고지대가 테네시 강 유역 개발공사(TVA)에 의해 이용됨에 따라 새로운 기술이 지닌 활력과 개화의 효과가 나타나기 시작할 것이라고 논평했다. 13) 그와 당시의 다른 지역계획가들은 TVA가 테네시 계곡에서 지역계획기법의 유효성을 입증해 주기를 바랐다.

1930년대에 멈퍼드는 지역주의가 매우 강한 호소력을 갖는다고 느꼈다. 철, 증기, 공장 집중의 고기술 시대에 생긴 개인과 사회의 기계적 질서 — 그의 말을 빌리면 "그것의 차가운 기계적 완벽성이 물리학과 천문학에 의해 기술되던" 세계 — 를 넘어 이를 대체할 수 있는 최초의 방법이 바로 지역주의라고 생각했기 때문이다. 14) 멈퍼

---

11) Lewis Mumford, *The Golden Day: A Study of American Literature and Culture*(Boston: Beacon Hill, 1957; first published in 1926).

12) Mumford, *The Culture of Cities*, pp. 307~308.

13) Ibid. , p. 344.

14) Ibid. , p. 301.

드는 기계에 반대되는 의미에서의 유기체를 사고했다. 여기서 유기체는 확장하기보다는 성장하고, 고정된 기하학적 형태 대신 진화하는 복잡한 패턴을 취하며, 다른 기계들과의 기능적 관계에 존재하기보다는 환경과 상호작용하고, 유전과 기억이라는 생물학적 현상을 포함하는 존재였다. 그는 인간 사회가 일종의 유기체로서 복잡한 사회적 유산을 흡수하고 유지하며 새로운 것을 보태는 일을 한다고 보았다. 그는 지역이란 유기체로서의 인간 사회가 살아가는 지리적 영역이라고 강조했다.

하지만 멈퍼드에게 지역은 과거에도 변하지 않았고 현재에도 변하지 않는 특성을 지닌 단순한 지리적 단위가 아니었다. 토양, 기후, 서식하는 동식물 등이 시간의 흐름에 따라 변화할 뿐 아니라 인간이 기술을 이용해 이를 변경하고 억제하고 강화시켰기 때문이다. 또한 인간은 사회 조직과 문화를 통해 애초 지리에 의해서만 정의되었던 지역에 사회적·문화적 성격을 부여했다. 가령 지역은 서로 구분되는 방언, 복식, 정치적 실천을 지녔다. 따라서 멈퍼드에게 지역은 고도로 복잡한 개념이었다. 지역은 불변의 물리적 경계로 정의되는 영역이 분명 아니었고, 정치적이거나 기술적 단위도 확실히 아니었다. 그는 자연의 섭리에 어긋나는 산업 집중 지대와 국민국가가 유기체적 지역을 파괴하는 인위적인 정치적 경계를 강요하는 것에 대해서도 개탄했다.

멈퍼드는 미국에서 지역의 사례를 들었다. 뉴욕 주는 뉴저지 북부와 코네티컷 일부를 포함해 완성될 경우, 자원과 서식지의 다양성, 농업과 산업활동의 균형, 없어서는 안 될 개인성과 응집력 등 지역을 구성하기 위한 조건들을 갖추었다. 뉴욕 지역이 일차적으로 자연적·인공적 지리와 경제로 정의된다면, 뉴잉글랜드는 지역적 정체성을 주로 황금기의 문화적 유산에서 찾았다. 너대니얼 호손, 랄프 왈도 에머슨, 헨리 데이비드 소로 등은 자신의 지역적 뿌리를 깊이 느꼈고, 자신이 뉴잉글랜드 사람인 것이 먼저고, 미국인인 것은 그다음이라고 생각했다.

균형 잡힌 지역개발을 위한 멈퍼드의 계획에는 새로운 기술의 이용이 포함되어 있었다. 그러나 그는 이것이 산업 발전과 개인적 이득을 위해서가 아니라 생명의 보존과 강화를 위해 주로 쓰여야 한다고 주장했다. 그는 "생명이라는 단어를 쓸 때의 의미는 분명하다"라고 썼다.

그 의미는 아이를 낳고 키우는 것, 인간의 건강과 복지를 보존하는 것, 인간의 개성을 배양하는 것, 이 모든 활동이 이루어지는 곳으로서 자연환경과 시민환경을 완성하는 것에 있다. [15]

신기술 시대를 거치며 발전하는 미래의 생기술 시대에는 예술가, 과학자, 건축가, 교사, 의사, 가수, 음악가, 배우들이 산업 엔지니어보다 더 많은 자원을 사용하게 될 것이라고 멈퍼드는 예상했다. 아울러 그는 시장경제의 쇠퇴를 전망하면서 그렇게 되기를 희망했다. 시장경제는 사회적으로 바람직하지만 이윤이 남지 않는 상품이나 서비스 대신, 돈이 되는 상품과 서비스의 생산을 촉진하기 때문이었다. 저소득층을 위한 양질의 주택은 새로운 지역개발의 주요 목

---

15) Ibid. , p. 463.

표 중 하나였다. 현대의 건축 기술, 인구의 분산, 사회적 계획, 새로운 가치들이 이런 변화에 영향을 줄 수 있었다. 신기술 시대에 기계적인 것과 전기적인 것을 효과적·체계적으로 다루는 법을 배웠지만, "우리의 사회관계의 변형을 도와줄 폭넓은 질서 체계는 아직 발명하지 못했다. 그런 체계를 상징하는 것 중 하나가 바로 지역계획이다"라고 그는 썼다. 16)

16) Ibid. , p. 381.

테네시 계곡

포드는 멈퍼드에 비해 지역계획에서 목표하는 바가 좀더 실용적이긴 했지만, 이 점이 그가 테네시 계곡 개발계획을 구상하는 데 장애가 되지는 않았다. 테네시 계곡은 멈퍼드와 포드처럼 다양한 사람들과 미국 대중의 관심을 끌었다. 빈곤과 경제성장의 잠재력이 결합된 이 계곡의 특성 때문이었다. 거대한 댐과 수력발전소가 첨단기술을 이루던 시대, 고전압 송전선 네트워크가 수력 전기를 지역 전체에 보급하는 것을 가능하게 한 시대에, 테네시 강과 그 지류들은 선견지명이 있는 사람들에게 지역개발이라는 대의를 위해 현대적 기술과 계획을 결합할 수 있는 기회를 제공했다. 강을 따라 건설된 댐은 전기뿐만 아니라 홍수통제와 수로도 제공할 수 있었다.

테네시 계곡에서 본 에너지 개발과 지역계획의 가능성은 포드의 시스템 건설 본능을 자극했다. 1921~1922년에 그는 연방정부에게 윌슨 댐과 부속 발전소를 100년간 임대해 세계 최대의 콘크리트 댐을 완성하겠다는 제안을 제시했다. 여기에 더해 그는 인근에 있는 2개의 정부 소유 질소고정 공장을 미국 정부로부터 사들이겠다는 제안도 했다. 이 시설들은 제1차 세계대전 때 폭약과 비료에 쓸 질소 생산에 필요한 전력을 공급하기 위해 테네시 강 유역에 있는 앨라배마 주 머슬 숄즈에 건설하던 것이었다. 포드는 자신이 머슬 숄즈 인근에 비료, 알루미늄, 철강, 자동차 부품의 제조를 위한 대규모의 수력기반 산업단지를 건설하려고 하며, 나아가 테네시 강 유역의 여러 지점에서 얻은 전력으로 테네시 계곡 지역의 경제개발을 촉진하는 계획을 가지고 있다고 말했다. 그는 질소고정 공장에서 지역 농부들을 위한 저가의 비료를 생산할 것을 약속했고, 만약 전쟁이 일어나면 2개의 공장 가운데 큰 것을 재빨리 폭약 생산으로 전환할 수 있도록 대비하겠다고 밝혔다.

한 신문은 그가 120킬로미터 길이의 도시 ─ 아마도 테네시 강을 따라서 ─ 를 건설하려고 계획 중에 있으며 이렇게 만들어진 도시는 미국 최대의 산업 중심지 중 하나가 될 것이라고 보도했다. 나중에 포드는 120킬로미터 길이의 '도시'가 길게 늘어선 산업 소도시들이 될 것이며, 이는 노동자와 그 가족이 소규모 공동체에 살면서 반(半) 농촌적 생활의 혜택을 누리는 포드 자신의 꿈을 실현하는 것이라고 설명했다. 그는 노동자와 그 가족의 건강과 사회 복지를 보호하기 위해 모든 노력을 기울일 것을 약속했다. 아울러 일정 기간이 지난 후 이 프로젝트 전체를 지역민이나 연방정부에 인계하겠다는 약속도 했다.

지역계획 단체들, 전미농민공제조합(National Grange)과 미국농업국연맹(Farm Bureau Federation), 미국 남부의 신문들, 농업·산업·부동산의 이해관계를 대변하는 공동체 지도자들, 미국노동총동맹, 그리고 이 지역 출신 의원 대다수가 포드의 제안을 지지했다. 미국 전역에 있는 포드의 열성 지지자들은 열렬하게 환호하면서 그의 또 다른 산업 기적을 기대했다. 포드는 자신의 동기가 공공적 정신에서 나왔음을 주장했다.

만약 머슬 숄즈가 사리사욕 없이 개발된다면 일이 훌륭하고 손쉽게 진행될 것이고, 얼마 안 가 미국 전역에 수백 개의 수력개발계획이 우후죽순

으로 생겨날 것이다. … 어떤 의미에서는 앞으로의 수십 년간 미국인의
운명이 여기 테네시 강에 놓여 있다고 할 수 있다. 17)

포드의 제안에 대한 반대는 다양한 방향에서 제기되었는데, 이 중
에는 테네시 계곡이 민간 자본이 아닌 정부에 의해 개발되기를 원하
는 사람들도 있었다. 핀쇼 주지사는 포드의 계획을 강하게 비판했
다. 이 계획은 보존주의의 이상에 부합하지 않고, 법률에서 민간 수
력발전 프로젝트를 위한 공공 수원의 임대 기간을 최대 50년으로 정
하고 있는데도 100년의 임대를 요구했다는 이유에서였다. 공공전력
개발의 든든한 지지자인 네브래스카 주의 조지 노리스 상원의원은
이 거래를 용이하게 해줄 의회 입법의 통과를 막았다. 전미비료협회
(National Fertilizer Association)와 민간이 소유한 다양한 전력회사
의 대변인들은 포드의 금전적 제안과 임대 조건이 정부와 국민을 착
취하는 것이라고 주장했다. 결국 정부는 포드의 제안을 거부했다.
그러나 그 이전에 포드는 자신의 거대 계획과 재정 마련을 위한 특별
한 방식을 그가 월가의 금융가들과 '국제 유대인 조직'이라고 부른
이들이 추진하는 착취적인 재정 프로젝트와 대비했다. 그는 개인적
전망과 공공의 필요를 충족하려는 자신의 노력을 방해했다며 그들
을 비난했다. 포드는 당시 '국제 유대인 조직'의 해악을 미국인에게
'교육하는' 프로그램에 관여하고 있었다. 포드의 반유대주의에 대해

---

17) Allan Nevins and Frank Ernest Hill, *Ford: Expansion and Challenge, 1915～
1933*(New York: Charles Scribner's Sons, 1957), p. 310; Preston J.
Hubbard, *Origins of the TVA: The Muscle Shoals Controversy, 1920～1932*
(New York: W. W. Norton, 1968), pp. 62～71도 보라.

월가의 저명한 변호사인 새뮤얼 언터마이어는 그를 "자동차 말고는 어떤 주제에 관해서도 무식한" 인물이라며 일침을 놓았다.[18]

조지 노리스 상원의원은 미국인들이 테네시 강에서 미래를 발견할 것이라는 믿음에 있어서는 포드와 의견을 같이했다. 1933년 루스벨트의 뉴딜 선언과 테네시 강 유역 개발공사의 설립을 지배한 것은 포드가 아닌 노리스의 미래 전망이었다. 1920년대에 노리스는 상원 농업위원회 의장으로서 머슬 숄즈 댐과 비료 생산을 위한 질소 고정 공장에 관련된 입법을 책임졌다. 처음에는 이 프로젝트에 관심이 없었던 노리스는 이내 머슬 숄즈 시설을 정부가 소유하고 운영한다는 도전적 과제를 받아들였다. 그는 여기서 한 걸음 더 나아가 수력발전, 홍수통제, 토양보존을 통한 테네시 계곡의 개발을 제안했다. 그는 로스앤젤레스와 캐나다 온타리오 주에 있던 공공전력의 성공적인 전례들을 연구했다.[19] 60대에 접어든 이 네브래스카 출신 의원은 민간 소유를 전제로 제출된 다양한 계획들에 대해 지칠 줄 모르고 비상한 수완을 발휘해 이를 좌절시켰고, 비슷한 생각을 가진 루스벨트가 대통령으로 선출될 때까지 세 차례의 적대적인 행정부를 거치며 12년 동안 버텼다. 이 공화당 상원의원이 TVA로 승리를 거둔 것은 그가 보여 준 인내력, 목표에 대한 헌신, 그리고 민주당원들과의 임시 제휴를 포함한 의회에서의 기회주의 덕분이었다. 애초

---

18) Hubbard, *Origins of the TVA*, pp. 28~47, 인용은 p. 37. 포드의 반유대주의에 대해서는 Robert Lacey, *Ford: The Men and the Machine*(New York: Ballantine Books, 1986), pp. 215~231도 보라.

19) Richard Lowitt, *George W. Norris: The Persistence of a Progressive, 1913~1933*(Urbana: University of Illinois Press, 1971), p. 338.

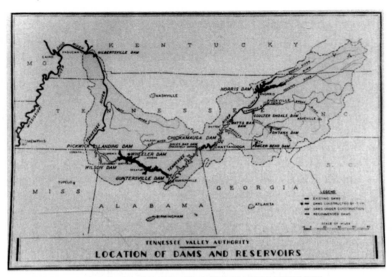

1936년경의 TVA 시스템. 머슬 숄즈(윌슨 댐)가 휠러 댐 서쪽에 위치해 있다.

공화당원이었던 그는 시간이 흐르면서 무당파로 변했고, 다양한 배경을 지닌 의원들로부터 자신의 프로젝트에 대한 지지를 얻었다.

　노리스는 전기 시대의 약속을 열정적으로 믿었다. 어렸을 때 보잘 것없는 오하이오 주의 농장에서 고된 노동, 땀투성이의 여름, 몹시 추운 겨울을 경험한 그는 "농장과 도시 가정의 허드렛일을 경감시키고 공장에 혁명적 변화를 일으키는" 전기의 "매혹적인" 가능성을 환영했다. 20) 다른 혁신주의 정치인들과 마찬가지로 민간이 소유한 전력회사들 — 특히 대규모 지주회사나 트러스트 — 이 전기화를 통한 사회변화의 꿈을 좌절시키고 있다고 확신한 그는 자신의 분노와 신

20) George W. Norris, *Fighting Liberal: The Autobiography of George W. Norris* (New York: Macmillan, 1945), p. 248.

랄한 수사를 '전력 트러스트'(power trust)에 겨누었다. 핀쇼와 비슷한 입장이었던 노리스는 1926년에 쓰기를, 대응 조치가 취해지지 않는다면 "우리는 사적으로 소유되고 관리되는 독점의 손아귀에 든 우리 자신을 발견할 것이며 우리에게 채워질 족쇄를 떨쳐 버리는 것은 매우 힘든 일이 될 것이다"라고 했다. 21) 자신은 전기 시대의 혜택을 나라 전체에 가져다주고 있는 것이라는 인설의 항변은 전혀 먹히지 않은 것이 분명하다. 노리스는 루스벨트가 대통령 선거 유세에서 인설을 외톨이 늑대, 비윤리적 경쟁자, 무모한 흥행사라고 지칭했을 때 동의의 뜻으로 고개를 크게 끄덕일 수 있었다. 22)

노리스는 핀쇼나 다른 보존주의자, 지역계획가처럼 전기 혁명에 대한 통제권을 민간의 손에서 뺏어 오는 데 결연한 태도를 보였을 뿐 아니라, 정부의 조율하에 미국의 여러 강 계곡을 하나의 시스템으로서 체계적으로 개발하는 것을 기대하기도 했다. 생산된 전력은 지역 개발에 들어가는 돈을 대는 데 쓰일 수 있을 것이라고 그는 주장했다. 그는 루스벨트가 취임 전에 자신을 초대해 테네시 계곡 지역을 같이 답사한 데 크게 기뻐했고, 루스벨트가 앨라배마 주 몽고메리에서 연설하는 것을 듣고 용기를 냈다.

머슬 숄즈는 수많은 주(州)의 사람들을 위해, 또 그야말로 미국 전체를 위해 위대한 목표를 성취할 기회를 우리에게 주었습니다. 그곳에서 우리는 우리 자신뿐 아니라 앞으로 태어날 세대들을 위한 계획의 전례를 수립

---

21) Thomas K. McCraw, *TVA and the Power Fight, 1933~1939* (Philadelphia: J. B. Lippincott, 1971), p. 5.
22) Ibid., p. 12.

할 기회를 잡았기 때문입니다. 이 계획은 산업과 농업, 임업, 홍수통제를 서로 연결하고 1,600킬로미터에 달하는 구간에서 이 모두를 통합된 전체로 묶어, 아직 태어나지 않은 수백만의 사람들이 살아가기에 더 좋은 기회와 더 나은 장소를 제공할 수 있을 것입니다. … 23)

당시 대공황에 빠진 미국에서 이는 수익성 있는 전력 생산에 집중하는 민간전력회사들이 도저히 따라올 수 없는 강력한 미래 전망을 던져 주는 감동적인 말이었다.

1933년 루스벨트가 취임하고 뉴딜 정책이 시작되자 공공전력을 지지하던 노리스 같은 혁신주의자들과 지역계획의 주창자들은 희망을 발견했다. 루스벨트는 뉴욕 주지사 시절에 지역계획가들을 지지했고, 그의 초창기 연설문을 작성하고 정책 자문을 한 '전문위원'(Brain Trusters) 중에는 지역계획을 전국 수준에서 산업 생산의 규제와 조정으로까지 확대하기를 원한 이들도 있었다. 루스벨트 행정부는 다양하고 새로운 기구들을 설립해 토지 사용, 인구 분포, 에너지 개발, 재정과 금융 정책, 가격과 생산 등을 계획하고자 했다. 그런 기구에는 국가재건청(National Recovery Administration), 토양보존국(Soil Conservation Service), 재정착지원청(Resettlement Administration), 국가계획위원회(National Planning Board), 농촌전력청, TVA 등이 있었다.

새 행정부의 TVA 입법에는 계획의 법적 권한을 부여하는 여러 개의 절(節)이 있었는데, 이를 작성하는 책임은 루스벨트가 이미 TVA

---

23) Ibid., p. 35.

1934년 11월 16일에 노리스 댐을 방문한 프랭클린 D. 루스벨트 대통령, 엘리너 루스벨트, 아서 모건

의 이사회 의장으로 지명한 아서 E. 모건이 맡았다. 모건은 기술적
·사회적 문제들에 대해 고결한 문제풀이 방법을 고수하는 엔지니
어로, 이 전문직에 속하는 사람들 중 가장 상상력이 뛰어나고 공공
정신이 투철한 이들의 특성을 잘 보여 주었다. 양차 세계대전 사이
기간에, 엔지니어링 전문직은 그 이전에도 이후에도 찾아보기 힘든
명망을 누렸다. 독학으로 공부한 치수(治水) 엔지니어인 그는 자신
이 설립한 회사와 함께 주목할 만한 프로젝트의 성공을 쌓아 나갔는
데, 1913년 오하이오 주 마이애미 강 계곡에서의 거대한 홍수통제
프로젝트도 그중 하나였다. 엔지니어링의 경험과 가치에 의해 영향
을 받은 많은 사람과 마찬가지로, 그는 기술적, 경제적, 심지어 사
회적 문제들에 대한 최적의 해답을 찾을 수 있다고 믿었다. 그는 또

TVA의 대표이자 위원으로서 자신이 보기에 가치에 입각한 고려를 가지고 문제에 대한 합당하고 객관적인 해법이라고 판단한 것을 좌절하게 하는 사람들을 불신했다. 그는 정치적 제휴나 지원의 필요성에 맞추기 위해 정책을 손보는 사람들을 경멸했고, 자신이 신중히 요모조모 생각해 만든 입장에 동의하지 않는 사람을 비합리적이라고 여기는 경향이 있었다. 그 결과 그는 자신의 문제 해법은 옹호하고 다른 이들의 반대 제안은 거부하는 것이 정당하다고 느꼈다. 당시 손꼽히는 수많은 엔지니어나 과학자들과 마찬가지로 모건은 '정치'를 싫어했고, 이것이 건설자의 세상에 침범해 들어오는 외재적 요인이라고 보았다. 그가 생각하기에 정치는 개인에 대한 정실주의와 경제적, 지역적, 그 외 다른 이해집단들에 대한 영합을 의미했다.[24] 그는 인간 본성보다는 자연에 대해 아는 것이 훨씬 많은 인물이었다.

금욕적이고 거의 신화에 가까운 유토피아적 사고를 지녔던 모건은 자신의 철학과 방법론을 전파할 기회라고 판단해 1920년 오하이오 주 옐로 스프링스에 있는 작은 안티오치칼리지의 총장직을 수락했다. 1853년에 호러스 맨이 설립한 안티오치칼리지는 설립자가 의도한 '중서부의 하버드'가 아직 되지 못하고 있었다. 모건은 찰스 케터링과 같이 상상력이 풍부하고 공공 정신을 가진 엔지니어와 기업가들의 지원을 받아 학생들에게 공동체를 형성할 기회를 주는 프로그램을 만들었다. 이 프로그램은 실무-학습 프로그램과 캠퍼스 산

---

24) Nathan Reingold, "Vannevar Bush's New Deal for research: Or the triumph of the Old Order", *Historical Studies in the Physical Sciences*, 17 (1987), 323.

업체 설립을 통해 학습과 실행을 결합했다. 모건은 기업가 정신을 불어넣기를 원했다. 모건이 총장으로 취임한 후 안티오치칼리지는 곧 전국적인 관심을 불러 모았다. 그는 이 칼리지가 기술적으로 유능하면서 진리에 헌신하고 창조적 동력을 지닌 팔방미인(generalist) 철학자-엔지니어를 길러 내기를 원했다. 그는 노동, 자립, 정직성, 효율, 균형, 대칭성, 그리고 전일론적 접근에 찬성했다. 25) 또한 자신의 엔지니어링 스타일 외에도 개혁적 교육가로서의 열정과 젊은 이들에게 자신의 특성을 불어넣는 결단력을 함께 가져왔다.

전일론자였던 모건은 여러 분야에 정통한 팔방미인을 존경했다. 그는 예전에 에디슨이나 포드가 그랬듯이 전문가들을 깎아내렸다. 모건은 문제에 체계적으로 접근해 시스템 내 각각의 구성요소가 "사건의 흐름"과 관련해, 그리고 "다른 구성요소와 관련해" 사고될 수 있도록 했다. 26) 그는 수력 엔지니어이자 팔방미인으로서 자신이 겪은 경험에 의존해, 거대한 댐을 건설하는 과정에서 지질학자, 법률가, 토목 엔지니어, 기계 엔지니어의 일뿐 아니라 인구 재정착과 노사관계 같은 사회적 문제들을 다루는 사회과학자의 일까지 조율하고 통합하는 사람들에게 찬사를 보냈다. 1936년의 미국사회학회 연설에서 그는 인간의 문화가 붕괴하는 한 가지 이유로 전문가가 너무 많고 팔방미인이 너무 적은 상황을 들었다. 그는 "인간 문화는 통치계급의 팔방미인 문화보다 훨씬 높은 지평 위에서 오랫동안 안정적

---

25) Roy Talbert, Jr., *FDR's Utopian: Arthur Morgan of the TVA* (Jackson: University Press of Mississippi, 1987), p. 52.

26) Arthur E. Morgan, "Sociology in the TVA", *American Sociological Review*, II (April 1937), 159.

으로 유지될 수 없다"고 덧붙였다.[27]

　모건은 계획을 신봉했다. 그는 치수 프로젝트의 경험으로부터 배수하고, 제방을 쌓고, 댐을 짓고, 토지를 징발하고, 댐에 물을 채우고, 수로를 열고, 재정착을 돕는 모든 과정에서 무수히 많은 지역적 요인들을 체계적으로 고려의 대상에 넣어야 한다는 것을 배웠다. 전일론적 사고의 소유자로서 그는 강과 계곡을 시스템으로 다루어야 할 뿐 아니라 정치적 과정도 자연의 명령에 따라야 한다고 믿었다.[28] TVA 위원으로서 그는 TVA가 농업 프로그램을 따로 떼어 수행할 것이 아니라 미리 설계된 사회적·경제적 질서의 한 요소로서 수행해야 한다고 주장했다.[29] 그는 또 테네시 계곡을 미국 전체에 대한 계획의 모델이 시험될 수 있는 실험실로 사용할 것을 제안했다.[30] 토지를 오용하는 사람들로부터 이를 빼앗아야 하며 해당 지역의 낭비적인 지방 정부에 반대하는 캠페인을 시작해야 한다고 암시하기도 했다. 협동조합과 일종의 지역 통화 사용에 관한 얘기도 했다. 그러나 진보적인 뉴딜 계획가인 렉스포드 터그웰 같은 이들이 그가 의도한 실험을 성급히 공개해 의심과 반대를 불러일으키지 말라고 조언한 탓인지, 모건은 계획을 위한 '실험실'에서 그가 구체적으로 구상한 것에 대해 더 자세히 밝히지는 않았다.[31] 그는 지속적으

---

27) Ibid. , p. 158.

28) Talbert, *FDR's Utopian*, p. 24.

29) Thomas K. McCraw, *Morgan vs. Lilienthal: The Feud within the TVA* (Chicago: Loyola University Press, 1970), p. 33.

30) Talbert, *FDR's Utopian*, p. 129.

31) McCraw, *Morgan vs. Lilienthal*, p. 34.

로 발언했지만, '사회경제적 계획'에 관한 얘기만 느슨하게 했다. [32]

　모건이 주장한 것처럼, 1933년에 구성된 TVA는 일차적으로 전력 생산을 위한 조직으로 만들어진 것이 아니었다. 그는 TVA의 폭넓은 임무가 공공전력이라는 폭발적 쟁점에 볼모로 잡히지 않기를 바랐다. [33] 루스벨트도 초기에는 이런 입장을 취하는 듯 보였다. 1933년 4월의 의회 연설에서 그는 테네시 계곡에 대한 계획이 전력 개발을 넘어 홍수통제, 토양침식 방지, 조림, 한계 토지의 농업이용 금지, 산업의 분산과 다각화 등을 포함하는 것이라고 말했다. 테네시 계곡에서의 그러한 목표는 논리적으로 "많은 주와 미래에 살아갈 수백만 명의 삶과 복지를 포함하는 강 유역 전체에 대한 국가적 계획으로" 이어질 것이라고 그는 주장했다. 이어 이렇게 덧붙였다.

　이는 진정한 의미에서 개척자 정신과 미래 전망으로의 복귀입니다. 만약 우리가 여기서 성공을 거둔다면, 국경 안에 있는 다른 위대한 자연적 구역 단위의 유사한 개발에서 한 걸음씩 계속 전진할 수 있습니다. [34]

　TVA의 후원자들은 '계획'을 정확하게 정의하지 않았지만, 당시 정의된 수많은 다른 용어들과 마찬가지로 이는 그들에게 마술적인 단어이자 마음을 사로잡는 개념이었다. [35] 루스벨트는 TVA를 의회

---

32) Talbert, *FDR's Utopian*, p. 128.

33) McCraw, *TVA and the Power Fight*, p. 55.

34) Franklin D. Roosevelt, *The Public Papers and Addresses of Franklin D. Roosevelt*, II: *The Year of Crisis* (New York: Random House, 1938), 122~123.

35) C. Herman Pritchett, *The Tennessee Valley Authority: A Study in Public

에 다음과 같이 설명했다.

> … 단순한 전력 개발을 넘어서 … 정부 권력의 외피를 썼지만 민간기업의
> 유연성과 추진력을 갖춘 기업이 … 가장 폭넓은 계획의 임무를 띠고 …
> 국가 전체의 사회적 · 경제적 복지를 위하는 것 … 이제 계획을 더 넓은
> 영역으로 확산할 때가 되었습니다. … 36)

내무부 장관 헤럴드 익스는 TVA를 장대한 지역개발 실험이라고
불렀다. 1934년의 한 연구는 이를 소련 바깥에서 시도되는 것으로
서는 가장 거대한 지역개발 실험으로 해석했다. 37) 1937년에 노리스
는 TVA를 본떠 다른 강 계곡을 개발하기 위한 7개의 지역계획 및 전
력공사를 설립하자는 제안을 담은 법안을 제출했지만, 미 상원을 통
과하지 못했다. 38)

모건은 TVA 법령에서 이른바 계획 관련 절들을 완성하는 것이 자
신의 책임이라고 생각했다. 여기서 허가된 실지 측량과 전반적인 계
획은 자금 지출의 방향을 인도해 물리적 · 경제적 · 사회적 개발에
질서를 부여할 것이었다. 행동지향적 엔지니어였던 모건은 일을 실

Administration (New York: Russell & Russell, 1971), pp. 116~117.

36) Franklin D. Roosevelt, *On Our Way* (New York: John Day, 1934),
　　pp. 53~56을 Talbert, *FDR's Utopian*, p. 128에서 재인용.

37) Talbert, *FDR's Utopian*, pp. 128~129.

38) Alfred Lief, *Democracy's Norris: The Biography of a Lonely Crusade* (New
　　York: Stackpole Sons, 1939), p. 415; Norman Zucker, *George W. Norris:
　　Gentle Knight of American Democracy* (Urbana: University of Illinois Press,
　　1966), p. 124.

행하는 사람들이 계획도 담당해야 한다고 주장했다. 다시 한 번 시스템 건설자의 전일론적 접근을 취한 그는 1937년에 이렇게 썼다. "어떤 중요한 업무 수행에서도 사회학적 요소는 엔지니어링, 금융, 법률적 요소만큼 실질적이고 중요하며 분석과 처리를 요한다. 이들 모두는 하나의 통합된 프로그램을 이루도록 처리되지 않으면 안 된다."[39] 그러나 시간이 흐르면서 테네시 계곡에서 어렵고 골치 아픈 복잡성과 보수적 태도에 직면한 모건과 그 지지자들은 그 지역에 사회적 변화를 일으키려던 계획을 수정해야만 하는 처지가 되었다. 그 과정에서 그들은 전국에 있는 좀더 혁신주의적인 지역계획가들 — TVA를 새로운 문명이 발생할 '유토피아의 예견'이라고 부르며 열정적인 지지를 보냈던 — 에게 실망을 안겨 주었다.[40] 모건과 그 동료들은 거창한 전망을 실현하는 대신, 자신들의 역할을 지역 교육과 보건 시설을 계획하는 것으로 제한해야 했다. 이는 특히 댐 건설, 토지의 수몰, 다른 건설 프로젝트로 인해 요구될 인구 재정착의 경우에 대비한 것이었다. 새로 생기는 호수 때문에 학교와 병원이 수몰될 경우, TVA는 물리적 개선과 새로운 접근법을 통합한 새로운 시설에 자금을 지원하고 이를 설립하는 일에서 지방 정부와 협력했다. TVA의 재정착 지원은 이주할 사람들이 보유한 금전적 자원, 가족 규모, 종교, 선호하는 농경 방식 등을 감안해 이루어졌다. 만약 치수로 인해, 가령 모기로 인한 건강 위해가 발생한다면 TVA에서 프로그램을 발족해 이를 지역 당국이 영구적으로 넘겨받을 수 있도록

---

39) Morgan, "Sociology in the TVA", 160.
40) Pritchett, *Tennessee Valley Authority*, p. 122.

했다. 모건은 노리스 댐에서 일하는 수천 명의 노동자들을 위한 임시 숙소를 짓는 대신 노리스라는 이름의 영구적 소도시를 건설했다. 이 소도시의 설계와 운영도 TVA가 담당했다. 41) 그러나 이런 조치들은 멈퍼드 같은 사회과학자와 사회비평가들이 지역계획에서 염두에 두었던 것에 크게 미치지 못했다.

전반적으로 볼 때, 기존 정부 부서와 기구들의 보수적 관성, 보수적 의원들, 그리고 지역 수준의 기성 이해관계와 방식의 완고함 등이 프로그램 계획의 추진력을 무디게 만들었다. 그 결과는 계획가들이 소중하고 바람직하게 여기는 조정과 시스템화에 크게 못 미치는 부분적·지역적 성공의 복잡하고 때로는 모순된 혼합이 되었다. 42) 그러나 TVA는 모건이 이사회 의장으로 재임하는 동안 지역계획가들의 희망을 살려 놓았다. 설사 TVA의 계획이 대통령의 초기 연설이 암시한 광범한 개념을 실현하지 못했다 하더라도, TVA가 전통적으로 정부 기구나 부서들이 도맡았던 기능을 넘겨받아 과감하게 새로운 길을 개척한 것은 사실이다. 테네시 계곡 내에서 TVA는 대체로 농무부 소관이던 농업서비스를 관장했고, 개척국(U. S. Reclamation Service)과 육군 공병대에 주로 맡겨졌던 댐 건설과 수로 확보를 담당했으며, 산림청(U. S. Forest Service)이 주로 수행하던 기능인 삼림 보존도 맡았다. 그러나 TVA는 때때로 계곡 내에서 다른 정부 기구들과 공동 활동을 펼치는 신중한 태도를 보이기도 했다. 43)

---

41) Ibid., pp. 121~131; Morgan, "Sociology in the TVA", 157~165.
42) Otis L. Graham, Jr., *Toward a Planned Society: From Roosevelt to Nixon*(New York: Oxford University Press, 1976), pp. 1~68.
43) Pritchett, *Tennessee Valley Authority*, pp. 131~140.

TVA 이전의 빨래하는 날

1937년 테네시 주 노리스의 약국

1937년 테네시 주 노리스

전력 투쟁

아서 모건은 엔지니어였기 때문에 대통령은 다른 2명의 이사로 대학 총장인 하코트 모건과 변호사인 데이비드 릴리엔솔을 지명했다. 하코트 모건은 남부 농업 전문가이자 균형 잡힌 자원개발의 옹호자이며 테네시대학 총장이었다. 33세의 변호사인 릴리엔솔은 전력회사와 그 외 공익설비회사를 규제하는 위스콘신 철도위원회(Wisconsin Railroad Commission)의 위원으로 있을 때 공공전력을 적극적으로 옹호해 명성을 쌓은 인물이었다.

아서 모건이 의장으로 있던 5년 동안 릴리엔솔은 모건이 처음 제안한 폭넓은 규모의 계획 접근에 별로 열의를 보이지 않았다. 릴리엔솔은 공공전력과 직접적인 경제개발이 일차적인 목표라고 보았다. 정치적 이해관계에 매우 예민했던 그는 만약 TVA가 계획이라는 이름으로 급진적인 경제적·사회적 개혁을 강요한다면, 그 지역의 정치, 경제 지도자들과 의원들의 공공전력을 지지 또는 수용하는 입장이 위협을 받을 수 있음을 깨달았다. 나중에 테네시 주의 케네스 맥켈러 상원의원은 자신의 노력으로 TVA가 "테네시 계곡의 무지하고 미개한 사람들을 고양하려는" 설익은 계획 대신 댐 건설에만 집중하게 되었음을 내세웠다. 44)

아서 모건이 건설과 계획에 초점을 맞추는 동안 릴리엔솔은 공공전력 문제에 에너지를 쏟았다. 그의 비타협적 방식과 (전력, 가스 같

---

44) McCraw, *TVA and the Power Fight*, p. 143.

하코트 모건, 아서 모건, 데이비드 릴리엔솔

은) 공익설비회사는 공공기업이어야 한다는 주장은 테네시 계곡 내에서 공공전력 지지자들과 민간전력회사 간의 긴장을 격화했다. 이전에 위스콘신 철도위원회의 위원으로 있을 때 그는 위원회와 민간설비회사 간의 갈등과 적대감을 유발했지만, 위원회의 힘이 미치는 영역을 넓히는 데는 성공을 거두었다. 그보다 더 이전에 시카고에서 시 특별 법률고문으로 일했을 때는 전화회사 고객들에게 2천만 달러를 환급하라는 소송에서 승리를 거두기도 했다. 루스벨트와 노리스는 그가 TVA의 공공전력 개발이라는 난감한 문제를 해결해 주기를 기대했다. 합리적인 사람들 간의 협상을 선호한 아서 모건과는 달리, 릴리엔솔은 '전력 트러스트'와 저돌적인 싸움을 벌일 준비가 되어 있었다. 그는 또 정치권력에 대해 잘 발달된 감각과 가능한 것을 성취하는 기술도 가지고 있었다. 한 친구는 릴리엔솔을 두고 그는 매우 야심적이며 "조연에서 주연 역할을 가로챌" 가능성이 높다고 말했다. 그와 루스벨트는 서로 기질적·정치적으로 공감하는 바가 많았다. 대통령은 이 젊은이에게 상당한 애정을 보였고 무시 못 할 지원을 해주었다. 제2차 세계대전 후에 릴리엔솔은 원자에너지위원회(Atomic Energy Commission, AEC)의 초대 의장 자리에 올랐다. 역사가 톰 매크로는 릴리엔솔이 "뭐든지 자신이 하는 일에 우주적 중요성을" 부여했다고 썼다. 원자에너지위원회의 경우처럼 때로는 이런 태도가 옳은 것으로 나타나기도 했다. [45]

TVA가 설립된 후 몇 달이 지나자 공공전력 문제는 TVA의 다른 기획들을 압도하기 시작했다. 대중과 의회의 관심은 TVA와 테네시 계곡에 주된 이권을 가진 전력 지주회사인 코먼웰스 앤드 서던 사(Commonwealth and Southern Corporation) 사이의 전력 투쟁에 초점을 맞추기 시작했다. 공공전력과 민간전력 사이의 법정 대립은 1933~1939년까지 지속되었다. 경험 많은 소송 변호사이자 공익설비회사 전문 변호사이며 코먼웰스 앤드 서던의 대표로 새로 임명된 웬델 윌키가 미국 전역에서 공공전력에 대한 민간전력회사들의 저항에 앞장섰다. 윌슨 시대의 민주당원이자 개인적 매력이 넘치는 인물인 윌키는 공공전력에 반대하는 강력한 논거들을 솜씨 있게 쌓아 올렸고, TVA와의 협상에서 수완을 발휘해 TVA 전력의 확산과 사용을 제한했다. 그는 나중에 루스벨트의 대통령 출마에 반대했고 정부 소유의 확장에 전반적으로 반대하는 캠페인을 펼쳤다. 혁신주의자와 자유주의자들은 릴리엔솔을 윌키와 (핀쇼, 노리스, 루스벨트 등이 언급한) 전력 트러스트에 반대해 싸우는 투사로 보았다.

---

45) McCraw, *Morgan vs. Lilienthal*, p. 18; McCraw, *TVA and the Power Fight*, p. 44.

전력 투쟁의 시작 무렵에 TVA는 윌슨 댐에서 나오는 전기에 대한 시장을 확보하려 애쓰고 있었다. 이를 위해 TVA는 당시 코먼웰스 앤드 서던의 전력 및 조명 회사들이 전기를 공급하던 구역의 시나 농촌 협동조합 전력회사들을 고객으로 끌어들일 필요가 있었다. TVA는 이러한 소규모 전력회사들이 TVA의 송전선에서 전력을 대량으로 받아 이를 주거, 상업, 그 외 지역의 고객들에게 배전하기를 원했다. 또한 TVA는 요금 정책을 필요로 했다. 릴리엔솔이 정책을 만드는 동안 TVA는 앨라배마 주에 있는 윌슨 댐에서 테네시 주에 건설 예정인 노리스 댐까지 송전선을 건설하고 송전선과 나란히 위치한 구역 — 시에서 소유한 발전소이거나 농촌 협동조합이 선호되었다 — 에서 전기를 판매하겠다고 선언했다. 이 구역에서 TVA는 민간전력회사의 요금표가 얼마나 정직한지를 측정하는 판단의 척도 역할을 했는데, 이는 TVA의 주요 임무 가운데 하나였다. TVA는 1933년에 주거용 전기의 경우 3-2-1 공식(처음 50킬로와트시는 킬로와트시당 3센트, 그다음 150은 2센트, 그다음 200은 1센트, 그리고 400을 넘어서는 모든 전기에 대해서는 킬로와트시당 0.4센트)을 적용한다고 발표하는 과감한 조치를 취했다. 당시 미국 전체의 평균 전기요금은 킬로와트시당 5.5센트였다. 릴리엔솔은 또한 가전제품 활용에 대해 널리 알리고 할부 구매자를 위한 신용을 제공하는 정책을 개시했다. 그는 이런 식으로 부하율과 전기 소비를 끌어올려 요금을 더 낮출 수 있게 되기를 바랐다. 이 과정에서 그는 부지불식간에 인설과 다른 혁신적 민간전력회사의 대표들이 수립한 선례를 따르고 있었다.

윌키는 시와 협동조합 전력회사들을 고객으로 끌어들이려는 TVA의 계획에 맞서 새로운 제안을 제시했다. 코먼웰스 앤드 서던이

TVA의 모든 전력을 사들여 TVA가 굳이 고객을 찾아다니거나 예측할 수 없는 의회로부터의 자금지원에 의존할 필요가 없도록 해주겠다는 것이었다. 46) 이 제안이 거부되자 윌키는 TVA에 테네시 전력회사(Tennessee Electric Power Company)를 매각하겠다는 제안을 했다. 이 회사는 코먼웰스 앤드 서던의 자회사로, (TVA가) 제안한 고압 송전선과 나란히 깔려 있는 배전 네트워크를 이 구역 내에 소유하고 있었다. 그러나 릴리엔솔은 가격이 너무 높다고 판단했다. 릴리엔솔이 코먼웰스 앤드 서던의 담당 구역으로 들어와 시설을 중복해서 짓고 시와 농촌의 고객들을 빼앗겠다는 위협을 실행할지도 모른다는 사실에 놀란 윌키는 1934년, 담당 구역과 시설을 TVA에 매각하는 데 동의했다. 이 계약의 일부로 TVA는 향후 5년간, 혹은 노리스 댐이 완공되기 전까지 전력 판매를 코먼웰스 앤드 서던의 다른 담당 구역으로 확대하지 않기로 양보했다. 노리스 댐으로부터의 전력공급이 시작되면 TVA는 전력에 대한 새로운 시장을 찾아야 했다. 이후 계약 세부조항에 대한 수많은 의견불일치로 인해 자산을 TVA로 인도하는 일은 상당히 지연되었고 공공전력과 민간전력 지지자들 간의 적대감은 더욱 고조되었다.

1936년에는 좀더 화해지향적인 정파들의 제안이 나왔다. TVA와 테네시 계곡 지역의 민간전력회사들이 거대한 전송 시스템에 전력을 공동으로 모아, 이 풀(pool)을 관리하는 조직이 다양한 민간이나 시 전력회사, 그리고 농촌 협동조합에 전력을 팔아 배전하도록 하자는 것이었다. 이 계획은 핀쇼의 거대 전력계획이나 민간전력회사들

---

46) McCraw, *TVA and the Power Fight*, pp. 57~63.

이 설립한 펜실베이니아–뉴저지 연계망 같은 풀과 비슷한 것이었다. 47) 이 계획의 주창자들은 풀이 만들어지면 민간과 공공 발전소의 시설들이 경쟁적으로 중첩되는 대신 서로 조화롭게 이용될 것이기 때문에 가장 낮은 비용으로 지역에 전력이 공급될 것이라고 주장했다. 아서 모건은 풀을 원했다. 그는 자신이 전적으로 실용주의적이라고 믿었던 방식대로 문제에 접근했다. 즉, "정부에 대한 어떤 추상적인 이론에 근거한 것이 아니라" 어느 쪽이 더 효율적이고 경제적인가에 따라 민간전력과 공공전력 중에서 선택하도록 하자는 것이었다. 48) 릴리엔솔은 협상에 열려 있었다. 윌키는 풀을 선호했다.

루스벨트는 1936년 9월에 협상을 촉진하기 위한 회의를 소집했다. 초대받은 사람들의 면면은 일견 단순한 기술적·경제적 문제처럼 보이는 쟁점에 고위급의 정치 및 금융 이해집단이 관여하고 있음을 드러냈다. 리먼 브라더스(Lehman Brothers)에 속한 경제학자이자 유가증권 시장 경영자인 알렉산더 작스가 계획의 초안을 만들었다. 나중에 제2차 세계대전이 터지자 그는 친구인 루스벨트가 독일의 원자탄 위협에 주목하도록 하는 데 결정적 역할을 했다. 회의에 참석한 다른 사람들에는 뉴딜의 비공식 계획기구인 국가자원위원회(National Resources Committee)의 프레드릭 딜레이노, 농촌전력청의 수장이자 펜실베이니아 주 거대 전력계획의 입안자이기도 한 쿡, 제너럴 일렉트릭 사 회장인 오언 D. 영, 투자회사인 J. 피어폰트 모

---

47) Thomas P. Hughes, *Networks of Power: Electrification in Western Society, 1880~1930* (Baltimore: Johns Hopkins University Press, 1983), pp. 224~235.

48) McCraw, *Morgan vs. Lilienthal*, p. 29.

건 사(J. Pierpont Morgan and Company)의 토머스 러몬트, 연방전력위원회(Federal Power Commission)의 의장 프랭크 맥닌치, 허트포드 전기조명회사(Hartford Electric Light Company)에서 일하는 전력 풀 전문가 새뮤얼 퍼거슨, 그리고 웬델 윌키, 릴리엔솔, 아서 모건 등이 있었다. 하코트 모건은 와병 중이었다. 루스벨트가 회의를 주재했다.

1936년 5월, 19개의 남부 전력회사들이 TVA의 위헌 여부를 문제 삼는 소송을 제기함에 따라 협상은 결렬되었다. 윌키는 자신의 코먼웰스 앤드 서던 사는 협상 결렬에 책임이 없다고 주장했다. 그러나 민간 이해집단들이 TVA를 망가뜨리고 싶어 한다는 릴리엔솔과 노리스의 확신은 입증된 듯했다. 릴리엔솔과 노리스는 이제 전력 풀 계획에 반대했다. TVA가 대담한 공공전력 프로젝트의 상징이자 실체로서 갖는 유효성이 무뎌질 수 있다는 이유에서였다. 그들은 이 계획이 성사되면 TVA는 민간전력회사와의 동맹을 강요받게 된다고 생각했다. 이제 민간전력회사를 불신할 더 많은 이유가 생겼다고 믿게 된 시점에서 말이다. 루스벨트는 이런 주장에 수긍하고 대화를 종결시켰다. 풀을 둘러싼 협상 과정에서 릴리엔솔과 모건 사이의 긴장은 더욱 증가했는데, 모건이 기술 메모를 작성하면서 예전에 인설과 밀접한 관련이 있었던 사람을 자문역으로 고용했기 때문이다. 릴리엔솔은 이를 모건이 공공전력 문제에 둔감함을 보여 주는 또 하나의 사례로 여겼고, 모건은 릴리엔솔의 반응을 기술적 문제를 객관적인 지평 위에 둘 줄 모르는 소치로 받아들였다.

풀 설립 계획이 무산된 후, TVA 위헌 소송에서 미 대법원은 풀 계획을 망치는 데 일조한 전력회사들에게 패소 판결을 내렸다. 1939

년이 되자 전력회사들은 법률적으로 TVA를 중단시키려는 모든 기회를 소진해 버렸다. 그러자 윌키는 테네시 전력회사를 TVA에 매각해 대규모의 통합된 전기시장을 TVA에 넘겨주었다. 1930년대의 '전력 투쟁'은 끝을 맺었고 TVA의 미래는 탄탄해 보였다. 릴리엔솔은 공공전력과 민간전력 간의 오랜 싸움을 두고 자신이 "미국에서 가장 뻔뻔한 패거리인 전력 산업에 약간의 희미한 진동을" 준 사건이라고 요약했다. "그건 흥분되는 일이었고 중요성과 영속성을 갖는 일이기도 했다." 이러한 싸움을 통해 고무된 릴리엔솔은 아울러 사회 진보에 대한 자신의 강한 신념이 실현되는 것을 목도했다. 값싼 동력과 전기 협동조합은 '사회적 약자'인 남부 — 그곳에서의 상황이 "사람들이 예상하는 것보다 훨씬 더 나쁜" — 의 가난한 농부들 사이에서 삶과 노동의 조건을 향상시켰다. 사람을 지치게 하고 감정적으로 진이 빠지는 논쟁 기간에 릴리엔솔은 이를 즐겼고 전력 투쟁 기간의 긴장으로부터 위안거리를 찾아냈다. 시골의 군중 앞에서 연설하면서 분쇄기나 인공 부화기처럼 소규모 농장에서 쓸 전기 기계나 장치의 시범을 보이는 것이 그중 하나였다. 그는 자신이 "인디언 약초 의사 같았다"고 나중에 회고했다.[49] 그러나 혜택을 본 사람들은 백인 농부들이었다. TVA는 백인의 지배력을 묵인했고 흑인을 전반적으로 프로그램에서 배제했기 때문이다. 시범 소도시인 노리스의 거주자들은 모두 백인이었다.[50]

---

49) David E. Lilienthal, *The Journals of David E. Lilienthal: The TVA Years, 1939~1945* (New York: Harper & Row, 1964), I: 79~80.

50) McCraw, *TVA and the Power Fight*, p. 142.

모건과 릴리엔솔의 불화

TVA의 처음 3년 동안에는 이사들 간의 불화가 점점 심해졌다. 아서 모건은 릴리엔솔과 직접 충돌했다. 하코트 모건은 대체로 릴리엔솔 편을 들었다. 임시변통으로 만든 타협안은 갈등을 해결하지 못했다. 이는 엔지니어링과 건설 책임, 경제적·사회적 계획, 조림, 그리고 전반적으로 "프로그램의 구성 부분을 하나의 통일된 전체로 통합하는 일"은 아서 모건에게, 전력 관련 법률 쟁점들은 릴리엔솔에게, 비료 생산과 농촌생활 계획을 포함한 농업 정책은 하코트 모건에게 각각 위임하자는 것이었다. 이 타협안은 조정과 체계적 상호작용이라는 애초 의도한 정신에 사실상 위배되었다. 51) 아서 모건은 루스벨트의 후원을 등에 업은 릴리엔솔이 전력 생산이라는 꼬리가 TVA라는 개를 흔드는 결과를 초래한다고 믿었다. 릴리엔솔과 아서 모건의 싸움은 전력 투쟁보다도 이사들을 감정적으로 더 진이 빠지게 했고 에너지를 낭비하게 했다. 그들 간의 의견대립은 1937년 절정에 달했다. 그해 모건은 〈애틀랜틱 먼슬리〉(*The Atlantic Monthly*)에 기고한 글에서 자신이 전력 정책에 관해 다른 2명의 이사들과 의견이 다르다고 말하면서, 자신들의 목표 달성을 위해 자의적인 강압과 허위 선전을 일삼는 "관리들"을 공격했다. 나중에 그는 다른 2명의 이사들이 자신에 반대해 음모를 꾸미고 있으며, 릴리엔솔이 자신의 전력 프로그램에 대한 지지를 얻는 대가로 하코트 모건의 농업 정책을 지

---

51) McCraw, *Morgan vs. Lilienthal*, p. 32.

지하는 식의 "상호 결탁"이 이루어지고 있다고 말하기도 했다. 52)

모건은 TVA의 전기요금이 민간전력회사의 요금을 평가할 수 있는 효과적인 척도라는 릴리엔솔의 주장이 선전에 불과하다는 딱지를 붙였다. 모건은 TVA의 전기요금이 보조금을 받아 가능해진 것임을 지적했다. 그는 텍사스 주 하원의원인 모리 매버릭에게 보내는 편지에서 릴리엔솔을 바라보는 자신의 시각을 "마키아벨리가 오히려 친근하게 느껴질 정도의 … " 책임회피, 음모, 예리한 전략이라는 말로 요약했다. 대립이 절정에 달한 시점에 자신은 신약성서의 윤리를 따른다고 공언해 온 모건이 개인적으로 작은 화해의 제스처를 취하자, 전투태세가 갖춰진 전술가인 릴리엔솔은 이를 모건이 약해졌음을 말해 주는 신호로 해석했다. 모건은 천진난만하고 솔직한 태도라는 가면이 비정하고 이기적인 음모를 가릴 수 있다고 단언했다.

이사들 간의 의견대립에는 릴리엔솔과 하코트 모건이 TVA로 인해 재산 피해를 입었다는 미심쩍은 주장을 하던 지역의 한 유력 정치인사와 기꺼이 협상을 하려 했다는 점도 포함되었다. 아서 모건은 다른 이사들이 기술적·경제적으로 건전하지 못하다고 판단되는 비료 프로그램을 옹호하는 데 대해서도 이견을 제시했다. 53) 솔직한 태도의 엔지니어는 정치적 고려가 동료 이사들의 결정에 영향을 미치는 것을 보며 심난해했다. 루스벨트는 릴리엔솔과 대화를 나누면서 아서 모건에 대해 공공사업부(Public Works Department) 계획 부

---

52) Philip Selznick, *TVA and the Grass Roots: A Study in the Sociology of Formal Organization* (New York: Harper & Row, 1966), p. 92.
53) Pritchett, *Tennessee Valley Authority*, pp. 193, 202.

서에 있었으면 아주 좋았을 인물이라고 말한 적이 있었다.

> 자네도 알다시피 그 사람은 권력에 대해서는 **아무것도** 모르네. ⋯ 그는 인
> 간공학자야 ─ 사람들을 골짜기에서 데리고 나와 더 나은 삶의 방식을 제
> 공한다는 생각을 좋아하지. 자네는 아니잖은가.

루스벨트는 릴리엔솔에게 비꼬는 듯한 어조로 '인간공학자'라는
말을 했고, 54) 날카로운 정치적 감각을 지닌 릴리엔솔은 이 말을 잊
지 않았다.

릴리엔솔과 하코트 모건은 〈애틀랜틱 먼슬리〉에 실린 글이 자신
들의 진실성을 문제 삼고 있다고 해석했다. 루스벨트는 아서 모건에
게 그가 제기한 심각한 고발 내용을 구체적으로 설명해 달라고 요청
했다. 그러나 그는 요청을 거부하면서 자신은 의회의 위원회하고만
얘기하겠다고 주장했다. 모욕과 함께 자신의 권위에 대한 도전을 받
은 루스벨트는 모건에게 고발 내용을 설명할 여러 번의 기회를 준 후
에 그의 사임을 요구했다. 그가 자진해서 사임하지 않자 루스벨트는
1938년 3월, 모건을 해임했다. 그는 대중이 모건에게 빚을 진 것은
사실이지만, 그는 분할된 권위를 행사하기에 기질상 적합하지 않음
을 스스로 드러냈다고 말했다. 55) 노리스는 사적으로 좀더 강경한
반응을 보였다. 그는 모건이 대통령을 모욕적이며 무례하게 대했다
고 보았다. 모건의 고발은 "그가 동료 이사들에 대한 정신 나간 질투

---

54) Lilienthal, *Journals*, I: 66.
55) Pritchett, *Tennessee Valley Authority*, pp. 205~206.

심으로 이성을 잃었다고 보지 않는다면 …" 노리스로서는 이해할 수
없는 일이었다. 56) 1938년에 상하원 합동위원회는 아서 모건의 고발
을 각하했다.

모건이 축출된 후 하코트 모건이 이사회 의장이 되었고 아이다호
출신의 전직 상원의원 제임스 포프가 세 번째 이사회 구성원이 되었
다. 릴리엔솔은 1941년에 의장직을 승계했고 1946년까지 자리를 지
키다가 원자에너지위원회 위원장이 되면서 사임했다.

모건이 물러나고 그 지역에서 공공전력이 확립된 후인 1940년에
릴리엔솔은 모건이 계획가이자 시스템 건설자로서 한 역할을 공개
적으로 자임하고 나섰다.

미국 역사상 처음으로 강의 자원들이 단지 '온전히 그대로 머릿속에 그려
지는' 데서 그치지 않고 자연 스스로가 자원을 대하는 바로 그 통일된 방
식으로 — 물, 땅, 숲 모두가 하나의 '이음새 없는 그물'을 이루도록 — 개
발될 것이다. 메이틀런드•가 '모든 역사의 통일성'을 보았던 것처럼 말
이다. 여기서 하나의 가닥은 다른 가닥에 영향을 미치지 않고는 좋은 쪽
으로든 나쁜 쪽으로든 건드릴 수가 없다. 57)

릴리엔솔은 자신과 TVA가 풀뿌리 계획을 개척했다고 말하기 시

---

56) Richard Lowitt, *George W. Norris: The Triumph of a Progressive, 1933~
   1944* (Urbana: University of Illinois Press, 1978), p. 210.
 • 〔옮긴이주〕 Frederic William Maitland, 1850~1906. 영국의 역사가이자
   법률가로, 영국 법에 대한 근대적 역사 서술을 개척한 인물로 꼽힌다.
57) David E. Lilienthal, *TVA: Democracy on the March* (Chicago: Quadrangle
   Books, 1953 ed.), p. 53.

작했다. 그는 매우 열정적으로 쓴 자신의 책 《TVA: 민주주의의 진군》(*TVA: Democracy on the March*, 1944)에서 이런 정책을 찬양했다. 그러나 초기의 계획과 관련된 인물은 아서 모건이었고, 풀뿌리 접근과 좀더 직접적으로 관련된 것은 하코트 모건이었다. 하코트 모건은 기회가 될 때마다 TVA의 책임을 토지양허대학(land-grant college)*이나 이들 대학의 사회봉사국 같은 지역 당국에 이양하거나 서로 협력하여 수행할 것을 주장했다. 그러나 여기서도 자조협동조합, 생계형 농장, 농촌구역 설정을 장려한 것은 아서 모건이었다. 58) 전국적인 유명세는 릴리엔솔에게 집중되었음에도 불구하고, "가장 주목할 만한 TVA의 몇몇 업적들 — 훌륭한 엔지니어링 작업, 개화된 노동 정책, 그리고 거의 모든 사회적 실험들 — 을 책임진 이는" 처음 5년간 의장을 지낸 아서 모건이었다. 59) 아서 모건 주도의 건설 프로그램에만 TVA 예산의 4분의 3 이상이 소요되었다.

릴리엔솔이 엔지니어인 아서 모건과 갈등을 빚은 것을 감안한다면, 그가 《TVA: 민주주의의 진군》에서 엔지니어들을 그토록 열정적으로 찬미했다는 것은 다분히 역설적이다(그러나 색인에서는 모건의 이름을 찾을 수 없다). 릴리엔솔은 이렇게 썼다.

(유능한 조직이 전제된다면) 일군의 엔지니어, 과학자, 행정가들이 오늘날 할 수 없는 일이란, 설사 그것이 아무리 환상적으로 보인다고 하더

- 〔옮긴이주〕 1862년에 제정된 모릴법의 지원을 받아 각 주에 농업과 기계기술을 가르치도록 설립된 대학.

58) Selznick, *TVA and the Grass Roots*, p. 93.
59) McCraw, *Morgan vs. Lilienthal*, p. x.

라도, 거의 아무것도 없다. … 오늘날 우리가 의지하는 것은 건설자와 기술자이다. 이들은 도끼, 소총, 사냥칼이 아니라 디젤 기관, 불도저, 거대한 전기삽, 증류기, 그리고 무엇보다도 새로운 종류의 숙련과 현대적 조직 및 실행 솜씨로 무장하고 있다.

그는 도덕적 목표를 잃은 기술은 "실로 악한 것이 될 수 있다"고 경고했지만, 자연의 통일성과 사람들의 개발 참여를 존중함으로써 도덕적 목표가 힘을 갖게 된다면 "발명가, 엔지니어, 화학자들"의 작업이 사회에 엄청난 이득을 가져다줄 것이라고 덧붙였다. 60) 그는 역사상 단일 조직에 의해 수행되는 최대 규모의 건설-엔지니어링 과업인 TVA에서 이러한 원칙들이 존중되고 있다고 느꼈다.

아서 모건을 포함해 많은 TVA 엔지니어와 건축가들은 놀라울 정도로 뛰어난 인물들이었다. 프로젝트의 수석 전기 엔지니어였던 르웰린 에반스는 태평양 연안 북서부에서 공공전력 사업에 종사한 인물로, 한 동료는 그를 두고 발전과 송전의 기술적 문제들을 확고하게 이해했을 뿐 아니라 계곡 지역의 경제적 · 사회적 발전을 촉진하고 통제하기 위해 근본적으로 새로운 TVA의 전기요금 구조를 개발한 예언자이자 선지자로 묘사했다. 61) 헝가리 출신의 TVA 수석 건축가인 롤런드 A. 웽크는 댐을 설계하면서 그 형태와 상징적 힘을 통해 대공황에서 허우적거리는 국민들에게 미국의 기술적 위용과 전망에 대한 확신을 심어 주었다. 댐에는 "미국 국민들을 위해 건설

---

60) Lilienthal, *TVA: Democracy on the March*, pp. 2~5.
61) Thomas K. McCraw, "Triumph and irony — The TVA", *Proceedings of the IEEE*, 64(September 1976), 1375.

폰타나 댐 동력실 내부. 건설 공사는 1942년 1월에 시작되었다.
"미국 국민들을 위해 건설됨"이라는 문구가 새겨졌다.

켄터키 댐. 건설 공사는 1938년 7월에 시작되었다. 롤런드 왱크가 수석 설계자이자 건축가였다.

됨"이라는 감동적인 문구가 새겨졌다.

　제 2차 세계대전은 TVA에 극적인 변화를 가져왔다. 많은 사람에게 대담한 사회적 실험으로 보였던 것이 이제는 잘 확립된 전등 및 전력 사업 방식으로 자리 잡았다. 전쟁 기간 TVA와 언론은 많은 기여를 했다. 비행기에 쓰이는 알루미늄, 폭탄과 대포에 들어가는 폭약, 수없이 많은 다른 에너지 집약적 제품들이 계곡 지역에서 전선(戰線)으로 흘러나갔다. 그러나 원자폭탄 제조를 위한 맨해튼 프로젝트에서 핵분열이 가능한 우라늄 동위원소를 분리하는 공장이 있던 오크리지에 TVA의 전력이 엄청나게 사용됐다는 사실은 전쟁이 끝난 후에야 알려질 수 있었다.

방위 산업으로부터의 수요가 늘고 전기료 인하 정책에 대한 호응이 커지면서 저비용 전력에 대한 시장을 찾아야 하는 TVA의 문제는 해결되었다. 역설적인 점은 이것이 심각한 환경 문제를 새롭게 야기했다는 사실이다. 수많은 댐 건설로 주요 수력자원을 소진하자 TVA는 전기 수요 충족을 위해 석탄을 태우는 화력발전소에 의지해야 했다. 유일한 대안은 수요를 억제하는 것이었지만, 이는 계곡 지역에서 에너지 소비를 촉진해 온 오랜 정책과 모순되는 것이었다. TVA는 정적(政敵)들을 넘어서고 테네시 강을 길들였지만 전후 세계에서 성난 보존주의자들과 맞서야 했다.[62] 릴리엔솔이 설립 초기인 1946~1950년까지 의장을 맡은 원자에너지위원회는 냉전 기간 계곡 지역의 시설을 계속해서 확충했고, TVA는 거대한 석탄 화력발전소들을 짓기 시작했다. 1956년, 오크리지 인근에 완공된 킹스턴 화력발전소는 세계 최대 규모를 자랑했다. 1950년대에는 TVA의 엄청난 전력 산출량의 절반 이상이 테네시 주 오크리지와 켄터키 주 퍼두커에 있는 2개의 AEC 공장으로 보내졌다.[63] 전력 생산을 위해 노천광에서 채굴한 석탄을 사용하기 시작하면서 TVA는 보존주의자와 환경운동가들의 주된 표적이 되었다. TVA는 보존 기구로서 가졌던 '무결의 평판'을 잃어버렸다. 한때 열성적 지지자였던 많은 이들은 "TVA가 땅을 황폐화하다", "권력의 타락: TVA와 석탄 발전이 켄터키의 구릉지대를 파괴하다" 같은 신문 표제기사를 보면서 열정이 수

---

62) Ibid. , 1376.
63) McCraw, *TVA and the Power Fight*, p. 159.

그러들었다.

뒤이어 TVA가 대대적으로 핵발전으로 옮겨가면서 논쟁은 더욱 복잡해지고 심화되었다. 액턴 경의 경구를 살짝 비틀어 TVA에 대해 이렇게 말할 수도 있을 것이다. "권력은 부패하기 마련이며 절대권력은 절대적으로 부패한다."[64] 지지자들은 노천 채광이나 핵발전은 TVA의 저비용 전력 정책과 부합한다고 주장했다. 그러나 아무리 그렇다 하더라도 TVA가 에너지-비용-생태의 딜레마에 빠진 것은 분명한 사실이었다. TVA는 저비용 전력을 시장에 계속 공급해야 한다고 느끼고 있었기 때문이다. 1960년대가 되자 비판자들은 TVA가 보수주의자들이 우려한 사회주의 침투의 사례가 아니라 보수주의 침투의 사례라고 공격했다. TVA는 관료적이고 기술적인 모멘텀을 획득했다. 임무에 대한 TVA의 감각은 "훌륭한 회계에 대한 인식으로 퇴보"했다.[65] 수십 년 만에 개척자에서 회계사로 변모한 것은 대규모 기술시스템이 으레 겪는 패턴일지도 모른다. 그러나 제2차 세계대전 기간 테네시 계곡은 노쇠해 가는 TVA가 만들어 낸 에너지에 의지하는 또 다른 거대 프로젝트의 탄생을 목도했다.

---

64) John Emerich Edward Dalberg, Lord Acton: Letter to Bishop Mandell Creighton, 24 April 1887, John Bartlett, *Familiar Quotations*, ed. E. M. Beck (Boston: Little, Brown, 1980), p. 615.

65) J. E. Pearce, "The creeping conservatism of the TVA", *The Reporter*, 26:4 (January 1962), 34를 McCraw, "Triumph and irony", 1378에서 재인용.

맨해튼 프로젝트

테네시 강 유역 개발은 정부가 대규모 기술시스템의 계획과 개발에 관여한 선구적 사례였다. 그러나 제2차 세계대전 당시 정부가 맨해튼 프로젝트 — 공식 암호명은 '맨해튼 엔지니어링 지구'(Manhattan Engineering District) — 에서 수행한 역할은 이를 훨씬 능가했다. 이 프로젝트는 테네시 주 오크리지와 미국 전역의 다른 장소에 대규모 시설을 갖추었다. 에너지는 TVA에서 발전한 전기를 사용했다. 제2차 세계대전 기간 원자폭탄을 만들어 낸 이 프로젝트의 역사는 그간 수차례에 걸쳐 기술되었다. 그러한 역사들은 대체로 원자물리학자와 화학자, 뉴멕시코 주 로스앨러모스에서의 폭탄 제조, 그리고 히로시마에 대한 폭탄 투하에 초점을 맞추었다. 이는 이해할 만한 일이다. 로스앨러모스의 등장인물들은 주관이 뚜렷하고 상상력이 풍부한 과학자들이었고, 매우 지적이고 교양 있으며 카리스마 넘치는 J. 로버트 오펜하이머의 지휘를 받았다. 전쟁이 끝난 후 그는 국가적인 저명인사가 되었고, 나중에 기밀 취급권 청문회에 회부된 비극적 인물이기도 하다. 원자과학자 중 많은 수는 전후에 핵무기 통제나 핵군비 축소 지지자로 두드러진 역할을 해 주목을 받았다.

반면 우리는 맨해튼 프로젝트를 이 책에서 19세기 말부터 추적해온 대규모 생산 시스템 확장의 연장선상에서 볼 수도 있다. 맨해튼 프로젝트의 핵심에는 과학자들이 수천 명의 노동자, 엔지니어, 관리자들과 함께 일했다. 그러나 이는 과학적 노력을 넘어서는 것이었다. 맨해튼 프로젝트는 다양한 공정에 대한 필수적인 기술 데이터와 이론적 이해를 과학 실험실과 과학자들에게 의지한 산업적 개발 및 생산 수행이었다. 맨해튼 프로젝트는 전례가 없는 일이었다는 식의 단언이 자주 있었지만, 폭탄을 발명하고 개발하는 과정에서 과학자, 엔지니어, 관리자 간의 관계는 우리가 제너럴 일렉트릭, AT&T, 듀폰과 같은 혁신적 생산회사들에서 접한 바 있는 관계와 많은 면에서 유사했다. 발명과 개발 단계가 끝나자 맨해튼 프로젝트는 중앙집중적으로 통제되고 조정되는 생산 시스템이 되었고, 이런 점에서 포드의 자동차 생산 시스템이나 인설의 거대한 전등 및 전력 시스템과 흡사했다 — 군대가 시스템 건설자의 역할을 담당했고 정부가 프로젝트에 돈을 댔다는 중요한 차이점을 뺀다면 말이다.

그러나 심지어 이 점에서도 선례가 있었다. 미 육군 공병대가 계획하고 감독한 건설 프로젝트와 정부가 돈을 댄 거대 규모의 TVA가 그것이다. 엄청나게 커진 기술-생산 시스템의 규모, 제1차 세계대전 이전과 전쟁 기간의 발명과 과학의 성공적인 동원, 그리고 TVA 계획에서 정부가 거둔 성공 등을 염두에 두고 돌이켜 볼 때, 정부와 군대 — 20세기에 가장 빨리 규모가 커지고 강력해진 두 관료체계 — 가 20세기의 가장 특징적인 활동인 기술시스템 건설에 관여한 것은 거의 필연처럼 보이기도 한다.

우리는 앞서 니콜라 테슬라나 리 디포리스트 같은 독립발명가들이 자신의 발명을 산업체에 넘겨 개발하게 한 것을 보았다. 마찬가지로 정부와 청부 계약을 맺은 산업체들은 원자과학자들의 발견과 발명을 실제로 개발하는 데 중요한 공헌을 했다. 원자폭탄 개발로 이어진 정교한 실험과 창의적 해석이 이루어진 곳은 1938년 12월 베를린이다. 독일 과학자 오토 한과 프리츠 슈트라스만은 책상 위에

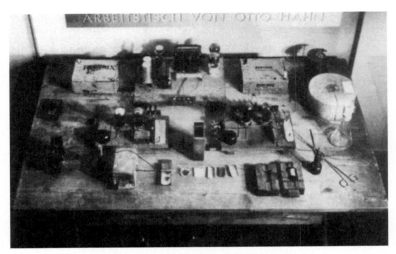

오토 한, 리제 마이트너, 프리츠 슈트라스만이 핵분열 실험을 한 작업대

올려놓을 만한 크기의 실험 장비를 고안해 우라늄 원자를 쪼갰다(고 그들은 확신했다). 독립발명가들이 해낸 혁신적인 발명들이 으레 그렇듯, 한과 슈트라스만 이전에 원자물리학에는 기나긴 일련의 발견과 발명, 이론적 설명이 있었고 이것이 그들의 업적으로 이어졌다. 그러한 기여를 한 사람들 중에는 영국의 어니스트 러더퍼드와 제임스 채드윅, 프랑스의 이렌 퀴리와 프레드릭 졸리오, 이탈리아의 엔리코 페르미, 덴마크의 닐스 보어, 독일의 리제 마이트너, 미국의 어니스트 O. 로렌스가 있었다. 1938년 이후 대학에서 독립적으로 연구하던 과학자들은 원자폭탄 개발에 이르게 되는 결정적 발명과 발견을 계속 해내었다. 그들은 대규모 조직이 부과하는 제약에서 자유로웠다는 점에서 19세기 말의 독립발명가들과 유사했다. 그러나 1942년 맨해튼 프로젝트가 발족하자 미국에 있던 지도적 원자물리학자와 화학자들 대부분 — 파시즘에 잠식당한 유럽으로부터 이민 온

과학자들을 포함하여 — 은 시카고대학, 캘리포니아대학(버클리), 컬럼비아대학에 마련된 맨해튼 프로젝트 연구소로 갔다. 그곳에서 그들은 산업체 연구과학자들이 종종 느끼는 제약을 경험하였다.

맨해튼 프로젝트는 대규모 기술시스템 역사의 연장선상에 있긴 했지만, 원자폭탄이라는 단 하나의 제품을 만들기 위해 인적자원을 집중적으로 소모했다는 점에서는 전례 없는 일이었다. 포드의 리버 루지 공장, 소련의 몇몇 지역 규모 생산단지, 그리고 전쟁 전 독일과 미국의 새로운 가솔린 생산 공정 개발을 위한 프로젝트 등은 넓은 지역에 걸쳐 있었고, 다수의 노동자, 엔지니어, 관리자를 포괄하는 복잡한 기술시스템이라는 점에서 맨해튼 프로젝트에 필적할 만했다. 맨해튼 프로젝트는 고도로 훈련된 물리학자와 화학자를 대거 고용했고 그들이 크게 영향력을 미쳤다는 점에서 하나의 선례를 확립했다. 그들은 산업체에서 경험을 쌓은 엔지니어, 야금학자, 숙련기계공들과 창조적인 방식으로 상호 영향을 주고받았다.

또한 이 프로젝트는 포드나 인설에 비견할 만한 시스템 건설자가 없었다는 점에서 이전 사례들과 달랐다. 레슬리 그로브스 준장이 그 역할의 가능한 후보인 듯했지만, 그는 포드처럼 영감에 찬 기술적 지도력을 제공하지 못했고, 조립라인 시스템이 발전하는 동안 포드가 하일랜드 파크 공장에서 자극한 것과 유사한 집단적 창조성을 맨해튼 프로젝트에서 이끌어내지도 못했다. 원자폭탄 프로젝트에 참여한 많은 과학자는 그로브스가 다투기 좋아하고, 야심에 차 있으며, 고압적이고, 독설가인 데다, 자기중심적이고, 관료적인 인물이라고 여겼다. 그러나 가까이서 그를 지켜본 사람들은 복잡한 문제의 핵심을 짚어 내는 그의 판단과 능력을 존중했다. 66) 육군 장교 중에서 그로브스의 휘하 장교들은 그를 두려워했으며 몇 안 되는 장교들만이 그를 좋아했지만, 그는 자신이 요구한 존중을 받았다. 그는 주어진 임무에 철저하게 매진하는 지적이면서도 엄격한 업무 관리자로 알려져 있었고, 워싱턴 D. C. 외곽에 있는 펜타곤 건물의 공사를 감독한 것도 그의 업적 중 하나이다. 67)

맨해튼 프로젝트의 경우, 문제가 너무나 복잡했고 그것을 풀기 위해 요구되는 지식과 기능은 매우 전문화되어 있어, 어떤 한 개인이 시스템 건설자의 역할을 담당할 수는 없었다. 인설은 에디슨의 연구소에서 그의 비서로 일했고, 에디슨 제너럴 일렉트릭의 생산업무를 감독했으며, 시카고 시절 초기에는 전력회사 경영의 세부사항을 터득하며 경험을 쌓아 다양한 기능과 결정을 머릿속에서 통합할 수 있게 되었다. 포드는 자신의 사업 전반에서 쓰이는 용어들을 모두 구사할 수 있었고, 진행되는 과정에 대한 상세한 지식에 근거해 결정을 내렸다. 이미 본 바와 같이, 그는 고도로 전문화된 지식을 가진 사람을 업무에서 제외했다. 반면 그로브스는 원자물리학과 화학의 고도로 전문화된 세계를 결코 꿰뚫어 볼 수 없었다. 그에게 있어 과학자는 여전히 이방인이었다. 프로젝트에서 줄곧 요구된 화학공학의 전문성은 그의 엔지니어링 경험 바깥에 위치한 것이었다. 만약

---

66) Richard G. Hewlett and Oscar E. Anderson, Jr., *The New World, 1939 ~1946* (University Park: Pennsylvania State University Press, 1962), p. 81 (vol. 1 in *A History of the United States Atomic Energy Commission*); Richard Hewlett, "Beginnings of development in nuclear technology", *Technology and Culture*, 17 (1976), 470.

67) Stéphane Groueff, *Manhattan Project: The Untold Story of the Making of the Atomic Bomb* (Boston: Little, Brown, 1967), p. 31.

그가 포드처럼 전문가들을 싫어하고 무시했다면 맨해튼 프로젝트는 존재하지 않았을 것이다. 그로브스는 과학자, 엔지니어, 관리자들로 구성된 공식·비공식 위원회들을 관장했다. 그는 군대에서의 훈련과 경험에 의지했고, 다른 사람의 유능성과 지도력을 판단하는 자신의 안목에 의존했으며, 자신이 조직에서의 전술·전략에 밝다는 점을 이용했다.

맨해튼 프로젝트에서는 위원회에 의한 시스템 건설이 일반적이었는데, 이는 포드로서는 상상도 할 수 없었던 변화였다. 그 결과 맨해튼 프로젝트는 하나의 위원회처럼 결정을 내리기 위한 길을 차근차근 찾는 경향을 가졌다. 먼저 한 가지 해법을 시도하고 다른 해법을 시도하거나 심지어 여러 개를 동시에 시도한 후 인적·물적 자원을 끌어들여 모멘텀을 얻음으로써 목표에 도달하는 식이었다. 테일러, 포드, 인설이 봤다면 그 비효율성에 질색했을지 모른다.

1942년 9월 당시 미 육군 공병대의 대령이었던 그로브스는 비밀 원자폭탄 계획의 군대 책임자로 임명되었다. 그는 그 임무를 맡기 전에 준장으로 승진시켜 줄 것을 요구했다. 그는 자신이 사회적으로 매우 성공한 민간인들과 접촉해야 함을 알고 있었고, 이와 관련하여 높아진 위신과 권위가 도움이 될 것이라고 생각했다. 그로브스가 감독과 과학 자문을 위해 꾸린 소규모 위원회에는 전기 엔지니어이자 MIT 학장을 지낸 바네바 부시와 화학자이자 하버드대학 총장인 제임스 코넌트가 포함되어 있었다. 엔지니어링과 산업체 경험이 있던 부시는 전시에 조직된 과학연구개발국(Office of Scientific Research and Development, OSRD)을 책임지고 있었고, 산업화학에 정통한 코넌트는 국방연구위원회(National Defense Research Committee,

바네바 부시, 제임스 코넌트, 레슬리 그로브스, 신원 미상의 장교(왼쪽에서 오른쪽으로)

NDRC) 의장을 맡고 있었다. 이 두 기관을 통해 그들은 미국 과학을 국방과 전쟁에 동원하는 임무를 관장했다. 부시와 코넌트는 OSRD의 자문위원회인 S-1에도 참여하고 있었는데, 캘리포니아대학(버클리), 시카고대학, 컬럼비아대학에서 원자 연구를 책임진 과학자들이 위원회의 주요 구성원이었다. 이후 몇 달 동안 OSRD와의 계약으로 제한적인 규모로 수행된 실험실 연구가 맨해튼 프로젝트로 이관되어 그로브스와 그가 꾸린 감독위원회의 관할이 되었다. 부시는 그로브스와 위원회의 관계가 사업을 담당하는 부회장과 이사회의 관계에 비견할 만하다고 생각했다. [68]

그로브스는 중대한 조직과 관리상의 문제들에 직면했다. 그는 전

---

68) Hewlett and Anderson, *New World*, p. 82.

어니스트 O. 로렌스, 아서 컴프턴, 부시, 코넌트, 칼 컴프턴, 앨프리드 루미스
(왼쪽에서 오른쪽으로)

시의 정부 기구들을 설득해 자신의 비밀 프로젝트의 우선순위를 존
중하게 만들고 희소한 자원들을 그것에 배분해야 했다. 그는 엔지니
어링 기업 및 산업체와 연락을 취해 공장을 짓고 가공 설비를 설치해
야 했다. 사고방식과 스타일이 전혀 다른 2개의 집단, 즉 대단히 독
립적인 대학 과학자들과 대단히 잘 조직된 산업체 관리자 및 엔지니
어들 사이의 협동양식 역시 만들어 내야 했다. 의사결정을 둘러싼
과학자들과 엔지니어들 간의 긴장은 점차 커졌고, 특히 시카고에 있
던 이민 원자물리학자들과 듀폰의 산업체 관리자 및 엔지니어들 간
의 긴장은 더욱 높았다. 그로브스는 숙련 노동자들이 힘들여 얻은
자율성의 일부를 뭔지 제대로 알지도 못하는 프로젝트를 위해 보류
하도록 노조를 설득했다. 그와 군대는 비밀과 보안에 높은 우선순위
를 부여했지만, 그가 의지해야 하는 과학자들은 공개적인 의견교환

이라는 강력하고 오래된 전통을 가지고 있었다. 그로브스가 (아마도) 가장 우려한 것은 생산 공장의 설계와 건설, 그리고 이에 대한 막대한 지출이 충분한 기술 데이터가 없는 상황에서 숱한 실패의 가능성을 안고 추진될 수밖에 없다는 점이었다. 그렇게 하지 않으면 3년 내에 폭탄을 만들어야 한다는 목표의 달성 가능성이 전무했다. 그로브스는 반쯤 장난으로 워싱턴 D. C. 의 국회의사당 인근에 집을 하나 사둘 생각을 하기도 했다. 만약 전쟁이 끝난 후, 맨해튼 프로젝트가 엄청난 실패로 돌아갔다는 사실을 의회가 처음 알게 되면 청문회에 수도 없이 출석해야 할 테니, 그곳까지 걸어서 금방 갈 수 있으면 좋을 것이라는 이유에서였다.

1942년 9월에 장성으로 승진한 후, 그로브스는 대학 연구소들을 책임진 인상적인 노벨상 수상자들, 그리고 그들과 함께 일하는 매우 지적이고 자부심 넘치며 심지어 오만하기까지 한 독립적 과학자들(이민 과학자와 미국 태생 과학자)을 만날 준비가 되었다. 그는 시카고에서 1927년 노벨 물리학상 수상자인 아서 컴프턴을 만났다. 그는 (암호명) 금속연구소(Metallurgical Laboratory)를 1942년 초에 만들어 원자폭탄 설계에 필요한 이론적 연구와 실험을 하고 있었다. 나중에 이 연구소는 플루토늄 생산에 필요한 이론과 기술 데이터를 개발하는 책임을 맡았다. 활동이 최고조에 달했을 때, 시카고에 모인 과학자, 기술자, 엔지니어, 행정 인력의 수는 2천 명이 넘었다. 컴프턴은 여러 지도적 원자물리학자, 화학자, 엔지니어들을 시카고로 끌어들였는데, 그중에는 3명의 탁월한 이민 물리학자인 노벨상 수상자 페르미와 유진 비그너, 레오 실라르드가 있었다. 나중에 파시즘의 억압과 인종주의를 피해 유럽을 떠난 노벨상 수상자 제임스

아서 홀리 컴프턴

프랑크도 이들에 합류했다. 그로브스는 시카고의 핵물리학자들과
노벨상 수상자들을 대할 때 당황한 듯했지만, 자신의 유능함으로 그
들의 의심을 잠재우려 애썼다. 시카고에서의 초기 모임 때 그는 박
사학위가 없음을 시인했지만, 학부와 대학원을 합쳐 10년의 공식 교
육을 받았음을 지적했다. "이것은 박사학위 2개에 해당하는 것입니
다"라고 그는 일갈했다. [69]

   이민 물리학자들은 독일에서 알던 원자과학자들이 한과 슈트라스
만, 마이트너의 연구를 재빨리 따라잡아 폭탄을 만들지 모른다고 우
려했다. 페르미와 비그너는 우라늄 핵분열의 본질을 조사하는 연구
를 (그중 일부는 컬럼비아대학에서) 해왔다. 그들은 우라늄과 흑연으

---

69) Groueff, *Manhattan Project*, p. 34.

로 만든 벽돌을 적절하게 설계된 격자 형태로 쌓아 올린 '파일'(pile)을 만들면 연쇄반응을 만들어 낼 수 있다고 믿었지만, 이런 가설을 충분히 큰 규모로 시험해 볼 만한 양의 우라늄과 흑연이 없었다. 1939년에 비그너와 실라르드는 아인슈타인을 종용해 루스벨트에게 보내는 편지에 서명을 하도록 했는데, 이 편지는 대통령에게 위험을 경고하고 원자과학과 폭탄 제조에 대한 대규모 지원을 촉구하는 내용을 담고 있었다. 그들은 루스벨트의 친구인 리먼 브라더스의 알렉산더 작스(앞서 TVA에 전력 풀을 만들자는 제안을 한 인물이다)의 도움을 얻어 대통령에게 편지를 전달했다. 전해 오는 얘기에 따르면, 작스는 나폴레옹이 돛 없이 항해하는 전함을 건조할 수 있다는 로버트 풀턴의 제안을 말도 안 된다며 거절한 이야기를 꺼냈다고 한다. 작스는 자신이 지금 제안해야 하는 내용이 증기선 발명가의 프로젝트와 비슷하다고 말했다. 70) 아인슈타인의 편지가 전달된 후 미국 정부가 원자 연구에 약간의 자금을 실제로 지원한 것은 사실이다.

지금까지의 역사 서술에서는 실라르드, 비그너, 아인슈타인의 개입이 미친 영향이 크게 강조되었다. 그러나 루스벨트의 수석 과학 자문위원이었던 부시와 코넌트에게 대규모 폭탄 계획의 필요성을 설득한 것은 이 편지가 아니라 1941년 가을에 영국의 모드(MAUD) 위원회에서 날아온 기술 보고서였다. 모드 보고서는 우라늄 폭탄이 전쟁의 양측 진영 어느 쪽에서도 만들어질 수 있으며 전쟁의 결과에 결정적인 역할을 할 것이라고 결론지었다. 대규모 프로젝트를 추진

---

70) Richard Rhodes, *The Making of the Atomic Bomb*(New York: Simon & Schuster, 1986), p. 313[리처드 로즈 저, 문신행 역, 《원자폭탄 만들기》(사이언스북스, 2003)].

할 수 있는 자원을 보유한 나라는 영국이 아니라 미국임을 깨달은 루스벨트는 부시와 코넌트의 조언을 받아들여 연구를 가속화할 자금 마련에 나섰다.

과학자들이 종종 산업체 대표를 맡곤 하는 유럽의 전통에 익숙했던 비그너와 실라르드, 그 외 시카고 연구소에 있던 많은 동료들은 맨해튼 프로젝트를 군대가 — 나중에는 산업체가 — 관리하는 데 대해 불편한 감정을 가졌다. 1942년 봄에 미 육군은 폭탄 프로젝트의 주 청부업체로 스톤 앤드 웹스터 사(Stone & Webster)를 선정했다. 이 회사는 엔지니어링, 관리, 금융 컨설팅, 그리고 전력발전 분야의 대규모 건설 사업에서 오랜 역사를 지니고 있었다. 비그너와 실라르드를 포함한 시카고 과학자들은 청부업체와 함께 혹은 그들을 위해 연구하게 될 것이라는 사실을 알고 반발했다. 실라르드는 메모를 작성해 최고의 과학자들이 '민주적' 방식으로 상호작용함으로써 제대로 수행되어야 할 과학을 권위적인 청부업체가 질식시켜 버릴 것이라고 탄식했다. 스톤 앤드 웹스터가 자사의 최고 엔지니어 중 한 명을 보내 시카고 과학자들에게 폭탄 제조계획을 간단히 설명하게 하자, 금속연구소의 과학자들은 크게 분개했다. 그들은 이 엔지니어가 원자물리학에 대해 무지함을 알게 되었다. 실라르드는 이제 민주적 과학자들로부터 일을 넘겨받으려 들어온 조직이 권위적이기만 한 것이 아니라 무식하기까지 하다고 느꼈다. [71]

청부업체에 의지하던 그로브스는 과학자들을 비판했다. 그는 시카고 연구소가 생산 공정의 설계에 필요한 기술 데이터를 갖고 있지

---

71) Ibid. , pp. 413, 423.

않은 데다 과학자들이 이러한 데이터 수집에 우유부단한 태도를 가지고 있음을 심난하게 여겼다. 1942년 가을, 그는 과학자들이 폭탄에 들어갈 물질로 제안한 플루토늄이 원자로에서 생산될 수 있다는 실험적 증거가 전혀 없고 오직 이론에 근거한 추측뿐이라는 사실을 알게 되었다. 그럼에도 그로브스는 보수적인 엔지니어링 관행을 거슬러 실물 크기의 원자 파일 또는 생산 공장의 건설을 "최고 속도로" 추진하기로 결정했다. 72) 생산 일정표를 작성하고 공장의 설비 규모를 정하기 위해, 그는 시카고 과학자들에게 폭탄 1개에 필요한 플루토늄의 양을 물어보았다. 그때까지 플루토늄은 실험실에서 극히 적은 양만 만들어졌을 뿐이었다. 그는 시카고에서 보낸 값이 "25∼50%의 오차범위 내에" 있을 것으로 생각했는데, 나중에 "시카고에서 그 값은 대략 10배 정도의 오차범위 내에서 정확할 것으로 믿는다고 아무렇지도 않은 듯 답변을 보내오자 기겁을 했다". 그는 자신의 처지를 "10명에서 1천 명 사이의 손님들이 올 테니 그에 맞게 음식을 준비하라는 주문을 받은 출장뷔페 담당자"에 비유했다. 73) 히로시마 이후를 사는 우리에게는 소름끼치는 비유가 아닐 수 없다.

원자 파일을 냉각하는 결정적 문제를 놓고 시카고의 과학자와 엔지니어들이 벌인 토론은 이 문제에 내재한 불확실성, 복잡성, 모순, 그리고 서로 다른 문화적·전문직업적 배경을 가진 사람들 간의 긴장을 드러냈다. 기체로 냉각하느냐 액체로 냉각하느냐가 1차적으로

---

72) Leslie R. Groves, *Now It Can Be Told: The Story of the Manhattan Project* (New York: Harper & Row, 1962), p. 39.
73) Ibid., p. 40.

해결해야 할 선택지였다. 기체는 액체보다 열을 빼앗는 데 있어 비효율적이지만, 액체에 비해 파일 내에서 플루토늄을 만드는 핵반응에는 덜 간섭할 것으로 예상되었다. 기체는 높은 압력과 복잡한 용기, 압축기, 펌프를 필요로 한 반면, 액체는 파일의 설계를 복잡하게 만드는 파이프를 필요로 했다. 유망한 특성을 가진 액체와 기체의 종류가 다양하다는 점 때문에 결정은 더욱 어려워졌다. 1942년 여름, 시카고에 파견되어 있던 엔지니어들은 헬륨 기체 냉각을 선택했다. 그러나 이러한 권고를 탐탁지 않게 여긴 컴프턴은 결정을 미뤘다. 그러자 실라르드가 목표 없이 부유하는 시카고의 상황을 비판하고 나섰다. 그는 논쟁을 가급적 피하려 하는 컴프턴의 성향, 그리고 미국의 원자과학자들 사이의 자유로운 정보교환을 가로막는 군 보안상의 제약을 그 원인으로 지목했다.[74] 상상력이 넘치고 대담한 실라르드는 특이하게도 액체 비스무트*를 냉각재로 제안했다. 비그녀는 물을 냉각재로 쓰는 수냉식 파일의 가능성을 탐구했다. 의견 불화에 진력이 난 데다 과학적 의문을 우유부단한 태도로 간주하는 경향이 있던 그로브스는 나중에 그의 트레이드마크가 된 일장 연설을 시작했다. 그가 보기에 잘못된 결정은 아무런 결정도 내리지 못하는 것보다는 나았다. 그는 유망해 보이는 해법이 여러 가지 있다면 그것들을 모두 동시에 추진하라고 과학자들을 압박했다. 해법을 찾는 것이 돈을 아끼는 것보다 중요했기 때문이다. 그는 설사 일을

---

74) Hewlett and Anderson, *New World*, p. 179.
  ● 〔옮긴이주〕원자번호는 83번으로, 약간 붉은빛을 띤 은백색의 금속 원소이다. 전기 전도성, 열 전도성이 금속 가운데 가장 낮다.

진행하기에 데이터가 충분치 못하다 하더라도 실물 크기의 플루토늄 파일, 즉 생산 공장을 하루빨리 설계하고 건설하는 것이 필요하다고 느끼고 있었다. [75]

과학자들에 조바심이 난 그로브스는 자신이 육군을 위한 건설 사업을 하며 좋은 관계를 맺었던 산업체로 눈을 돌렸다. 그는 듀폰 사를 프로젝트에 끌어들여야 한다고 고집했고, 듀폰이 핵과학이라는 미지의 세계로 뛰어드는 위험을 감수하겠다는 데 마지못해 동의할 때까지 주장을 굽히지 않았다. 그는 1942년 가을, 자신이 그토록 감탄해 마지않았던 그 유력 회사와 처음 접촉을 가졌다. 듀폰은 예전에 육군 공병대와 같이 프로젝트를 한 적이 있었다. 그로브스는 자신이 "듀폰에 대해 위험하고 어려우며 아마 불가능할지도 모르는 과업에 착수하도록 — 그것도 엄청난 전시 부담 때문에 이미 힘들어하던 시점에서 — 부탁하고 있다"는 사실을 알고 있었다. 듀폰이 핵물리학 분야에 전혀 경험이 없다는 점, 기술 데이터가 없고 앞으로 오랜 기간의 실험실 연구와 시험용 공장 가동(혹은 소규모 시험)을 통해서만 이를 얻을 수 있다는 점, 그리고 운영 과정에서의 물리적 위험 등이 듀폰 사로 하여금 참여를 망설이게 한 요인들이었다.

듀폰 또한 1934년에 열린 상원 군수품 조사위원회의 조사를 떠올리며 몸서리를 쳤다. 이 조사 과정에서 극단론자들은 제1차 세계대전 때 폭약을 팔아 엄청난 이득을 보았다며 듀폰 가(家)를 '죽음의 상인'이라고 불렀기 때문이다. 그러나 그로브스가 듀폰의 경영진과 이사회에 미국 대통령과 전쟁부 장관이 해당 프로젝트에 최상위의

---

75) Ibid., p. 181.

듀폰 사 회장 월터 카펜터(제일 오른쪽)

군사적 중요성을 부여했다고 언급하자, 듀폰은 마지못해 동의했다.[76] 옷을 멋지게 입고 다니며 보는 이에게 강한 인상을 남기는 듀폰 회장 월터 카펜터는 협상 과정 내내 공손하고 예의바르면서도 단호한 자세를 유지했다. 카펜터는 자신의 회사가 국방에 기여하고 애국적 의무를 피하지 않는 오랜 전통을 가진 미국 회사라는 점을 강조한 후 이사회를 대신해 프로젝트를 받아들였다.

1942년 12월에 듀폰 사는 플루토늄 생산 파일과 분리 공장을 설계, 건설, 운영하는 임무에 공식적으로 착수했고, 폭약 부문에 만들어진 새로운 부서에 프로젝트를 할당했다. 카펜터는 듀폰이 아무런 이득도 챙기지 않겠다는 조건을 내걸었다. 계약서에는 듀폰에 돌아가는 보수를 1달러로 정했고, 프로젝트의 모든 비용은 정부에서 부

---

76) Groves, *Now It Can Be Told*, pp. 46~51.

담하는 것으로 했다. 프로젝트 책임을 맡게 될 듀폰의 책임 엔지니어들은 이 소식을 듣고 "모두 (듀폰 호텔의) 브랜디와인 룸으로 가서 애도와 연민의 술잔을 나누었다".[77] 나중에 그로브스는 당시를 회고하면서 듀폰 이사회의 결정은 "진정한 애국심의 진실된 표현"이었다고 썼다.[78] 듀폰은 맨해튼 프로젝트에 대한 참여는 애국적 의무에서 나온 것이며, 회사는 "맨해튼 프로젝트에 그 어떤 금전적 이해관계나 이권도 … 가지고 있지 않다"는 입장을 취했다.[79]

그로브스가 듀폰 사를 플루토늄 프로젝트에 끌어들인 후, 듀폰의 엔지니어들은 시카고의 과학자들과 함께 파일의 냉각재를 선택하는 골치 아픈 문제와 마주했다. 듀폰의 엔지니어들은 물을 냉각재로 쓰면 우라늄을 부식시켜 냉각재의 흐름을 막음으로써 고압의 물이 격렬하게 폭발할 것이라고 주장했다. 냉각재에 관한 최종 결정을 내리기에 앞서 시카고의 과학자들은 실험적인 원자 파일을 건설했다. 이는 냉각 시스템의 중성자 흡수 특성 때문에 파일에서의 핵반응이 느려지거나 아예 멈출 가능성이 얼마나 되는지 추정하는 데이터를 얻기 위함이었다.

1942년 12월, 페르미는 시카고대학 풋볼 경기장인 스태그 필드 지하에서 파일을 가동했다. 시카고 과학자들은 파일에서 얻은 데이

---

77) 크로퍼드 그린월트의 일기를 David A. Hounshell and John K. Smith, "Science and corporate strategy: Du Pont, 1902~1980", uncut manuscript, Hagley Museum and Library, Wilmington, Del., chap. 11, p. 30에서 재인용.

78) Groves, *Now It Can Be Told*, p. 51.

79) Hounshell and Smith, *Science and Corporate Strategy*, p. 339.

터로부터 물이 더 우수한 냉각재라는 결론을 내렸다. 그로브스의 지지를 받던 듀폰은 과학자들의 조언을 즉각적으로 수용하지 않았다. 듀폰은 실제 규모의 생산 파일을 위한 데이터를 얻기 위해 테네시 주에 지은 상대적으로 간단한 시험용 생산 공장에서 기체를 냉각재로 쓸 것을 고려 중이었고, 헬륨 기체를 가능한 후보로 생각했다. 나중에 듀폰은 생산 파일을 건설할 때 비그너가 제안한 수냉식을 받아들였다. 시카고 과학자들, 그중에서도 특히 나이가 많은 이민 과학자와 젊은 미국 과학자에게 있어, 이는 이론적 이해와 상상력을 갖춘 과학자가 전통적 관행에 얽매인 보수적 엔지니어보다 개발을 잘 주도할 수 있다는 또 하나의 증거였다. 80)

그러나 시카고 연구소는 듀폰에 조언과 데이터를 제공하는 보조 시설이 되었다는 사실이 얼마 지나지 않아 드러났다. 핵물리학에 대해 자신들이 가진 지식이 듀폰 사 엔지니어들보다 월등하다는 사실을 알게 된 시카고의 많은 과학자는 금속연구소가 생산시설의 설계와 건설을 관장해야 한다고 믿었다. 과학자들 중 몇몇은 그로브스가 젊은 엔지니어와 제도사 50~100명만 보내 주면 자신들이 플루토늄 공장을 설계하고 건설할 수 있다고 말하기도 했다. 그로브스는 이 제안이 터무니없다고 보았다. 81) 과학자들의 확신은 핵분열물질의 제한된 공급량을 감안할 때 잘해야 한두 발의 폭탄만 만들 수 있을 것이라는 가정에 근거한 것이었다. 그러나 그로브스는 폭탄의 생산 라인을 만들려고 했고, 미국 군대는 승리가 보장될 때까지는 반복해

---

80) Hewlett and Anderson, *New World*, pp. 193~198.
81) Groves, *Now It Can Be Told*, p. 44.

서 폭탄을 인도할 수 있는 능력을 갖추어야 한다고 주장했다. 일부 과학자들은 독일인들이 소규모 프로젝트로 목표를 제한하고 있을 것이며, 미국이 생산에 들어가기 전에 한두 발의 폭탄을 만들어 그 것의 엄청난 파괴력이 지닌 심리적 효과를 이용함으로써 즉각 항복을 요구할 것이라고 맞받았다. 82)

헝가리 출신의 실라르드는 군대-산업체가 주도권을 가지는 데 가장 소리 높여 반대한 과학자였지만, 비그너, 페르미, 그리고 대다수의 다른 주요 과학자들도 그의 우려를 상당한 정도로 공유했다. 83) 핵물리학에 정통하지 못한 산업체 엔지니어들의 능력에 대한 그들의 불신은, 대규모 산업체와 군대가 유럽에서 파시즘의 발흥에 크게 기여했다는 유럽 지식인들의 보편적 믿음에 의해 더욱 강화되었다. 비그너는 유럽에서 듀폰과 같은 대규모 산업 조직들은 민주주의의 적이라고 배웠다. 84) 젊은 미국 과학자들 역시 힘을 모아 이민 과학자들을 지지했는데, 컴프턴은 이를 모든 관료 조직에 내재한 권위를 그들이 불신하기 때문이라고 보았다. 컴프턴이 처음으로 과학자들에게 산업체가 건설과 생산 책임을 맡는 편을 선호한다고 말했을 때는 거의 반란이 일어날 뻔했다. 85) 제1차 세계대전 당시 해군자문위원회(발명가, 엔지니어, 기업가로 구성된)와 국가연구위원회(물리학자로 구성된) 사이에 빚어진 경쟁관계의 일부가 시카고에서 다시 수

---

82) Groueff, *Manhattan Project*, pp. 28~29.

83) Ibid., pp. 29~30.

84) Arthur Holly Compton, *Atomic Quest: A Personal Narrative* (New York: Oxford University Press, 1956), p. 169.

85) Ibid., p. 109.

면 위로 떠오른 셈이었다. 그로브스는 과학자들에게서는 규율을 찾아볼 수가 없다는 주장으로 시카고 과학자들의 이러한 느낌을 더욱 악화시켰다. 그는 "당신들은 명령을 내리는 법도 받는 법도 모르지 않소"라고 컴프턴에게 불만을 털어놓았다. 이에 컴프턴은 과학자들의 규율은 사실을 추구하는 자기규율이라고 대꾸했다.[86]

1943년 초가 되자 금속연구소의 과학자들은 이 연구소가 듀폰 사에 기여는 하지만 위치는 분명 종속된 하부 단위가 되었다고 믿었다.[87] 이러한 새로운 역할은 페르미 밑에서 일하는 실험물리학자들과 비그너 밑에서 일하는 이론물리학자들을 낙담하게 했다. 비그너는 그가 제안한 수냉식 생산 파일을 듀폰에서 처음에는 거부했다가 다소 시간이 흐른 후에 받아들이는 것을 보았다. 이는 듀폰이 선택해 건설 중인 공랭식 시험용 생산 공장이 수냉식으로 건설될 실물 규모 공장에 좋은 모델이 될 수 없음을 의미한다고 그는 썼다. 그는 듀폰이 자신이나 동료 과학자들 중 어느 누구도 회사의 설계 그룹에 초빙하지 않은 것에 대해 크게 실망했다.

1943년 2월이 되자 비그너는 모든 희망을 잃었다. 듀폰은 실수를 연발하는 것처럼 보였지만, 듀폰의 연락책인 크로퍼드 그린월트는 도와주겠다는 모든 제안을 단호하게 거절하였다.[88]

비그너는 자신이 협력의 장애가 되고 있다고 생각해 사직서를 냈

---

86) Ibid., pp. 113~114.
87) Hewlett and Anderson, *New World*, p. 199.
88) Ibid., p. 201.

지만 컴프턴은 그에게 한 달간 잠시 떠나 있다가 연구를 계속해 달라고 설득했다.

실라르드 역시 군대-산업체가 주도권을 가진 데 크게 실망했고 이에 반발했다. 그로브스는 나중에 비공식적인 자리에서 실라르드는 모든 고용주가 말썽꾼으로 간주해 해고했을 유형의 인물이라고 말한 바 있다. 리처드 로즈는 맨해튼 프로젝트의 역사를 다룬 책에서 "그로브스는 실라르드의 뻣뻣한 성격을 그가 유대인이라는 사실에 돌린 것 같다"고 추측했다. 89) 그로브스와 실라르드는 오랜 기간 서로 대립했다. 실라르드는 그로브스가 과학자들을 구획화(compart-mentalization) 하고 보안을 이유로 정보 교환에 제약을 둔 것을 날카롭게 비판했다. 실라르드는 과학에서의 상상력과 창의성을 위해서는 의견 교환과 이용의 자유가 필요하다고 주장했다. 그는 자신의 주장을 뒷받침하기 위해 19세기 말의 독립발명가들의 말을 인용할 수도 있었을 것이다. 실라르드가 보안 규정을 어기고 파일 설계를 넘겨받기 위해 찾아온 듀폰의 엔지니어들을 괴롭히는 일이 생기자, 그로브스는 실라르드를 적(敵) 국적 거류 외국인이라고 칭하면서 그를 전쟁 기간 억류해 둘 것을 제안하는 편지 초안을 작성했다. 아서 컴프턴은 미리 손을 써서 그로브스가 이 편지를 보내고 행동을 취하는 것을 막을 수 있었다. 90)

1942년 말에 실라르드는 자신의 논점을 강조할 수 있는 수단을 찾았다고 믿게 되었다. 자신이 — 아마도 페르미와 공동으로 — 연쇄

---

89) Rhodes, *Making of the Atomic Bomb*, p. 502.
90) Ibid. , p. 503.

알베르트 아인슈타인과 레오 실라르드

반응의 발명에 관한 특허를 출원할 생각이 있다고 선언한 것이다. 이 발명은 두 사람이 정부의 재정지원을 받기 전에 해낸 것이었다. 실라르드는 발명과 특허 방면에서 결코 문외한이 아니었고, 1924~1934년 사이에 독일에서 29건의 특허를 혼자서 또는 아인슈타인과 공동으로 출원한 적이 있었다(공동으로 출원한 특허는 대부분 가정용 냉장고에 관한 것이었다). [91] 이 문제는 부시의 귀에까지 들어갔는데, 부시는 실라르드가 특허 출원을 할 만한 근거가 없다고 주장했다. 실라르드가 시카고대학에 고용될 당시 이전에 한 발명에 대해 대학 측에 공개하지 않았다는 이유에서였다. 1943년, 정부의 한 법률자

---

91) Ibid. , pp. 20~21.

문은 실라르드가 특허를 얻을 만한 발명을 하지 못했다는 자신의 견해를 그에게 말해 주었다. 혹시라도 실라르드가 특허를 얻을 경우를 대비해, 그로브스는 실라르드가 특허를 정부에 넘기겠다는 데 먼저 동의해야만 정부가 특허권 협상에 나설 것이라고 그에게 일러두었다. 그로브스는 이와 함께 정부는 실라르드와 시카고대학 간의 계약 협상에도 관여할 것이라는 얘기를 해주었다(곧 계약기간이 만료되어 재계약이 임박한 시점이었다). 실라르드는 이 말을 계속 폭탄 연구를 할 기회를 가지려면 자신의 특허권 — 만약 얻는다고 할 때 — 을 내놓아야 한다는 요구로 (아마도 옳게) 이해했다. 그로브스와 대립하기 전에 실라르드는 특허권에서 나오는 모든 보수를 원자에너지 개발을 담당한 과학자들의 지도를 받는 정부 회사에 넘기겠다고 말한 적이 있었다. 전쟁이 끝나고 10년 후에 실라르드와 페르미는 원자로의 발명에 대한 특허를 취득했다. 92)

그린월트는 듀폰과 시카고 연구소 간의 연락책이라는 난감한 임무를 담당하고 있었다. 그는 듀폰의 플루토늄 프로젝트 담당 부서에서 연구단위의 책임을 맡고 있었다(그는 전쟁 후에 듀폰 회장이 되었다). 그린월트는 자신들의 연구소가 듀폰 사 폭약 부서의 야전 분소가 되어 버렸다는 시카고 과학자들의 우려를 진정시키려 애썼다. 그는 듀폰 연구팀이 실험으로부터 도출된 정보를 시카고에 요청할 것이며, 이 정보에 부분적으로 근거해 만든 듀폰의 설계안을 시카고로 가져와 검토 받을 것이라고 말했다. 현명하게도 그린월트는 물리학자들의 '우두머리' 역할을 맡아 달라는 그로브스의 요청을 거절했다.

---

92) Ibid., pp. 504~508.

실라르드나 비그너 같은 사람들은 오로지 탁월한 물리학자의 지도력에만 따를 것이란 사실을 알아차렸기 때문이다. 그린월트는 듀폰이 "일을 해내기 위해" 프로젝트에 참여한 것이지, "그들의 두뇌를 착취하"거나 "원자에너지에서 돈다발을 긁어모으기" 위해서 참여한 것이 아니라고 과학자들을 안심시켰다. 93) 그는 듀폰이 나일론 개발에서 기초연구를 응용해 성공을 거둔 사실을 환기했다.

그로브스와 듀폰 플루토늄 프로젝트의 책임자인 로저 윌리엄스는 안전상의 이유로 소규모 플루토늄 원자로를 시카고 인근의 아르곤 대신 인구밀도가 희박한 테네시 주에 건설하기로 결정했다. 그러나 이 결정은 컴프턴이나 다른 과학자들의 의견은 들어 보지도 않고 내려졌고, 그린월트는 "서투르게 처리된 험악한 상황"에 대응해야 하는 처지가 되었다. 94) 그린월트는 컴프턴을 설득해 시카고에서의 연구 관리를 재조직하는 데 다소의 성공을 거두었다. 그는 과학자들이 엔지니어링 설계를 동결하는 것을 꺼리고 그 대신 새로운 정보가 입수되는 대로 설계에 변화를 주는 쪽을 선호한다는 사실을 알게 되었다. 결국 그는 많은 시간이 소요되는 엔지니어링 설계의 복잡성 때문에 건설이 시작되려면 변화를 허용하지 않는 엄격한 결정이 요구된다고 몇몇 과학자들을 설득할 수 있었다. 그러나 그의 기지와 인내에도 불구하고 그린월트는 비그너와 좋은 관계를 유지하는 데는 성공하지 못했고, 이는 그에게 "크나큰 슬픔"을 야기했다. 95)

---

93) 그린월트의 말을 Hounshell and Smith, *Science and Corporate Strategy*, p. 340에서 재인용.

94) 그린월트의 말을 Hounshell and Smith, "Science and corporate strategy", uncut manuscript, chap. 11, p. 34에서 재인용.

핸퍼드 플루토늄 생산용 원자로

그로브스와 듀폰은 시카고에서의 불만 표출에도 아랑곳하지 않고 계속 일을 추진했다. 1943년 2월, 그로브스는 플루토늄 생산용 파일, 플루토늄 분리 공장, 그리고 노동자 숙소에 쓸 부지로 워싱턴 주 핸퍼드에 50만 에이커의 땅을 구입했다. 이처럼 넓은 부지는 지역민들과 거리를 두고 비밀을 유지하는 데 필요한 고립상태를 제공했다. 이 고립된 장소는 컬럼비아 강에서 냉각 용수를, 그랜드 쿨리와 보너빌 수력발전 댐에 연결된 고전압 송전선으로부터 전력을 공급받았다. 뒤이어 건설 공사가 시작되었고, 이 작업은 시카고 과학자들로부터의 실험 데이터 확보, 듀폰의 시설 설계와 동시에 진행되었다. 엔지니어들로서는 대단히 이례적이면서 극도로 신경을 날카롭게 하는 경험이었다.

1944년 9월 13일, 생산용 파일 중 하나에 수천 개의 우라늄 덩어리를 적재할 준비가 되었다. 그해 6월에 건설 공사가 최고조에 이르렀을 때는 고용된 사람이 4만 2천 명에 달했다. 엄청난 규모의 장비들이 정밀 시계 제조업에서나 찾아볼 수 있는 수준의 오차 범위 내에서 조립되었다. 우수한 기능을 갖추고 특수 훈련을 받은 용접공들이 고방사능 물질을 담을 누출방지 용기들을 만들어 냈다. 숙련된 목수, 기계정비공, 배관공, 전기기사들 역시 전에 없던 문제들을 해결

---

95) 그린월트의 말을 Hounshell and Smith, *Science and Corporate Strategy*, p. 340에서 재인용.

핸퍼드 엔지니어링 공장

했다. 배관공들의 낮은 생산성이 핸퍼드에서 유일하게 지속된 노동
문제였다. 그로브스는 국제배관공노조 위원장이던 M. P. 더킨(나
중에 노동부 장관이 되었다)을 개인적으로 설득하려 했다. 그러나 그
로브스는 나중에 "그는 우리의 호소에 전혀 관심이 없는 듯 보였다"
라고 썼다.[96]

   핸퍼드에는 처음에 플루토늄을 생산하는 3개의 거대한 생산용 파
일 또는 원자로와 4개의 플루토늄 분리 공장이 있었다. 분리 공장은
생산용 파일에서 일어난 연쇄반응의 다른 생성물로부터 플루토늄을

---

96) Groves, *Now It Can Be Told*, p. 101.

분리하는 역할을 했다. 1941년 2월 버클리에서 플루토늄을 발견한 젊은 화학자 글렌 시보그가 분리 공정을 개발했다. 나중에 그와 다른 과학자들은 "플루토늄이 거의 믿을 수 없을 정도로 매우 별난 물질"이라는 사실을 발견했다. 플루토늄은 어떤 조건에서는 딱딱하고 부스러지기 쉬웠지만, 다른 조건에서는 납처럼 부드럽고 모양을 마음대로 만들 수 있었다. "이 물질은 심지어 아주 작은 양만으로도 독성이 지독하게 강했다."[97]

아서 컴프턴, 페르미, 로저 윌리엄스(듀폰에서 프로젝트 책임을 맡은 엔지니어), 그린월트는 1944년 9월 처음 완성된 파일에 우라늄 덩어리들을 적재하는 것을 직접 보기 위해 참석했다. 이는 수천 명의 사람의 사고와 노동이 빚어낸 결과물이었다. 2주 후에는 파일에 플루토늄을 생산하는 연쇄반응을 일으킬 만큼 충분한 양의 우라늄이 적재되었다. 그런데 처음 몇 시간 동안에는 출력 수준과 연쇄반응이 예측치에 따라 증가했지만, 그 후에는 출력이 떨어지기 시작했고 끝내 오전 6시 30분에는 파일 가동이 완전히 중지되었다. 깊이 실망한 데다 핸퍼드가 끔찍한 대실패가 될지도 모를 가능성에 놀란 과학자와 엔지니어들은 일견 재앙에 가까운 실패로 보이는 이 현상에 대해 다각적인 설명을 찾아 나섰다. 그러나 다음날 파일은 저절로 재가동되었고, 핵반응은 전날 수준까지 올라갔다가 다시 한 번 서서히 가동이 중단되었다.

이를 본 물리학자 존 휠러가 한 가지 진단을 제시했다. 그는 핵반응이 플루토늄 생산의 부산물 중 하나에 의해 '중독'될 가능성을 연

---

97) Groueff, *Manhattan Project*, pp. 152~153.

구해 왔다. 그는 독물질이 우라늄 핵분열에서 방출되는 중성자 중 일부를 흡수해, 연쇄반응을 유지할 충분한 수의 중성자가 남지 않을 것으로 추측했다. 휠러는 파일의 특성을 잘 알고 있었는데, 이는 그가 시카고의 대다수 과학자들과는 달리 듀폰의 엔지니어들과 긴밀하고 조화로운 공동 작업을 해왔기 때문이다. 그는 엔지니어들이 "선호하는 과학자"였다. 98) 그는 파일이 가동 중지되었다가 재가동되는 데 걸리는 시간을 보고 크세논-135가 독물질이라고 판단했다. 이전에도 그린월트가 동일한 가설을 제시한 적이 있었다. 휠러는 반감기가 수 시간 정도인 크세논 동위원소가 없어질 때 연쇄반응이 재개된다고 추론했다. 페르미는 이런 진단에 이내 동의했지만, 확인 차원에서 시카고 과학자들이 아르곤에 건설한 실험용 파일의 가동에 대한 문의를 보냈다. 그곳에서 과학자들은 파일을 최대 출력으로 가동했을 때 비슷한 효과가 나타난다는 기록을 보내왔고, 이는 휠러가 지목한 크세논이 독물질임을 확인해 주었다.

그러나 그로브스는 이 일화를 전해 듣고 화를 내며 펄펄 뛰었다. 이전에 그가 실험용 파일을 최대 출력으로 가동해 보도록 시카고 과학자들에게 명령을 내린 적이 있었는데, 이 명령이 무시되었음을 뒤늦게 알았기 때문이다. 만약 그의 명령대로 했다면 크세논 중독은 더 일찍 발견되었을 것이다. 컴프턴은 이에 사과했지만, 그로브스를 달래려고 시카고 과학자들은 파일을 최대 출력으로 가동하는 대신 이를 핵반응에 관해 중요한 새 발견을 하는 데 이용했다고 덧붙였다.

---

98) Ibid. , pp. 306~307.

시카고 과학자들은 종종 지나치게 보수적인 듀폰의 설계를 헐뜯곤 했는데, 특히 파일의 냉각재 문제에서 그랬다. 그들은 듀폰이 자사의 명성을 지키기 위해 실패의 위험을 조심스럽게 낮추고 있으며, 이 때문에 정부 지출 증가와 프로젝트 지연이라는 대가를 치르고 있다고 공격했다. 하지만 핸퍼드에서는 보수적인 설계가 실패로 돌아갈 뻔한 것을 가까스로 성공으로 바꿔 놓았다. 휠러의 파일 중독 연구를 보고 사전에 주의를 받은 듀폰의 설계 엔지니어들은 핸퍼드 파일에 우라늄을 이론, 실험, 계산에서 요구되는 것보다 더 많이 적재할 수 있도록 만들었다(금속연구소의 과학자들은 이것을 '터무니없는 보수적 태도'의 대표적 사례로 인용하곤 했다). 그러나 이러한 초과 용량 덕택에 파일 내의 우라늄 양을 증가시켜 중독 효과를 극복할 수 있었다. 핸퍼드의 다른 파일들 역시 이에 맞게 설계 변경되었고, 12월 말에는 2개의 파일에서 생산 공정이 진행되었다. 세 번째 파일은 그로부터 6주 후에 준비되었다. [99]

---

99) Ibid., pp. 302~309; Hewlett and Anderson, *New World*, pp. 304~308.

오크리지와 전자기분리법

정부는 핸퍼드에서 플루토늄 생산용 원자로를 건설하는 한편, 테네시 주 오크리지에 또 다른 폭발물질인 우라늄-235(U-235)의 생산 공장을 건설하는 계약을 맺었다. 오크리지에는 수많은 생산 공정, 회사, 대학, 탁월한 과학자 및 엔지니어들이 관여했기 때문에, 우리가 사건의 전개를 상세하게 따라가기 이전에 그곳에서 이루어진 활동을 개관해 볼 필요가 있다. 1942년 가을, 육군은 녹스빌 인근 부지를 선정했다. TVA에서 나온 전력, 적절한 용수 공급, 철도 연결, 드물게 흩어져 있는 정착지 등의 요인을 감안해 내린 결정이었다. 캘리포니아대학(버클리)과 컬럼비아대학, 그리고 그 외의 곳에서 이루어진 실험 연구에 따라, 오크리지에는 우라늄 동위원소 235를 생산하는 3가지 주요 공정을 위한 설비가 마련되었다. 전자기분리법(electromagnetic separation), 기체확산법(gaseous diffusion), 열확산법(thermal diffusion)이 그것이었다. 핸퍼드에서의 플루토늄 생산과 마찬가지로, 대학의 과학자들과 산업체들은 U-235 생산에 서로 힘을 모았다. 캘리포니아대학의 물리학자 로렌스와 그의 버클리 연구소가 전자기 공정을 설계했다. 거의 같은 시기에 스톤 앤드 웹스터는 핸퍼드에 지을 실물 규모의 시설 설계에 필요한 기술 데이터를 얻기 위해 작은 공랭식 플루토늄 시설 또는 시험용 생산 공장을 건설하였다. 오크리지 단지가 엄청난 규모를 가질 것이 확실해지자 그로브스는 서둘러 다른 기업들을 청부업체로 끌어들였다. "이미 박사들이 너무 많아 몇 명인지 셀 수 없을 정도였기" 때문에 '인텔리'는 더 이상 원치 않은[100] 그는 테네시 이스트먼 사(Tennessee Eastman Corporation) — 이스트먼 코닥(Eastman Kodak)의 운영 담당 자회사(연구개발 담당이 아닌) — 를 설득해 전자기분리 공장(Y-12 공장)의 운영을 맡도록 했다. 뒤이어 웨스팅하우스, 제너럴 일렉트릭, 앨리스-차머스 제조회사가 전자기분리 시설에 들어갈 장비의 생산 계약을 맺었다.

U-235 생산을 위한 기체확산법의 예비 연구는 컬럼비아대학의 과학자들이 수행하였다. 컬럼비아대학 연구팀은 중수소를 분리해 1934년 노벨상을 받은 미국의 화학자 헤럴드 유리가 이끌고 있었다. 1943년 초, 그로브스는 규모가 크고 경험 많은 엔지니어링-건설 회사인 켈로그 사를 끌어들여 오크리지에 기체확산법 공장을 설계하고 건설해 줄 것을 요청했다. 켈로그는 자회사로 켈렉스 사(Kellex Corporation)를 설립해 해당 업무를 맡기고 실패할 경우 생길 비난을 감당하도록 했다. 이어 그로브스는 유니언 카바이드 앤드 카본 사(Union Carbide and Carbon Company)의 자회사인 카바이드 앤드 카본 케미컬 사에 설계 및 건설 업무 지원과 공장 운영을 맡겼다. 그외에 크라이슬러 사(Chrysler Corporation)와 앨리스-차머스도 하청업체에 포함되었다. U-235를 분리하는 오크리지의 세 번째 생산 공정인 열확산 공정 설계는 물리학자 필립 에이벌슨이 담당했다. 미해군의 지원을 받던 에이벌슨은 처음에 맨해튼 프로젝트와는 완전히 독립적으로 연구하고 있었다. 그로브스가 에이벌슨과 그가 설계한 공정을 맨해튼 프로젝트의 일부로 통합하는 결정을 내린 후, 오

---

100) Hewlett and Anderson, *New World*, p. 148.

하이오 주 클리블랜드에 있는 퍼거슨 사(H. K. Ferguson Company)가 1944년 6월 열확산법 공장의 건설 계약을 맺었다. 회장의 젊은 미망인인 H. K. 퍼거슨 부인이 클리블랜드 소재의 회사 대표 자격으로 그로브스와 협상을 벌였다.

오크리지에서 과학자와 산업가 간의 관계는 시카고에서 금속연구소와 듀폰이 맺은 관계와는 다소 차이가 있었다. 사우스다코타 평원의 작은 마을에서 태어나 사우스다코타대학, 미네소타대학, 시카고대학, 예일대학에서 교육을 받은 후 캘리포니아대학(버클리) 교수가 되고 1939년에 노벨 물리학상을 받은 로렌스는 맨해튼 프로젝트에서 에디슨 같은 인물이었다. 그는 비그너나 실라르드와는 전혀 다른 개성을 지녔다. 싱클레어 루이스의 소설 《메인 스트리트》(Main Street)의 세계에 속했다면 그는 아마 '열정적 지지자'(booster)로 — 이 경우에는 과학에 대한 — 알려졌을 것이다. 에디슨과 마찬가지로 그는 수학적 추론에 대해 혐오에 가까운 감정을 가지고 있었다. 맨해튼 프로젝트에 참여한 다른 많은 과학자와는 달리, 그와 그로브스는 처음부터 서로에게 호의적인 반응을 보였다.

로렌스는 복잡한 기계의 발명가이자 건설자로서, 자신의 연구소의 우두머리로서, 자신의 프로젝트에 대한 열정적 후원자이자 자금 조달자로서, 일군의 젊은 동료들에 대해서는 의지가 굳고 추진력이 강한 책임자로서 맨해튼 프로젝트의 성격과 미국 과학의 발전에 커다란 영향을 미쳤다. 에디슨과 마찬가지로 그는 집중적이고 지속적인 에너지의 분출과 실험실에 앉아 있으면서 잠시 눈을 붙여 휴식을 취하는 능력으로 전설이 되었다. 그와 함께 일한 대학원생들은 그를 '거장'(maestro)이라고 칭했다. 사우스다코타대학 학부 시절 공학을 공부한 로렌스는 나중에 실험물리학자가 되어 실험, 문제풀이, 기계제작을 중시하는 엔지니어의 접근법을 받아들였다. 그와 실험실 조수들 — 이들 중 상당수는 캘리포니아대학(버클리)의 박사과정 학생이거나 박사 후 연구원(post doc)이었다 — 은 자신들이 직접 설계하고 건설한 대형 기계를 가지고 공동으로 실험했다는 점에서 물리학의 미래 진로를 예견케 했다. 어떤 의미에서 그들은 기계를 놓고 서로 다른 입장으로 양극화되었다고 할 수 있다. 나중에 원자폭탄에 들어갈 폭발물질을 생산하는 과정에서 기계에 초점을 맞추는 로렌스의 접근법은 어려운 화학적 문제들을 무시하는 결과를 낳았다.

로렌스는 예일대학의 자리를 떠나 야심차게 부상하던 버클리의 물리학과 부교수로 옮긴 직후, 당시 유럽과 미국의 물리학자들이 연구하던 문제를 푸는 데 도움이 될 기계의 발명에 관한 아이디어를 떠올렸다. 그들의 목표는 원자핵을 뚫고 들어갈 수 있는 고에너지 입자를 만들어 원자의 내부 구조를 밝히는 것이었다. 1929년에 그는 독일 저널인 〈전기기술 기록〉(*Archiv für Elecrotechnik*)을 뒤적이다가 한 노르웨이 엔지니어가 그린 도면을 발견했다. 롤프 비더뢰는 엄청난 양의 에너지를 써서 한 번에 효과를 얻어 내는 대신, 낮은 전압을 반복적으로 사용해 이온의 에너지를 연속적으로 끌어올리는 장치를 설계했다. 입자에 대해 정확하게 조정된 힘을 계속 가하는 것은 그네에 탄 아이를 적절한 타이밍과 위치에서 계속 밀어 점점 높이 올려 보내는 것과 흡사했다. 101) 로렌스의 발명은 회전하는 전기자 대신 회전

---

101) Herbert Childs, *An American Genius: Ernest Orlando Lawrence*(New York: E. P. Dutton, 1968), p. 138.

하는 아원자 입자들의 흐름이 있는 전기모터 같은 것이었다. 입자들이 충분한 가속을 얻으면, 이를 고에너지 입자들의 빔으로 뽑아낸다. 102) 로렌스의 발명에 대한 안목은 노르웨이에서처럼 일자형 튜브를 사용하는 대신, 입자들을 가속하는 경로로 원형 트랙을 사용해 에너지를 더욱 끌어올릴 수 있는 가능성을 보았다는 점에 있다. 이후 며칠 동안 그는 친구들을 상대로 "나는 원자를 포격해 깨뜨릴 거야!"라거나 "나는 유명해질 거야!" 하는 식으로 요란스럽게 떠들고 다녔다. 103)

로렌스는 국가연구위원회와 그 외 다른 곳으로부터 열심히 자금을 끌어모았고, 대학원생들에 둘러싸여 점점 더 많은 시간을 실험실에서 보내며 원형 자기공명가속기의 다양한 설계를 실험했다. 1932년이 되자 로렌스와 M. 스탠리 리빙스턴 — 대학원생이었다가 나중에 조수가 된 — 은 백만 전자볼트의 에너지를 가진 수소 이온, 즉 양성자를 산출하는 가속기[나중에 사이클로트론(cyclotron)이라고 불리게 되는]의 가동에 성공했다. 리빙스턴이 기계의 출력을 올려 칠판에 '1백만 볼트'라고 쓰자 로렌스는 방을 돌면서 춤을 추었다. 104)

나중에 성공적인 기계제작 과정에서 결정적 문제를 해결한 전자기적 빔 집중의 발명에서 리빙스턴과 로렌스가 각각 얼마만큼 기여했는가를 놓고 논쟁이 벌어졌다. 로렌스는 1932년 1월 26일에 사이

---

102) Compton, *Atomic Quest*, p. 5.

103) Childs, *An American Genius*, pp. 139~140.

104) Ibid., p. 168; Daniel J. Kevles, *The Physicists: The History of a Scientific Community in Modern America* (New York: Vintage Books, 1979), p. 229.

클로트론 특허를 출원하면서 이것이 자신의 단독 발명이라고 기술했는데, 이는 에디슨이 연구소의 우두머리로서 한 행동을 연상시킨다. 나중에 리빙스턴은 자신의 이름이 빠진 것에 대해 씁쓸해했다. 그러나 로렌스가 이 특허를 금전적으로 이용한 적은 없었다. [105]

사이클로트론 결과에 크게 고무된 로렌스는 공과대학에서 버린 낡은 건물을 얻어 이를 방사연구소〔Radiation Laboratory, '래드랩'(Rad Lab)으로 흔히 줄여 부른다〕라고 이름 붙였다. 그는 규모가 더 큰 사이클로트론을 건설하기 위해, 연방전신회사(Federal Telegraph Company)가 태평양 횡단 송신에 쓰려고 준비했다가 버린 84톤짜리 자석을 선물로 받아 냈다. 이 선구적인 작업을 알게 된 박사 후 연구원들은 래드랩에 모여들었다. 1932년이 끝나기 전, 이 거대한 자석을 사용한 강력한 새 기계는 400만 전자볼트 이상을 만들어 냈다. 그해 초에 케임브리지대학에 있는 캐번디시 연구소의 존 코크로프트와 어니스트 토머스 S. 월턴은 겨우 12만 5천 전자볼트로 작동하는 기계를 가지고 고에너지 양성자를 리튬 원자핵에 충돌시켜 붕괴시킴으로써 로렌스를 앞질렀다. 로렌스는 코크로프트와 월턴에게 축하의 말을 건넨 후, 훨씬 더 강력한 자신의 기계를 이용해 더 많은 원소를 포격해 변환하는 실험을 해나갔다. 과학자들은 이제 원자구조를 뚫고 탐구하기 위해 세상에 얼마 안 되는 양의 라듐을 알파선 또는 알파입자의 원천으로 사용할 필요가 없게 되었다. 얼마 지나지 않아 래드랩의 사이클로트론은 화학물질의 새로운 동위원소를 만들

105) Nuel Pharr Davis, *Lawrence and Oppenheimer* (New York: Simon & Schuster, 1968), pp. 42~44.

어 냈고 실험적인 암 치료법 개발을 촉진했다. 로렌스는 과학적 문제해결에 상상력 넘치는 대규모의 엔지니어링 접근을 시도하고 자금을 끌어들이는 데 있어 인상적인 성공을 거둔 것으로 세계적으로 유명해졌다. 방사연구소는 핵물리학자와 핵화학자들의 메카가 되었다. 시카고대학 물리학과의 고도로 개인주의적인 분위기에서 대학원을 다닌 물리학자 루이스 앨버레즈는 이렇게 썼다.

> 버클리에는 자기 방을 가진 사람이 아무도 없다. 방사연구소는 큰 목조 건물 한 채인데, 그 안에 있는 다양한 연구 구역 사이에는 문이 없기 때문이다. 모든 사람이 연구하는 사이클로트론은 … 어느 누구에게 속한 것이 아니었다. 106)

미국 핵물리학의 중추적 인물이었던 로렌스가 1941년에 핵분열 폭탄의 가능성을 감지한 것은 그리 놀랄 일이 아니다. 그해 9월에 그와 코넌트가 시카고에 명예학위를 받으러 갔을 때, 로렌스는 아서 컴프턴과 코넌트에게 나치 독일이 먼저 원자폭탄을 만들 수도 있다고 다급한 경고의 말을 던졌다. 그는 그들에게 플루토늄과 U-235 폭탄이 모두 가능성 있다고 말했다. 107) 로렌스의 정보와 설득력 있는 주장을 듣고 당시 국방연구위원회 의장을 맡고 있던 코넌트는 이

---

106) Luis W. Alvarez, "Berkeley: A lab like no other", *Bulletin of the Atomic Scientists*, 30 (April 1974), 18~21를 Richard Hewlett, "Nuclear physics in the United States during World War II", unpublished manuscript, 4에서 재인용.

107) Compton, *Atomic Quest*, pp. 6~7.

1935년 실라르드(왼쪽 앞)와 어니스트 O. 로렌스

렇게 물었다.

"어니스트, 당신은 이 핵분열 폭탄의 중요성에 대해 확신하고 있다고 했지요. 당신은 생애의 다음 몇 해를 바쳐 그 폭탄을 만들어 낼 각오가 되어 있나요?"

로렌스는 깜짝 놀랐다. 그의 일정은 으레 그렇듯 이미 많은 일거리(그중 많은 것이 국방 관련 업무였다)로 꽉 차 있었고, 그는 평상시와 같은 열정으로 이 업무들에 전념하던 참이었다. 그는 잠시 망설인 후에 답했다.

"그게 내 일이라고 한다면 해야겠죠."[108]

이후 로렌스는 자신이 만든 사이클로트론을 핵분열물질 생산실험

로렌스 방사연구소의 152센티미터 사이클로트론

을 위해 개조하는 작업에 착수했다. 그는 1940년에 무게가 4,900톤
이 나가는 거대한 467센티미터 사이클로트론을 건설하기 위해 록펠
러 재단에서 백만 달러가 넘는 연구비를 받았다. 로렌스와 동료들은
이것을 원자폭탄에 쓸 U-235를 분리하기 위한 질량 분석기로 재설
계하기 시작했다. 로렌스의 프로젝트에 관심을 갖게 된 그로브스는
버클리를 방문했다. 스포츠 재킷과 회색 플란넬 바지를 입고 열정으
로 가득 찬 젊은 로렌스가 역으로 그를 마중 나갔다. 그는 그로브스
를 차에 태우고 무시무시한 속도로 난폭운전을 하여 사이클로트론
과 질량 분석기를 보여 주었다. 그로브스는 목적의식이 분명한 연구
소의 북적거림을 보고 감명을 받았으나, 우라늄의 산출량이 너무 적

---

108) Ibid., p. 8.

은 것에는 실망한 모습이었다. 로렌스는 이에 굴하지 않고 샌프란시스코 만과 다리가 멋지게 굽어보이는 래디에이션 힐(Radiation Hill)에 위치한 신형 467센티미터 기계로 그를 안내했다. 세상에서 가장 큰 건물(펜타곤)을 건설한 그로브스는 467센티미터 기계에 세상에서 가장 큰 자석이 들어 있다는 사실을 알게 되었다. 로렌스는 자기력으로 가벼운 U-235 동위원소를 무거운 U-238로부터 분리하는 방법을 그로브스에게 설명해 주었다. 핵분열을 할 수 있는 U-235가 얼마나 생산되었는지에 대해 그로브스가 조바심을 내며 묻자, 로렌스는 아직 감지할 수 있는 정도가 아니라고 답했다.

"보시다시피 … 아직은 모든 게 실험적인 단계입니다."[109]

나중에 비판자들은 로렌스는 늘 기존 기계가 못하는 일을 다음 번 기계로 해주겠다고 약속했다며 비꼬았다.

그러나 그로브스는 열정적이고 말이 잘 통하는 젊은 노벨상 수상자의 실험적·공학적·기업가적 스타일이 마음에 들었다. 그는 다른 곳의 과학자들이 U-235의 대규모 생산가능성에 대해 회의적인 태도를 보였는데도 전자기 공정에 필요한 자원을 투입했다. 시카고 과학자들이 그토록 심하게 비판한 스톤 앤드 웹스터의 엔지니어들에게 로렌스를 도와 U-235를 대량생산하는 그의 계획을 발전시키라는 과업이 주어졌다. 과학과 엔지니어링 사이에 긴장이 존재한 시카고-듀폰 관계와는 달리, 전자기 프로젝트는 로렌스와 대부분 미국 태생인 젊은 과학자들이 주도했다. 전쟁 업무의 증가로 물리학자와 기술자의 공급이 부족해지자, 로렌스는 재간을 발휘해 실험실에 필

---

109) Groueff, *Manhattan Project*, pp. 35~39.

요한 인력을 가차 없이 끌어들였다. 그는 철학 교수였던 친구를 설득해 연구소 시설의 관리를 맡겼고, 천문학 교수에게는 과학 인력을 감독하게 했다. 그는 자기 밑에 있는 사람들에게 무언가를 잘할 것 같아 보이는 사람이면 누구든지 끌어들여 달라고 요청했다. 새로 채용된 사람들 중 많은 수는 새로 맡은 직무에 경험이 없었기 때문에, 그는 실수 때문에 낙담하지 말라고 그들에게 주의를 주었다. 그 누구도 전문가가 될 수 없는 미지의 영역을 탐구하는 자기 자신 역시 수많은 실수를 해왔기 때문이다. 과거 엘머 스페리나 다른 독립발명가들처럼, 그는 젊은 물리학자들에게 이론을 뛰어넘어 시작하고 어려움을 우회하는 발명을 하라고 말했다. 110) 스페리는 헤엄치는 법을 배우려면 깊은 물에 뛰어들어야 한다고 충고한 바 있다.

그로브스의 후원과 스톤 앤드 웹스터 엔지니어들의 존경을 한 몸에 받은 로렌스는 1942년 말 테네시 주 오크리지에 전자기적 생산시설(Y-12)의 건설을 시작해야 한다고 그들을 설득했다. 그로브스는 이 공장을 'Y-12'로 칭했다. 캘리포니아에서 설계되고 테네시에서 만들어진 기계에는 '칼루트론'(calutron)이라는 이름이 붙여졌다. 모든 설비가 완료되자 그것에 설치된 자석을 모두 합친 무게는 한때 세상에서 가장 거대했던 467센티미터 사이클로트론 자석의 100배에 달해 이를 무색케 했다. 이 거대한 기계들은 전례 없이 높은 수준의 진공을 필요로 했다. 맨해튼 프로젝트는 미 재무부로부터 4억 달러의 은괴를 빌려 자석에 들어가는 코일에 사용했다. 이 공정은 매일 100그램 정도의 U-235를 생산할 예정이었다. 111)

---

110) Childs, *An American Genius*, p. 335.

1943년 9월에 이 공정을 처음 대규모로 시도했을 때, 그 결과는 기대에 미치지 못했다. 수없이 생기는 전기 단락, 진공탱크의 누설, 화학장비의 고장, 예비부품 부족, 기계 조작자들의 경험 부족, 대대적인 보수를 위한 장기간의 가동 중단으로 프로젝트의 지지자들 중 일부는 자포자기 상태에 이르렀다. 그러나 로렌스는 포기하지 않았다. 몇몇 사람들은 그가 마치 침몰하는 배의 선장처럼 행동하고 있다고 느꼈다. 선원들에게 확신을 불어넣기 위해 모든 것이 계획대로 되어 가고 있다고 우기는 그런 선장 말이다. 로렌스는 방사연구소의 과학자들이 발명가처럼 지식과 기계를 만지는 능력을 갖추고 있어 자신들이 설계에 도움을 준 물건들을 제대로 작동하도록 만들 수 있음을 알고 있었다. 그는 100명이 넘는 물리학자, 엔지니어, 기술자들을 버클리 언덕의 지적 흥분과 상쾌한 조망에서 강제로 끄집어내어 새롭게 산업화된 테네시 주 시골의 진흙탕과 열악한 숙소에 던져넣었다. 거기서 그들은 골칫덩어리 기계들과 악전고투하던 테네시 이스트먼의 기계 조작자들이 엄청난 혼란을 겪으면서 사기가 크게 떨어진 것을 보았다. 심지어 그로브스조차 비관적이었지만, "어니스트의 손아귀에 쥐여 있는" 것처럼 보였다.[112] 그로브스가 로렌스에게 그의 명성이 달려 있음을 무뚝뚝하게 상기시키자, 로렌스는 자신은 이미 확고한 명성을 쌓고 있으니 **장군의** 명성이나 챙기라고 유쾌한 듯 답했다.

로렌스와 그 휘하의 사람들조차 모든 문제를 해결하지는 못했고

---

111) Ibid. , p. 341.
112) Ibid. , p. 345.

모든 사람에게 '버클리 정신'을 불어넣지도 못했다. 48개의 거대한 자석들은 밀워키에 있는 제조업체인 앨리스-차머스로 돌려보내 세척과 개조를 해야 했다. 이 자석들은 많은 전류가 흐르는 선들이 너무 가깝게 설계되어 전기 단락이 필연적으로 일어날 수밖에 없었다. 탁월한 창의성과 임시방편 수단을 이용해 로렌스와 일군의 엔지니어, 과학자들은 1944년 2월까지 충분한 수의 설비들을 다시 제자리로 돌려놓았고, 감지할 수 있는 양의 U-235를 생산하기 시작했다. 1944년 11월에는 공장의 상당 부분이 80% 정도의 효율로 가동되었다. 1945년 4월에는 열확산 공정과 기체확산 공정에서 나온 부분 농축 우라늄을 이곳에 집어넣어 전자기 공정에서의 산출량을 증가시켰다. 그로브스와 엔지니어, 과학자들은 한 공정에서 나온 산출물을 다른 공정에 집어넣어 더 농축시키는 — 즉, 우라늄에서 U-235 동위원소의 비율을 증가시키는 — 아이디어를 뒤늦게야 생각해 냈다. 천연 우라늄은 U-235 동위원소를 0.7%만 함유한다. 이를 80%까지 농축시켜야 폭탄을 만들기에 충분한 것으로 여겨졌다. 113) 그러면 무장한 수송병이 U-235가 농축된 우라늄이 든 위장용 여행 가방을 뉴멕시코 주 로스앨러모스로 정기적으로 운반했고, 그곳에서 과학자와 엔지니어들이 폭탄을 설계하고 조립했다.

이 과정 내내 로렌스는 공적인 자리에서 낙관적 태도를 유지했고 쉼 없이 활동을 지속했지만, 자기 자신은 그에 대한 대가를 치렀다. 감기, 기관지 질환, 성가신 등의 통증이 그를 괴롭혔다. 1943년 말에 그의 절친한 친구는 로렌스가 병원에 입원해 전에 없이 완전히

---

113) Rhodes, *Making of the Atomic Bomb*, p. 601.

'지친' 모습으로 누워 있는 것을 보았다. 그는 실패와 지연, 그리고 자신의 프로젝트가 끔찍한 돈 낭비라는 말로 침울해 있었다. 114) 심지어 전자기 공장이 폭탄에 쓸 U-235를 산출해 낸 후에도 로렌스의 프로젝트는 기대에 비추어 볼 때 실패였다고 할 수 있었다. 115) 그는 자신의 공정이 한 단계만으로 U-235를 완전히 분리해 낼 수 있기 때문에 다른 공정보다 훨씬 우위에 있다고 주장했지만, 결국 2개 단계의 공정을 거칠 필요가 있음이 드러났다. 그는 자신의 공정이 U-235를 생산하는 주된 공정이 될 것이라는 얘기도 했는데, 이 역시 사실이 아니었다. 로렌스의 전자기 공정은 첫 번째 우라늄 폭탄에 들어갈 충분한 양의 폭발물질을 생산하는 일을 다소 앞당겼는지 모르겠지만, 단지 하루나 이틀 정도 앞당겼을 뿐이었다. 돌이켜 보면, 당장의 실패를 과소평가하고 심지어 그것을 바로잡는 일도 무시한 채 새로운 설계와 미래의 성공을 예측하는 쪽으로 눈을 돌리는 로렌스의 성향이 그의 스타일을 망쳐 놓았음을 알 수 있다.

맨해튼 프로젝트의 공식 역사가는 "전자기 공장이 애초의 기대를 충족하는 데 실패한 후인 1945년 말에도 … 로렌스는 여전히 더 크고 더 나은 장비를 제안하고 있었다"고 썼다. 116) 그러나 실패에 직면해서도 꺾이지 않은 그의 낙관주의는 다른 이들이 계속 일을 해나가도록 힘을 북돋운 점도 있었다.

---

114) Childs, *An American Genius*, pp. 348~349.

115) Richard G. Hewlett, "Beginnings of development in nuclear technology", *Technology and Culture*, 17(1976), 473.

116) Ibid., p. 474. 전자기 공정이 폭탄에 쓸 만큼 충분한 양의 U-235를 생산하는 데 있어 근소한 기여에 그쳤다는 사실은 리처드 휴렛이 알려 주었다.

기체확산법과 열확산법

그로브스, 부시, 코넌트는 U-235를 생산하는 또 다른 수단으로 기체확산 공정도 추진했다. 그 원리에 있어 기체확산법은 다공성(多孔性) 막을 이용해 어떤 원소의 가벼운 동위원소를 무거운 동위원소로부터 분리하는 익숙한 과정이었다. 핵분열을 하는 U-235 동위원소를 더 무거운 U-238로부터 산업적인 규모로 분리하기 위해서는, 전례를 찾아볼 수 없이 거대한 연쇄 필터(혹은 장벽)들이 만들어져야 했다. 그러나 장벽을 통한 확산은 화학 엔지니어들이 잘 아는 공정이었다. 오크리지 공정의 경우, U-235의 비율이 높은 농축 우라늄을 얻을 때까지 기체 상태의 우라늄 화합물을 연쇄 필터를 통해 계속해서 뿜어 넣었다. 유리가 이끄는 컬럼비아대학의 이론 그룹은 영국에서 이루어진 선행 연구에 근거해 맨해튼 프로젝트가 조직되기 전부터 U-235 분리를 연구하고 있었다. 그 후 컬럼비아대학의 연구는 유리의 지휘로 엄청나게 확장되어 'SAM 연구소'(SAM Laboratories)로 통합되었다. 앞서 이미 언급했듯이, 오크리지에 기체확산 공장을 건설하고 운영하는 계약은 켈로그의 새 자회사인 켈렉스에 넘어갔다. 카바이드 앤드 카본 케미컬은 설계와 건설을 지원하고 공장 운영을 맡았다.

텍사스 출신으로 언변이 유창했던 켈로그 사의 부회장 퍼시벌 C. 키스가 켈렉스에서 일할 엔지니어들을 모집했다. 키스는 미국의 여러 지도적 화학 엔지니어들과 마찬가지로 MIT의 워런 K. 루이스 밑에서 공부했다. 화학공학의 아버지로 알려진 루이스는 오랫동안 대표적인 정유 회사들의 컨설턴트로 활동했고 맨해튼 프로젝트의 역사에서 결정적 순간들에 몇몇 중요한 맨해튼 프로젝트 자문위원회의 의장을 맡았다. 키스는 엔지니어들이 하게 될 일 — 보안 때문에 무엇인지 밝힐 수는 없었다 — 을 샤르트르 대성당의 스테인드글라스 창문을 인내하며 만드는 데 평생을 바친 중세의 장인들, 혹은 피렌체 대성당 세례당의 청동 문에 부조를 새겨 넣는 데 수십 년을 바친 로렌초 기베르티에 비유하면서 엔지니어들을 끌어들였다. 키스는 컬럼비아대학의 과학자들에 대해 별로 참을성이 없었다. 그들은 "대부분의 학자가 그렇듯 키스에게는 예측할 수 없고 비효율적이며, 잘 닦인 실용적 진보의 곧은길에서 벗어나 흥미롭지만 아무 관계도 없는 이론적 샛길을 헤매는 경향이 있는 사람들로 보였다". [117] 그로브스는 분명 이런 생각을 마음에 들어 했다.

장벽에 쓸 물질을 선택하는 것은 골치 아픈 문제였다. 우라늄 기체는 펌프와 파이프를 따라 장벽을 연속적으로 통과해 수백 킬로미터를 이동하게 되었다. 이때 어떤 물질들은 기체와 반응해 장벽을 부식시키고 흐름을 막을 수 있었다. 따라서 장벽에 쓸 물질은 극단적인 작동 조건에 강하고 내구성이 있는 물질이어야 했다. 여기에 더해 대규모 제작에 적합한 물질이어야 한다는 단서조항도 붙었다. 실험을 통해 다양한 물질을 시험해 보는 것이 꼭 필요했다. 1942년 말, 선호되었던 후보는 니켈로 만든 장벽이었다. 1943년까지 컬럼비아 연구팀은 니켈 장벽을 생산하는 시험 공장을 완공했고, 같은 시기에 장벽을 생산할 실물 규모의 공장 건설도 진행되고 있었다.

---

117) Hewlett and Anderson, *New World*, p. 122.

이는 규율 잡힌 엔지니어링 부서에는 좌절의 연대기에 또 하나의 사례를 보탠 셈이 되었다. 시험 공장에서 실제 시험에 쓸 만큼 충분한 양의 장벽을 만들어 낸 후에 문제가 나타났다. 이 물질은 너무 부스러지기 쉬웠고 구조적으로 취약했다. 부식되어 파이프를 막을 위험이 있었고 품질도 들쑥날쑥했다. 118)

1943년 여름에 유리는 엄청난 노력을 기울였음에도 진전이 없는 것을 보고 낙담했다. 그와 젊은 존 더닝 사이에는 긴장감이 맴돌았다. 더닝은 컬럼비아대학의 과학자로 기체확산법의 열정적인 옹호자였다. 성공만큼이나 실패를 과장하는 유리의 성향에서 빚어진 비관주의 때문에 그로브스, 부시, 코넌트는 로렌스의 전자기 공정을 더욱 확장하는 결정을 내리게 되었다. 그들은 이 공정에서 나온 부분 농축된 우라늄을 로렌스의 공정에 집어넣을 중간 산물로 쓸 수 있을 것으로 믿고 기체확산법 계획을 축소했다. 몇 가지 동위원소로 이루어진 우라늄이 로렌스의 공정을 거치면서 폭탄에 쓸 수 있도록 U-235 동위원소가 충분히 농축된 최종 산물로 마무리될 수 있을 거라는 생각이었다.

키스 역시 니켈 장벽에 대한 시험결과를 보고 낙담했다. 이 시점에서 그는 켈렉스의 젊은 엔지니어 클래런스 존슨이 컬럼비아 팀의 도움을 받아 시험 중이던 또 다른 니켈 분말 장벽의 존재를 알게 되었다. 니켈 분말은 소결(燒結)되어 강한 금속 튜브 형태로 만들어졌다. 키스는 이전 연구를 중단하고 새로운 장벽의 생산을 밀고 나가기를 원했다. 그러나 유리는 새로운 물질 역시 시간이 지나면 문제

---

118) Ibid., p. 127.

가 있는 것으로 판명될 것이라고 생각했다. 뿐만 아니라 그는 이러한 방향전환이 컬럼비아 팀의 사기를 떨어뜨릴 것을 우려했다. 컬럼비아 팀은 이전의 장벽에 너무 많은 시간을 투자했고, 그가 보기에는 이것도 아직 개선의 여지가 있었다. 이 때문에 유리는 키스가 옹호한 새로운 소결 니켈 분말 접근법으로 연구소의 방향을 바꾸는 것을 거부했다. 핵분열물질의 생산을 위해 긴급하게 일을 추진하던 그로브스는 2가지 접근법을 모두 시도한다는 결정을 내렸다. 이에 격분한 유리는 그로브스에게 감정적인 편지를 보내, 연구소의 소중한 과학자들과 자원을 더 이상 프로젝트에 내주지 않을 것이며, 만약 실물 규모의 기체확산 공장을 지으려 한다면 이는 영국의 설계를 따라야 한다고 주장했다. 119)

기체확산법 프로젝트의 파괴적인 긴장을 무시할 수 없게 된 그로브스는 유리를 실질적인 책임에서 면해 주고 대신 유니언 카바이드의 엔지니어인 로클린 커리를 SAM 연구소의 부소장으로 임명했다. 말씨가 부드럽고 외교적 수완이 있는 이 남부 사람은 그로브스의 후원을 받아 효과적으로 통제권을 넘겨받았다. 그는 외교적 언사를 동원해 자신은 단지 엔지니어일 뿐이며 세계적으로 저명한 화학자를 도와주기 위해 왔다고 말했다. 120) 유리는 연구소장을 시켜 달라고 요청한 적도 없었으므로 이 조건을 받아들였다. 그는 관리업무를 혐오했으며, 프로젝트에 과학자들을 끌어들이는 데 자신의 명성이 이용되었다고 오랫동안 의심해 왔다. 또한 그는 만약 일이 잘못될 경

---

119) Ibid., p. 134.
120) Groueff, *Manhattan Project*, p. 267.

우 자신이 희생양으로 이용될 것이라고 믿고 있었다. [121]

기체확산법 프로젝트는 이미 모멘텀이 너무 커져 포기할 수는 없었다. 1만 명이 넘는 노동자들이 오크리지에 공장 건물을 짓고 있었다. 켈렉스에서 900명, 컬럼비아대학에서 700명이 넘는 사람들이 관여하고 있었다. 크라이슬러 같은 제조회사는 이미 하청업체도 두고 있었다. 새로운 니켈 분말 장벽에 깊숙이 빠진 키스는 1945년 초까지 U-235의 생산을 시작하겠다고 결심했다. 그는 컨설턴트로 와 있던 영국인들의 초연하고 신중한 접근법으로는 숱한 문제들을 돌파해 나갈 수 없다고 보았다. 1944년 초에 그로브스는 새로운 장벽의 생산을 추진하고 이전 장벽에 대해서는 연구만 계속한다는 어려운 결정을 내렸다. 그는 오크리지의 공장 가동이 시작되는 목표 시한을 1년 뒤로 설정했다. 영국인 컨설턴트들은 이것이 무모한 결정이라고 생각했다. 그러고 나서 그로브스는 기존에 진행되던 장벽에 관한 연구를 폐기하고 이미 엄청난 규모로 커진 기체확산법 프로젝트의 방향을 바꾸는 문제에 착수했다. 1945년 봄이 되자 소결 니켈 분말 장벽을 갖춘 기체확산 공장은 충분히 잘 가동되었고, 그는 여기서 나온 산출물을 다시 (로렌스 공정에 대한) 투입물로 사용하는 창의적인 계획에 의지할 수 있었다. 우라늄은 우선 열확산 공장에서 농축되고 기체확산 공장에서 추가로 농축된 후, 최종적으로 전자기 분리 공장에 투입해 폭탄에 쓸 수 있는 농축 우라늄을 만들어 냈다. 한편 기체확산 공장은 곧 효율이 높은 수준까지 도달해 최종 처리 없이 그 산출물을 바로 폭탄에 쓸 수 있게 되었다.

121) Ibid. , p. 182.

1944년에 전자기분리법과 기체확산법은 장벽 문제 등에 시달리면서 지연과 실망을 경험했다. 이 때문에 그로브스는 우라늄 농축을 위한 열확산 공정에 좀더 관심을 갖게 되었다. 이 공정은 그와 자문 담당인 부시, 코넌트에 의해 오랫동안 무시되었다. 물리학자 필립 에이벌슨이 맨해튼 프로젝트 바깥에서 시작된 소규모 개발팀을 이끌고 있었다. 1944년 6월 열확산법의 최근 진전에 관해 전해 들은 오펜하이머로부터 기별을 받은 그로브스는 워런 K. 루이스를 포함한 위원회를 구성해 평가를 하게 했다. 위원회는 이 공정이 우라늄을 조금만 농축한다는 사실을 알아냈지만, 그 산출물이 다른 공정에 투입될 수 있는 가능성은 있다고 보았다.

에이벌슨과 열확산 공정은 맨해튼 프로젝트의 틀에 전혀 맞지 않았다. 최초의 초우라늄 원소인 넵투늄의 공동 발견자인 에이벌슨은 미국 내에서 육불화우라늄이 실험에서 결정적으로 요구되었을 때 이를 수백 킬로그램이나 생산한 첫 번째 과학자였다. 그러나 그는 해군연구소(Naval Research Laboratory) 소속으로 미 해군을 위해 일하고 있었기 때문에 맨해튼 프로젝트에서 제외되었다. 그곳에서 그는 우라늄 동위원소를 분리하는 수단으로 열확산법을 소규모로 개발하고 있었다. 그의 장비는 차가운 파이프가 들어 있는 뜨거운 파이프들로 구성되어 있었고, 육불화우라늄은 차가운 파이프와 뜨거운 파이프 사이에서 흐르고 있었다. 이때 더 가벼운 U-235 동위원소는 뜨거운 파이프 표면을 따라 모여서 시스템의 윗부분으로 상승하는 경향이 있었는데, 이 부분에서 농축된 산출물을 빼낼 수 있었다. 이는 작동 원리의 측면에서는 단순했지만, 막대한 양의 증기를 필요로 했다. 해군은 이 장비를 핵추진 잠수함에 쓸 우라늄 연료

리 두브리지와 필립 에이벌슨(1940년)

를 얻는 수단으로 생각하고 있었다.

　그로브스는 맨해튼 프로젝트의 책임을 맡은 직후에 이 계획을 처음 알게 되었지만, 그는 루스벨트가 원자폭탄 계획에 해군을 끌어들이는 것을 원치 않는다는 사실도 알고 있었다. 게다가 그가 입수한 열확산 관련 보고서는 이 공정이 터무니없이 많은 에너지 또는 증기를 소모하며, 3~4년 내에 폭탄에 쓰일 수 있을 정도의 충분히 농축된 우라늄을 생산할 수 없을 것이라고 믿게 했다. 여기에 해군연구소 프로젝트 책임자인 로스 건 박사와 부시, 코넌트와의 좋지 않은 관계 때문에 문제는 더 악화되었다. 부시와 코넌트는 우라늄 문제를 다루는 초기 위원회 논의 과정에서 그와 의견충돌을 일으켜 위원회를 떠난 적이 있었다. 나중에 몇몇 비판자들은 이 일화가 육군-해군의 오랜 경쟁관계를 반영한 측면도 있다고 언급했으나, 그로브스는 그런 경쟁은 풋볼 시합에서나 하는 것이라고 대꾸했다(그리 설득력은 없었다). 이런 고려들 때문에 에이벌슨은 독립적으로 일을 진행하고 있었다.

1944년에 오펜하이머가 그로브스의 관심에 다시 불을 붙였을 때, 에이벌슨은 증기를 얻을 수 있는 필라델피아 해군 조선소에 100열의 파이프를 가진 공장을 건설 중이었다. 루이스 위원회에서 나온 긍정적 평가 보고서를 가지고 퍼거슨 부인의 회사와 계약을 맺은 그로브스는 오크리지에 실물 규모의 공장을 건설하도록 명령을 내렸다. 시간을 아끼기 위해 에이벌슨의 시험용 생산 공장이 정확하게 복제되었다. 오크리지에서는 아직 가동 준비가 안 된 기체확산 공장에 공급하기 위해 만든 공장으로부터 엄청난 양의 증기를 얻을 수 있었다. 피할 수 없이 터져 나오는 실수와 2명의 생명을 앗아간 사고로 인해 간혹 중단되긴 했지만 공사는 맹렬한 속도로 진행되었고, 에이벌슨과 청부업체들은 1944년 9월에 공장을 부분 가동하는 놀라운 성과를 일궈 냈다. 122)

---

122) Hewlett and Anderson, *New World*, pp. 168~173; Groueff, *Manhattan Project*, pp. 313~319.

로스앨러모스

1945년 초에 핸퍼드로부터 소량의 플루토늄이, 오크리지로부터 U-235가 각각 도착하면서 충분한 시험 물질 없이 폭탄을 설계해야 하는 좌절스러운 노력은 끝이 났다. 1942년 가을, 아서 컴프턴과 다른 사람들의 조언에 따라 그로브스는 폭탄 설계를 탐색하는 연구를 지휘하고 그것의 조립을 관장하는 임무를 오펜하이머에게 맡겼다. 그러고 나서 그로브스는 오펜하이머와 상의해 산타페에서 48킬로미터 떨어진 헤메스 산맥의 잊히지 않는 장관 속에 위치한 외딴 장소를 연구소 부지로 선정했다. 오펜하이머는 중요한 이론·실험물리학자, 화학자, 야금학자, 폭발물 전문가들과 그 가족들을 이 외딴 장소로 끌어들였고, 이곳은 원자폭탄의 발원지로 알려지게 되었다.

로스앨러모스의 과학자들은 핵분열물질을 기다리면서 플루토늄 폭탄과 U-235 폭탄의 설계 기초로서 고도로 복잡한 이론을 만들어냈다. 핵분열물질의 행동을 가상으로 모사해 본 후 물리학자들은 폭발적인 핵반응에 관해 필요한 데이터 — 가령 핵분열물질의 폭발 잠재력을 가장 효과적으로 끌어낼 수 있는 설계에 관한 정보 같은 것 — 를 수집할 수 있었다. 또한 물리학자들은 폭탄에 필요한 핵분열물질의 양을 계산해야 했다. 야금학자들은 실험실에서 얻은 미량의 플루토늄과 U-235를 가지고 이 금속의 특이한 성질을 탐구했고, 폭발물 전문가들은 폭탄을 터뜨리는, 즉 기폭시키는 수단을 찾아 나섰다. 이런 작업들 중 일부는 극히 위험했다. 33세의 겁 없는 캐나다 과학자 루이스 슬로틴은 "용의 꼬리를 간질이는" 것 같은 실험을 수행했다. 전쟁이 끝난 직후에 그는 감마선에 심하게 노출되어 사망했다. 그가 들고 있던 드라이버가 미끄러지는 바람에 방 안에 있던 동료들이 위험에 빠지자 그가 맨손으로 치명적인 장치를 분리하면서 생긴 사건이었다. 123)

플루토늄 핵폭발을 기폭시키는 방법은 세스 네더마이어라는 젊은 물리학자가 발명했다. 네더마이어의 발명은 처음에 동료들에 의해 거부되었으나, 통상적인 수단들이 완전히 실패로 돌아간 후 결국 플루토늄 폭탄 프로젝트를 구해 냈다. 로스앨러모스의 병기 부서 책임자로 포술과 탄도학에서 뛰어난 평판을 듣던 해군의 윌리엄 S. 파슨스 대령은 처음에 네더마이어의 '내파'(implosion) 방법을 거부했다. 그는 장치가 너무 복잡하고 시험결과가 실망스럽다는 이유로 이것이 가능하지 않을 것으로 보았다. 네더마이어는 자신의 접근법을 고집했고 이내 그와 대령 사이에는 마찰이 빚어졌다. 그러나 걸출한 헝가리 출신 수학자인 존 폰 노이만이 내파가 가능하다는 계산 결과를 제시하자, 자부심에 가득 차 있고 독립심이 강한 연구원들을 다루는 데 타고난 지도자였던 오펜하이머는 네더마이어 쪽으로 기울었다. 이어 오펜하이머는 뛰어난 과학자이자 폭발물 전문가인 조지 키스티아카우스키를 끌어들여 파슨스와 네더마이어 사이에서 완충 역할을 하며 내파 방법을 연구하게 했다. 124)

맨해튼 프로젝트에 속한 다른 곳의 과학자들이 그러했듯, 로스앨러모스의 물리학자, 화학자, 야금학자들은 특별한 창의성을 드러냈

---

123) Groueff, *Manhattan Project*, p. 324.
124) Ibid. , pp. 320~322.

J. 로버트 오펜하이머, 엔리코 페르미, 로렌스

다. 33세의 물리학자 찰스 크리치필드는 장난꾸러기(Urchin)라는 애칭으로 불린 '반응시작장치'(initiator)를 고안했다. 오펜하이머는 처음에 회의적으로 받아들였으나, 결국 이는 내파 시에 플루토늄을 기폭시키는 데 필요한 중성자를 공급해 주는 장치로 쓰이게 되었다. 영국 태생의 미국 야금학자인 시릴 스탠리 스미스는 플루토늄 반구(半球)들이 서로 만나는 표면에 기포가 생기는 문제에 대한 해법을 발명했다. 이 문제는 한때 너무 심각해 폭탄의 시험 날짜를 연기해야 한다는 위기감까지 만들었다. 그는 반구들을 줄로 깎은 다음 폭탄의 플루토늄 코어의 반구들이 서로 마주 보는 면 사이에 금박을 끼워 넣어 완벽하게 매끈한 표면들이 서로 딱 들어맞게 했다. '이론 부서'에 속한 로버트 F. 크리스티는 플루토늄의 예상치 못한 특성을 이용한 '장치'를 만들어, 코어의 크기를 더 크게 만드는 대신 더 강하게 압축해 임계질량(폭발을 일으키는 질량)을 조립할 수 있게 했다. 젊은 조지프 케네디가 이끄는 화학자들은 거의 믿을 수 없을 정도의 순도를 지닌 플루토늄 화합물을 만드는 창의적인 방법을 개발했고, 스미스가 이끄는 야금학자들은 이를 다시 금속으로 변환하는 방법과 플루토늄 금속을 원하는 형태로 만드는 방법(플루토늄 금속은 열을 받으면 금속의 밀도가 전에 없이 변한다)을 발명했다.

폭탄이 U-235와 플루토늄을 집어넣어 조립된 후, 그로브스와 조언자들은 U-235 폭탄인 '리틀 보이'(Little Boy)는 곧바로 태평양의 작전 구역으로 실어 보내기로 결정했다. 당시에는 시험해 볼 만큼 충분한 물질이 없었고, U-235 폭탄의 성능 역시 별로 의문시되지 않았기 때문이다. 우라늄 폭탄을 폭발시키는 포격결합 방법•은 믿을 만한 것으로 생각되었다. 반면 그들은 윈스턴 처칠을 빗대 '팻맨'(Fat Man)이라고 이름 붙인 플루토늄 폭탄은 앨라모고도에서 시험해 보기로 결정했다. 이곳은 로스앨러모스에서 남쪽으로 330킬로미터 떨어진 외딴 사막 지역에 설치된 폭격 시험장이었다. 내파를 비롯한 여러 혁신적 기법을 도입한 플루토늄 폭탄이 효과적으로 성능을 발휘할 가능성은 그리 높지 않았고, 수중에는 일본에 사용할 또 다른 폭탄을 만들 만큼 충분한 플루토늄이 있었다.

1945년 7월 16일에 '프로젝트 트리니티'(Project Trinity)라고 불린 플루토늄 폭탄의 무시무시한 시험 폭발이 있었다. 지금까지 책과 영화로 자주 묘사된 이 일화는 하나의 전설이 되었다. 에놀라 게이

• 〔옮긴이주〕 우라늄을 임계질량 이하의 덩어리 2개로 나눠 포신 양쪽 끝에 넣고 한쪽 끝에서 폭약을 터뜨려 이를 빠른 속도로 합침으로써 임계질량을 조립해 기폭시키는 방법.

트리니티 시험장에서의 폭탄 조립

(Enola Gay)라는 이름의 B-29 폭격기가 우라늄 폭탄인 리틀 보이를 히로시마에 투하했고, 이것은 8월 6일 오전 8시 16분에 폭발했다. 당시의 추정으로 사망자는 최소 10만 명이었다. 9월 1일까지 공식 집계된 사망자가 7만 명이었고, 13만 명이 부상당했으며, 이 중 4만 3,500명은 부상 정도가 심했다. 이후의 추정에 따르면 1945년 말까지 사망자는 14만 명에 달했고, 5년 후에는 20만 명에 이르렀을 것으로 생각된다. 폭탄은 히로시마에 있던 7만 채가 넘는 건물 중 절반 이상을 파괴했다. 8월 9일에는 복스 카(Bock's Car)라는 이름의 또 다른 B-29가 플루토늄 폭탄인 팻 맨을 또 다른 목표지인 나가사키에 떨어뜨렸다. 안개와 연기 때문에 1차 목표였던 규슈 북쪽 해안의 고쿠라 병기창이 제대로 보이지 않았기 때문이다. 폭탄은 나가사키 상

공에서 오전 11시 2분에 폭발했고, 1945년 말까지 7만 명, 이후 5년 간을 합치면 14만 명이 사망했다. 125) 8월 10일, 일본은 워싱턴에 항복 의사를 전했다.

폭탄이 히로시마와 나가사키에 떨어지기도 전에 일부 지도적 물리학자들은 그것의 사용을 막으려 애썼다. 나치가 먼저 폭탄을 갖게 될지도 모른다는 위협이 일단 사라지자, 맨해튼 프로젝트에 참여한 일군의 물리학자들은 이를 실전에서 사용하지 않도록 군대와 정치인들을 설득하려 했다. 프랑크와 실라르드를 비롯해 맨해튼 프로젝트에서 활동한 몇몇 지도적 과학자들은 히로시마에 폭탄이 투하되기 전인 1945년 6월에 보고서를 작성하여, 만약 원자폭탄을 터뜨려야 한다면 사람이 살지 않는 지역에 시험용으로 사용해 일본의 항복을 유도할 것을 권고했다. 그들은 군비경쟁과 대학살을 막으려면 국제적 통제를 발족시키려는 노력이 시작되어야 한다고 주장했다.

전쟁이 끝난 직후 수백 명의 젊은 과학자들 — 특히 맨해튼 프로젝트에 참여한 물리학자와 그 외 과학자들 — 은 의회와 국민들에게 원자에너지에 대해 알리고 이를 민간에서 국제적으로 통제할 수 있도록 하기 위한 운동에 관여하였다. 그들의 지원은 군 지향의 메이-존슨 법안을 폐기하고 원자에너지위원회 설립을 규정한 맥마흔 법안을 통과시키는 데 일조했다. 그들 중 좀더 적극적인 사람들은 미국과학자연맹(Federation of American Scientists)을 조직했고, 시카고에 있던 그룹은 영향력이 높은 〈원자과학자회보〉(Bulletin of Atomic Scientists)를 발간했다. 126) 과학자들은 폭탄의 사용에 항의했고 군

---

125) Rhodes, *Making of the Atomic Bomb*, pp. 728, 733~734, 741~742.

대가 원자에너지를 통제할 가능성에 대해서도 반대 의사를 밝혔다. 그들은 핵확산(nuclear proliferation)의 위험을 세상에 경고했지만, 폭탄을 만들어 낸 거대 기술시스템에 물리학자들이 참여한 것에는 힘을 모아 이의를 제기하지 않았다. 몇 가지 주목할 만한 예외를 제외하면 그들은 군사적인 것과 비군사적인 것을 막론하고 핵생산 시스템의 성장에 좀더 참여하는 것을 거부하지 않았다. 이후 핵생산 시스템은 원자에너지위원회가 관장하게 되었다.

---

126) Alice Kimball Smith, *A Peril and A Hope: The Scientists' Movement in America: 1945~1947*(Chicago: University of Chicago Press, 1965), pp. 57~63, 128~131, 294~297.

원자에너지위원회

원자에너지에 대한 국제적 통제를 확립하려는 열강들의 노력이 실패로 돌아간 후, 미국은 원자 무기의 생산을 계속하며 원자에너지 이용의 다른 가능성을 탐구할 수단을 찾아 나섰다. 여기서 기억해 둘 필요가 있는 것은, 애초에 시카고의 몇몇 과학자들은 소규모 시설을 가지고 몇 발의 폭탄만을 생산하는 것을 원했지, 생산 라인을 확립하고 거대한 시설 — 이제 정부의 손에 넘어간 — 을 짓는 것을 원하지는 않았다는 점이다. 브라이언 맥마흔 상원의원이 애초에 발의한 법안은 군대가 이들 시설과 원자에너지 개발에 중대한 영향을 미칠 수 없도록 배제하는 내용이었으나, 이후 보수적 성향의 상원의 원들에 의해 군대의 역할을 증대하는 방향으로 수정되었다. 히로시마에 원자폭탄이 떨어진 지 거의 1년이 지난 후, 대통령은 이 법안에 서명해 원자에너지위원회를 발족시켰다. [127]

1946년 말까지 생산시설들은 맨해튼 프로젝트에서 AEC로 이관되었고, AEC는 미국에서 가장 큰 기업체와 맞먹는 규모의 조직이었다. AEC 산하의 시설과 조직에는 핸퍼드와 오크리지의 생산 공장들, 오크리지의 클린턴 연구소와 시카고 인근의 아르곤 연구소(모두 시카고대학이 운영), 로스앨러모스의 연구소와 폭탄 조립시설, 그리고 캘리포니아대학(버클리), 시카고대학, 컬럼비아대학에 위치해 이들 대학과의 계약으로 운영된 연구소 설비 등이 있었다. 아

---

127) Ibid., pp. 271~275; Hewlett and Anderson, *New World*, pp. 7~8.

울러 2천 명의 육군 인력, 4천 명의 정부 노동자, 그리고 거의 4만 명에 달하는 청부업체 고용인들도 함께 이관되었다. 전시에 투자된 금액은 22억 달러가 넘었고, 매년 수억 달러에 달하는 지출이 계속되었다. AEC를 설립한 원자에너지법(Atomic Energy Act)의 입안 자들은 이것이 급진적인 법이라고 보았다. 그들에 따르면,

> 이 법은 원자에너지의 원천을 정부가 독점하게 하고, 정부에는 다양하고 폭넓은 힘을 부여하는 반면 민간의 활동은 금지함으로써 이런 위치를 더욱 강화시키고 있다. 원자에너지 분야는 자유기업 경제의 중심부에 위치한 사회주의의 섬이 되었다. 128)

현대 기술의 역사라는 맥락에서 보면, 미국 정부가 취한 조치는 당시 사람들이 인식한 것보다 훨씬 급진적이었다. 원자과학자들은 이미 우라늄과 플루토늄을 값싼 연료로 이용해 열과 증기를 생산함으로써 발전소, 배, 잠수함, 그 외의 탈것에서 터빈을 돌릴 수 있는 가능성을 지적한 바 있었다. 열성적 지지자들은 원자에너지가 영국의 산업혁명기에 일어났던 변화 — 주된 에너지원으로 석탄이 나무, 물, 바람을 대체한 — 에 견줄 만한 기술적·사회적 변화를 일으킬 수 있다고 주장했다. 그렇다면 미국 정부는 이 주목할 만한 행동을 통해, 역사상 가장 획기적인 사건 중 하나인 영국의 산업혁명보다 규모가 더 클 것으로 많은 이들이 예상한 미래의 산업혁명을 관장하는 책임을 맡고 있었던 셈이다.

---

128) Hewlett and Anderson, *New World*, pp. 4~5.

원자에너지위원회 위원장은 누가 맡게 될 것인가? 트루먼 대통령
은 대규모 기술시스템에 자금을 대고 운영하는 데 정부가 관여한 선
례를 만든 TVA의 이사장이던 릴리엔솔을 지명했는데, 충분히 예상
할 법한 일이었다. 대통령이 AEC 위원으로 임명한 다른 네 사람 중
로버트 F. 바커 한 명만이 과학자였다. 물리학자인 바커는 로스앨
러모스에서 중요한 인물이었다. 섬너 파이크는 증권거래위원회의
전 위원이었고, 루이스 스트로스는 투자 회사인 쿤 로브 사(Kuhn,
Loeb & Company)의 공동 경영자였으며, 윌리엄 웨이맥은 아이오
와 주 디모인의 신문 편집인이자 시카고 연방준비은행(Federal Re-
serve Bank) 공공이사였다. 후자의 세 사람은 금융계에서의 중요한
경험과 영향력을 위원회로 끌어왔다.

전쟁이 끝난 후부터 권한이 AEC로 이관될 때까지 1년 반 동안 그
로브스가 아무 일도 하지 않은 것은 아니다. 듀폰이 전시에 책임진
일들로부터 물러나기로 결정을 내리자, 그로브스는 제너럴 일렉트
릭이 비군사적인 핵에너지의 가능성을 봐서 핸퍼드 플루토늄 공장
의 운영을 넘겨받아 주기를 바랐다. 전쟁이 끝나기 전부터 듀폰의
최고 임원들은 회사가 핵에너지에 대한 전시의 경험을 살렸을 때 나
올 수 있는 상업적 이득을 조심스럽게 따져보고 있었다. 그러나 듀
폰은 지도적 물리학자들을 끌어들여 산업연구를 하게 하는 데 어려
움을 겪었고 또다시 '죽음의 상인'으로 낙인찍히는 것을 꺼렸기 때문
에, 1945년 가을 새로운 분야에 이미 들어간 상당한 정도의 투자를
포기하는 결정을 내렸다. 129) 제너럴 일렉트릭은 핸퍼드를 인수하는

---

129) Hounshell and Smith, *Science and Corporate Strategy*, pp. 341~345.

데 동의했지만, 이와 동시에 정부를 설득해 제너럴 일렉트릭 발전소 근처에 있는 제너럴 일렉트릭의 또 다른 연구소[나중에 놀스 원자력 연구소(Knolls Atomic Power Laboratory)로 불리게 되었다]와 뉴욕 주 스키넥터디의 연구소를 지원하도록 했다. 130) 오크리지에서는 효율이 떨어지는 열확산 공장과 전자기분리 시설의 일부를 폐쇄하고 기체확산 생산시설을 확장했다. 몬산토 화학회사(Monsanto Chemical Company)가 시카고대학으로부터 오크리지의 클린턴 연구소 운영을 넘겨받았다. 그로브스는 로스앨러모스에 결합되어 있는 폭탄 생산과 연구 기능을 분리하기로 결정했고, 폭탄 조립은 뉴멕시코 주 앨버커키 인근의 산디아 연구소(Sandia Laboratory)로 옮겨 육군의 통제하에 두었다. 육군은 이전에 로스앨러모스에서 이루어졌던 폭탄 제조의 마지막 단계를 위해 산업체들과 계약을 맺었다. 로스앨러모스는 기초적인 폭탄 연구를 더 많이 하게 되었고, 여기에는 수소폭탄의 실현가능성에 대한 연구도 포함되었다. 또한 장군은 아서 컴프턴과 워런 K. 루이스를 포함한 과학자와 엔지니어들로 위원회를 꾸려 자신에게 연구개발에 관한 자문을 하게 했다. 그로브스는 정부가 지원하는 국립연구소들을 설립해야 한다는 위원회의 권고를 받아들였다. 이런 연구소는 처음에 아르곤과 롱아일랜드의 브룩헤이븐에 생겼고, 대학이나 산업체가 감당하기에는 너무 값비싼 장비를 필요로 하는 기초·비(非)기밀 연구를 일차적으로 수행하였다. 대학들은 서로 연합해 입자가속기 같은 대형 실험 기계들과 국립연구

---

130) Mark Hertsgaard, *Nuclear Inc.: The Men and Money Behind Nuclear Energy* (New York: Pantheon Books, 1983), p. 22.

소에 있는 원자 파일들을 사용하는 연구에 참여했다. 또한 그로브스는 워싱턴대학, 로체스터대학, 아이오와주립대학, 컬럼비아대학, MIT, 바텔연구소(Battelle Memorial Institute)에 대한 연구자금 지원을 승인했다.[131] 머지않아 원자에너지 개발을 관장할 정부, 산업체, 대학의 거대한 복합체가 형성되었다. 생산과 연구 시설의 건설과 운영은 맨해튼 프로젝트에서와 같이 산업체와 대학에 맡겨졌다. 맨해튼 프로젝트와 AEC는 전후의 다른 중요한 연구, 개발, 생산 프로젝트들 ─ 국방부나 국립항공우주국의 프로젝트 같은 ─ 에 하나의 틀을 제공했다. 반면, 정부에 고용되어 있던 TVA 엔지니어와 노동자들은 댐, 발전소, 그 외 다른 시설들을 건설하고 운영했다.

1947년에 원자에너지위원회는 일련의 복잡한 쟁점과 이해관계에 직면하였다. 이들 중 많은 것이 상호 갈등관계였다. 대통령이 임명한 위원회에 의해 운영되는 AEC는 의회와 다양한 정부 부처(전쟁부, 국무부, 상무부)에서 발생하는 정치적 갈등을 느낄 수밖에 없었다. 대기업들도 대통령과 의회에 대한 정치력을 이용해 영향력을 행사하려 했다.

전쟁이 끝나기 전까지는 폭탄을 만들어야 한다는 애초의 공통된 궁극적 목표가 이해관계 갈등을 잠재웠지만, 1945년 이후 억눌렸던 차이점들이 드러나기 시작했다. AEC와 군대(특히 그로브스)는 폭탄의 최종 조립 단계를 누가 통제하며 어디에서 관할할지를 두고 원자에너지법의 조항들을 서로 다르게 해석했다. 엔지니어들은 AEC 산하 연구소에서 연구나 기술적 측면에 관한 결정을 내릴 때 과학자

---

131) Hewlett and Anderson, *New World*, pp. 624~638.

들이 주도적인 영향력을 행사하는 데 반기를 들었고, 이는 AEC 산하 아르곤 연구소의 관리에서 특히 두드러졌다. 대학에서 운영하는 연구소 시설들은 때때로 서로 간에, 그리고 청부업체들이 관리하는 시설과 원자로 프로젝트 수주를 위한 우선권 경쟁을 벌였다.

AEC에 있는 2개의 위원회도 갈등관계였다. 그중 하나는 영향력 있는 일반자문위원회(General Advisory Committee)로, 맨해튼 프로젝트의 성공으로 힘이 강해진 기성 과학계를 대변했고 오펜하이머가 의장이었다. 그리고 다른 하나는 그로브스가 포함된 군사관계위원회(Military Liaison Committee)로, 군사적 필요에 관심을 갖고 있었다. 두 위원회는 AEC 위원들 앞에서는 자신들의 이해관계가 종종 충돌한다는 사실을 감추었다. 중대한 쟁점 중 하나는 동력 원자로 개발보다 폭탄 생산에 우선순위를 둔다는 것이었다. 한 문헌에 따르면, 1947년 4월에 AEC의 초대 위원장인 릴리엔솔은 트루먼 대통령에게 원자폭탄 병기고에 작전가능한 폭탄이 한 발도 없다고 보고해야 했다고 한다. 132)

1947년 이후 냉전으로 인해 핵억지(nuclear deterrent)•능력을 강화하라는 의회와 행정부의 압력이 커지면서 폭탄 제조가 우선권을 갖게 되었지만, 원자로에 관한 연구도 계속되었다. 비군사적·군사적 용도의 동력 원자로에 주안점을 둘 것인지를 놓고 AEC 내부에서는 의견이 분분했다. AEC의 지도적 과학자들은 어떤 유형의 원자

---

132) Hertsgaard, *Nuclear Inc.*, p. 20.
  • 〔옮긴이주〕충분히 많은 양의 핵무기를 비축함으로써 적국을 위협해 감히 먼저 공격하지 못하게 하는 전술을 뜻한다.

로에 연구의 우선순위를 둘 것인지에 관해 의견을 달리했다. 일부는 동력뿐 아니라 플루토늄도 생산하는 증식로(breeder reactor)•를 옹호했고, 다른 일부는 특정한 종류의 냉각재와 감속재를 신뢰했으며, 또 다른 일부는 아예 다른 냉각재와 감속재를 고르는 등 제각각이었다. 제너럴 일렉트릭 같은 청부업체들은 원자에너지의 군사적 혹은 비군사적 개발이 장기적으로 자사에 상업적인 이득을 가져다줄지 판단해야 했다. 과학자들 사이, 그리고 대학 내부에서는 풍부한 자금이 주어지는 기밀 군사 프로젝트에 얼마나 깊숙이 관여해야 하는가를 놓고 의견 차이가 나타났다.

AEC의 프로그램이 확장되면서 경험 많은 과학자, 엔지니어 그리고 우라늄 같은 물자가 부족하다는 사실이 드러나자 AEC 내부의 긴장과 갈등은 더욱 고조되었다. 우라늄을 어디서 구할 것인가를 두고도 미국 내에서 탐사와 채굴을 늘리는 것에서부터 남아프리카를 포함한 외국의 공급에 의존하는 것까지 상이한 견해들이 나왔다. 이에 대한 대안은 파일에 대한 지출을 늘리는 것과 우라늄을 좀더 효율적으로 사용하는 분리 공정 같은 것이었다. 릴리엔솔과 그 외 사람들은 20세기 후반 기술의 방향을 지배하게 된 정부-산업-군대 복합체의 느슨한 연합이 갖는 복잡성을 이해하기 시작했다. 포드나 인설 같은 미국의 시스템 건설자가 그들의 제국을 정부, 군대, 대학의 영향으로부터 사실상 떼어 놓을 수 있던 시절은 이미 지나가 버렸다.

• 〔옮긴이주〕 핵분열로 소비되는 것보다 더 많은 핵분열물질을 만들어 내는 원자로를 가리키며, 초기에 높은 연료 효율로 주목을 받았으나 1960년대 우라늄 매장량이 추가로 발견되고 가동상의 위험성을 둘러싸고 논쟁이 벌어지면서 실용화되지는 못했다.

AEC의 설립 초기에 제너럴 일렉트릭의 역할을 보면 AEC를 핵으로 하는 전후의 기술시스템이 지닌 미로 같은 특성을 엿볼 수 있다. 이 회사가 핸퍼드의 운영을 듀폰으로부터 넘겨받은 후, 플루토늄 파일과 분리 공정을 담당하는 공장에서의 문제들이 증가했다. 전시에 운영된 3개의 파일이 노후하면서 빠른 중성자의 감속재로 쓰였던 흑연이 부풀어 올라 우라늄을 재장전하고 폐연료 덩어리를 제거하는 통로를 막는 경향이 있었다. 전시의 화학 분리 공정은 폐연료 덩어리에서 폭탄에 들어갈 플루토늄을 추출했지만, 남은 우라늄은 강한 방사능을 지닌 다른 핵분열 생성물과 함께 핸퍼드의 거대한 지하 탱크에 폐기물로 처리했다. AEC는 제너럴 일렉트릭이 노후한 파일을 비슷한 설계의 다른 파일로 대체할지, 아니면 설계가 향상된 새로운 파일을 건설할지에 대한 여부를 결정해야 했다. 제너럴 일렉트릭은 또한 우라늄 폐연료 덩어리에서 플루토늄뿐 아니라 우라늄까지 분리해 저장하는 레독스(Redox)라는 새로운 공정의 전반적인 연구개발 책임도 맡고 있었다. 이 공정을 위한 공장은 단일 공사로서는 역사상 가장 규모가 큰 정부 공사가 될 것으로 예상되었다.

1947년과 1948년에 AEC의 여러 위원회와 행정가들은 핸퍼드에 있는 제너럴 일렉트릭의 경영진이 파일과 화학 분리 문제에 관해 우유부단하고 느릿느릿하게 행동하고 있다는 사실을 알게 되었다. 제너럴 일렉트릭 이사진과의 회의에서도 AEC가 지원하는 놀스 원자력 연구소의 업무에 관해 불분명한 태도를 취하고 있음이 드러났다. 제너럴 일렉트릭이 비군사적 목적을 위한 동력생산용 증식로의 설계와 개발에만 관심이 있는지, 아니면 군사적·비군사적 목표 모두에 쓰일 수 있는 것에 관심이 있는지 분명치 않았다. [133)]

소련과 미국의 관계가 악화되면서 행정부와 군대로부터 지속적인 압박을 받게 된 AEC는 원자로 개발을 희생한 채 무기 생산을 밀고 나갔다. 1948년 6월에 오펜하이머는 "우리는 원자로 프로그램의 진척 상황에 절망하고 있다"는 한마디로 일반자문위원회의 견해를 요약했다.[134] 그해 4월, 해군 선박국(Bureau of Ships) 책임자인 얼 W. 밀즈 제독은 영향력 있는 과학자들을 청중으로 둔 자리에서, 잠수함용 원자로에 필요한 설계의 진척도가 1%에도 못 미친다고 언급하며 AEC에 그 책임을 돌렸다. 그는 더 많은 엔지니어링과 산업체의 참여를 요청했다. 이 모임에 참석한 AEC 위원 루이스 스트로스는 밀즈에게 "오랜 친구가 내게 그런 행동을 하리라고는 꿈에도 생각지 못했네"라고 말했다.[135]

AEC는 원자로 연구의 일부를 클린턴에서 아르곤 연구소로 이전했지만, 어떤 연구 방향이 가장 좋은지에 대해서는 여전히 견해가 엇갈렸고 연구 노력도 아르곤에서 진행 중이던 여러 프로젝트 — 고속증식로와 고중성자속 재료시험로(high-flux materials-testing reactor)를 포함해서 — 로 분산되었다. 제너럴 일렉트릭의 놀스 연구소에서는 중속원자로(intermediate power reactor)에 관한 연구가 계속되었고, 클린턴에서는 잠수함 추진을 위한 수냉식 열중성자 원자

133) Richard G. Hewlett and Francis Duncan, *Atomic Shield: A History of the United States Atomic Energy Commission, 1947~1952* (Washington, D. C.: U. S. Atomic Energy Commission, 1972), pp. 62~63, 76, 85~86, 120, 142~144, 192.

134) Ibid., p. 197.

135) Ibid., p. 191.

소련이 원자폭탄을
터뜨렸다는 기사를 읽고
있는 실라르드

로(thermal reactor)의 계획과 설계 작업이 진행되었다. 잠수함 원자
로는 보수적인 설계였고, 산업체로부터 얻을 수 있는 구성요소에 가
능한 한 최대로 의존하고 있었다.

　이처럼 불분명한 AEC의 원자로 설계 및 개발 과정에서 밀즈 제독
과 하이먼 G. 리코버 대령이 들어와 초점을 제공했다. 그들이 성공
을 거둔 열쇠는 원자로에 더 많은 주안점을 두길 바라는 사람들과
군사적 필요를 선호하는 사람들 모두에게 매력적인 제안을 했다는
데 있었다. 여기에 리코버의 추진력과 결단도 대단히 중요한 역할을
했다.

시스템 건설자 리코버

미 해군은 맨해튼 프로젝트에서 배제되었다. 전쟁 기간 해군은 필립 에이벌슨의 열확산 공정을 소규모로 지원함으로써 핵추진이라는 먼 목표를 향했다. 이 공정은 기체확산과 전자기 공정이 기대만큼 U-235를 생산하지 못하던 1944년 봄에 그로브스에 의해 뒤늦게 인수되었다. 그러나 해군은 AEC로 원자에너지 개발 책임이 넘어가자 이제 더 이상 배제되지 않기 위해 결의를 다졌다. 1947년 1월 AEC 가 책임을 인수받기 전이던 1946년에 해군연구소는 핵동력 잠수함을 2년 내에 진수시켜야 한다는 에이벌슨과 두 조수의 보고서를 회람시켰다. 또한 해군은 장교와 민간인 해군 엔지니어로 구성된 소규모 파견단을 테네시 주 오크리지의 클린턴 연구소로 보내 실험용 원자로의 초기 계획에 참여하게 했다. 이 중에는 리코버도 있었는데, 그는 컬럼비아대학에서 전기공학 석사학위를 받은 해군 엔지니어링 장교로 이전까지 핵에너지 관련 경험이 없었다. 그는 전쟁 기간 전기 장비의 설계와 조달을 지휘하면서 인상적인 기록을 남겼다. 리코버는 기술적 탁월성을 외골수로 추구하는 것으로 이름을 날렸다. 그는 새로운 설비의 설계, 개발, 시험을 청부업체들에게 맡기지 않았고, 자신이 면밀하게 감독하는 성실한 해군 인력과 함께 개발, 조달, 설치의 세부적인 전 과정에 깊숙이 관여했다. 다른 해군 장교들은 대체로 청부 계약과 조정을 전반적으로 감독하되 제조과정에는 관여하지 않는 소비자로서의 역할을 더 선호했다. 리코버는 기술 문제와 관련하여 실력과 성취로 명성을 얻었지만, 동시에 퉁명스럽고 지나치게 비판적이며 지독할 정도로 솔직한 상관이라는 평판을 받았고, 일을 강하게 밀어붙이는 스타일 때문에 나쁜 감정을 불러일으키기도 했다. 그는 미 해군사관학교 출신이었지만, 해군 특유의 격식과 사회적 전통에 대해서는 경멸을 숨기지 않았다. 또한 그는 전통적인 전투병과 장교들이 가진 더 넓은 목표는 고려하지 않고 자신의 특정한 기술 프로젝트를 가차 없이 밀어붙이는 것으로 소문나 있었다. 리코버는 오크리지 파견단 중에서 선임 장교이긴 했지만 책임자는 아니었다. 일부 상관들은 그가 상반되는 관점과 이해관계를 고려하지 않고 프로젝트를 넘겨받아 규정해 버릴 것을 우려했다. 136)

그러나 리코버는 흔히 그랬던 것처럼, 이내 다른 장교들에 대한 업무 적합성 보고서를 정기적으로 준비하는 일을 맡게 되었다. 이는 해군 내에서의 승진과 발령에 큰 영향을 주는 평가였고, 이 덕분에 그는 오크리지의 소규모 해군 파견단의 활동을 지휘할 수 있는 권위를 얻게 되었다. 얼마 안 가 다른 사람들은 리코버를 따라 오크리지의 세미나에 빠지지 않고 참석했고, 원자로 과학기술에 관한 보고서들을 꼼꼼히 읽고 기록하는 작업을 하게 되었다. 핵추진에 관한 열정이 불붙은 리코버는 파견단을 해군의 원자력 개발을 위한 중핵으로 만들었다. 그는 그룹 내에 규율과 드높은 긍지를 심어 주었고, 이는 오크리지에서 하나의 전설이 되었다. 137)

리코버는 해군이 원자에너지를 개발하고 이용하는 나름의 역할을

---

136) Richard Hewlett and Francis Duncan, *Nuclear Navy, 1946~1962* (Chicago: University of Chicago Press, 1974), pp. 34~35.
137) Hewlett and Duncan, *Atomic Shield*, p. 75.

1955년 1월 해상 시험 중에
노틸러스호에 승선한
리코버 해군 소장

찾는 과정에서 재빨리 자신을 중추적인 인물로 확립했다. 그는 해군과 원자에너지위원회 양쪽 모두에서 핵추진 잠수함에 대한 지지를 얻기 위해 애썼다. 제2차 세계대전 말에 개량된 잠수함 탐지 기법들은 공기를 필요로 하는 엔진에 의존하지 않고 깊이 잠수할 수 있는 잠수함의 필요성을 보여 주었다. 이 때문에 영향력 있는 잠수함 장교들은 리코버를 지지했다. 반면 로스앨러모스에서 탄약 전문가로 주도적인 역할을 했으며 1946년부터 1949년까지 AEC의 군사관계위원회에 속해 있던 윌리엄 S. 파슨스 대령은 핵추진에 주안점을 두는 데 반대했다. 해군이 핵무기를 개발하고 발사하는 목표로부터 이탈할 것을 우려해서였다. 해군 외의 물리학자들 사이에서 리코버는 열정적인 지지를 받았는데, 특히 로렌스가 그를 지지했다. 로렌스는 리코버에게 프로젝트가 시선을 끌고 지지를 얻기 위해서는 충분히 큰 규모로 구상되어야 한다고 조언했는데, 역시 그다운 발상이었다. 로스앨러모스에 참여하고 얼마 후 수소폭탄의 아버지로 알려진 물리학자 에드워드 텔러도 해군의 핵추진 계획을 열렬히 지지했다. 텔러는 상상력이 풍부한 새로운 아이디어를 직관적으로 평가해 열광적인 반응을 보이곤 했다. 그러나 그는 대부분의 엔지니어들이 핵에너지와 같은 급진적 아이디어에 적응하지 못할 것이며, 많은 과학자가 기술적 목표로부터 벗어나 방황하게 될 가능성이 크다고 리코버에게 주의를 주었다. 반면 AEC 일반자문위원회의 물리학자들은 핵추진 외의 다른 해군 프로젝트에 더 높은 우선순위를 두고 있었다.[138]

이처럼 찬성과 반대 주장이 오가는 와중에, 리코버는 핵추진을 지지하는 상관들에게 편지를 돌려 서명하게 하는 관료적 전술을 사용했다. 해군 작전 책임자인 체스터 W. 니미츠 제독과 해군 장관인 존 L. 설리번이 서명했다. 니미츠의 지지 의사를 확인한 리코버는 영향력 있는 잠수함 장교들을 자기편으로 끌어들였다. 1947년 12월 니미츠가 설리번에게 보낸 편지는 핵탄두를 가진 미사일을 발사할 수 있는 원자력 잠수함의 필요성을 언급했다. 이어 설리번은 국방부 장관인 제임스 V. 포리스털과 부시 — 그는 정부에 대해 과학기술정책에 관한 자문을 계속하고 있었다 — 에게 메모를 보내, 원자에너지위원회와 해군 선박국이 잠수함의 설계, 개발, 건조를 위해 상호 수용가능한 절차를 협의할 것을 권고했다.[139] 처음에는 리코버의

---

138) Hewlett and Duncan, *Nuclear Navy*, pp. 48~50.

거슬리는 스타일 때문에 그가 지도자로서 가진 자질에 의심을 품었던 밀즈 제독도 결국 그를 원자에너지위원회에 대한 연락 장교로 임명했다. 원자력 잠수함을 원하던 밀즈는 이 임무에 완고하고 가차 없는 시스템 건설자가 필요할 것으로 생각했고, 리코버가 그러한 조건에 딱 들어맞는다고 믿었다. 리코버의 종용을 받은 AEC는 원자로 연구 일반의 중심인 아르곤 연구소에 해군 원자로 지부(Naval Reactor Branch)를 소규모로 만들었다. 리코버는 곧 핵잠수함을 설계하고 개발하는 원자에너지위원회와 해군 모두의 노력을 책임지게 되었다. 그는 이중의 역할을 했다. 해군 선박국에서는 암호명 390인 핵에너지 지부(Nuclear Power Branch)를 이끌었고, 원자에너지위원회에서는 해군 원자로 지부를 맡았다. 관료주의를 다루는 데 있어 결단력이나 경험이 부족한 사람들과는 달리, 그는 두 마리 토끼를 쫓다가 양쪽 모두에서 잊히는 우(愚)를 범하지 않았다. 대신 그는 한쪽을 이용해 다른 쪽을 강화했다.

그러고 나서 리코버는 AEC, 탁월한 과학자들로 구성된 AEC의 일반자문위원회, AEC 산하 아르곤 연구소, 해군, 청부업체를 서로 연결하는 복잡한 조직을 만들어 냈다. 그는 다른 해군 장교들처럼 아르곤 연구소의 과학자들이 원자로 설계에 너무 많은 영향력을 행사하고 있다고 믿었고, 잠수함 프로젝트에서 산업체의 역할을 늘리는 데 특히 관심을 쏟았다.[140] 그는 AEC의 물리학자들이 상이한 우

---

139) Ibid., pp. 57~78.
140) Richard G. Hewlett, "Beginnings of development in nuclear technology", *Technology and Culture*, 17(1976), 476~477.

선순위를 가지고 있고, 사람들을 몰아세우며 좁은 범위에 초점을 맞추는 엔지니어링과 산업체의 스타일에는 익숙하지 않다는 사실을 깨닫고, 점차로 잠수함 프로젝트의 책임을 더 많이 넘겨받았다.

그로브스의 전례를 따라 그는 자신이 학문적 전통 안에서 연구하는 물리학자들보다는 산업체 관리자나 엔지니어들을 더 효과적으로 통제할 수 있다고 믿었다. 이전의 그로브스처럼 리코버가 대규모 청부업체들에 눈을 돌린 것도 이 때문이었다. 그는 연락 장교로서의 지위와 커지는 영향력을 이용해, 원자에너지위원회가 웨스팅하우스에 잠수함용 핵추진 기관(마크 I으로 불렸다)을 건조하는 계약을 제안하도록 설득했다. 그것은 가압경수로(pressured light-water reactor)•가 될 전망이었다.

리코버는 웨스팅하우스의 최고경영자를 만나 핵에너지는 많은 산업적 응용이 가능하며 회사가 이 분야에서 자리를 잡으려면 상당한 자원을 지출해야 한다고 설득했다. 141) 웨스팅하우스는 1948년 12월 계약에 서명했다. 연구와 설계는 계속 AEC의 아르곤 연구소와 리코버의 책임으로 남아 있었다. 리코버는 또 제너럴 일렉트릭에 요청해 이 회사가 그간 연구해 온 중속원자로의 한 형태를 잠수함 추진용으로 설계, 개발하는 것을 검토하도록 했다. 이후 AEC는 잠수함에 쓰일 수 있는 나트륨냉각 원자로를 건조하는 계약을 제너럴 일렉트릭과 맺었다.

• 〔옮긴이주〕 일반적인 물, 즉 경수(輕水)를 감속재와 냉각재로 쓰는 원자로로, 이때 물에 150기압 정도의 높은 압력을 가해 물이 순환하면서 끓지 않게 한다. 현재 전 세계 원자로의 70% 이상이 경수로이다.

141) Hertsgaard, *Nuclear Inc.*, p. 21.

청부업체를 면밀하게 감독하는 리코버식 관행, 핵공학에 관해 그
가 가진 지식, 그리고 해군과 AEC 양쪽에서 책임을 맡음으로써 그
가 갖게 된 이중의 권위로 인해, 새로 생겨난 웨스팅하우스의 원자
력 부서와 산하 연구소는 모기업인 웨스팅하우스보다 리코버의 해
군 원자로 지부와 더 가까운 관계가 되었다. AEC의 역사가인 리처
드 휴렛과 프랜시스 던컨은 웨스팅하우스의 원자력 부서가 "이론적
으로는 청부업체의 일부였지만 많은 측면에서 리코버의 프로젝트에
통합된 일부분이었으며 … (이는) 엔지니어링 활동을 관리함에 있어
새롭고 예상치 못한 가능성을 열어 주었다"고 썼다. 142) 리코버는 또
한 제너럴 일렉트릭의 놀스 연구소가 핵잠수함 프로젝트에 우선적
으로 집중하도록 만드는 데 성공을 거두었다. 리코버는 원자에너지
위원회의 관리이자 해군 핵추진 프로그램을 이끄는 인물이라는 이
중의 역할을 수행하면서, 외부에 대해서는 오직 자금지원만 의지하
는 자율적인 개발 사업을 만들어 냈다. 143) 그 결과는 우리에게 창조
적인 시스템 건설의 으뜸가는 사례를 제공한다.

  잠수함용 경수로의 설계와 건조가 진행되면서 풀어야 할 결정적
문제들이 등장했다. 잠수함의 승무원들을 방사능으로부터 보호하
는 것, 전례 없는 신뢰성과 내구성을 충족하는 물질을 확보하는 것,
추진 기관을 위한 열교환기와 제어장치를 얻어 내는 것 등이 특히 노

---

142) Hewlett and Duncan, *Nuclear Navy*, p. 120.
143) Ruchard G. Hewlett and Jack M. Holl, "Atoms for peace and war:
    Eisenhower and the Atomic Energy Commission, 1953~1961", manu-
    script(to be published by University of California Press, Berkeley, in
    1989), VII, 6. 이하 인용은 출판 예정 원고의 장과 쪽수를 가리킨다.

력을 요하는 문제였다. 그는 자신이 맡고 있던 해군 원자로 지부를 통해, 다양한 산업체, 대학의 연구소 시설에서 희귀하고 생소한 물질에 관한 연구개발을 시작하고 감독할 수 있는 과학과 엔지니어링 능력을 발전시켰다. 리코버는 그런 물질 중 하나인 지르코늄을 원자로의 노심(爐心)에 사용하기로 결정했다. 질과 양에서 요구조건을 충족하는 지르코늄의 원천을 개발하고 생산하는 책임은 애초에 원자에너지위원회 소관이었다. 그러나 느린 진척 속도에 실망한 리코버는 1950년 AEC를 설득해 지르코늄 문제를 자신에게 넘기도록 했다. 이후 그의 해군 그룹은 상세한 기술 정보에 근거해 일을 재빨리 진행했고, 제조 공장 건설을 위한 계약을 맺었다. 이는 리코버에 관한 전형적인 일화 중 하나이다.

핵추진 장치 개발이 진행되면서 리코버는 일렉트릭 보트 사(Electric Boat Company) — 이후 제너럴 다이내믹스 사(General Dynamics Company)의 자회사가 된 — 를 설득해 웨스팅하우스와 공동으로 잠수함의 선체와 수냉식 핵추진 장치를 건조하도록 했다. 제너럴 일렉트릭과 일렉트릭 보트 역시 추진용 나트륨냉각 원자로와 선체를 건조하는 계약을 맺었으나, 이 프로젝트는 웨스팅하우스-일렉트릭 보트 측의 가압경수로 설계보다 몇 년이나 뒤처져 있었다. 사적인 자리에서 리코버는 청부업체로서의 제너럴 일렉트릭을 날카롭게 비판했는데, 이는 그가 웨스팅하우스를 높이 평가한 것과 대조를 이루었다. 144)

---

144) 1954년 7월에 있었던 리코버와 데이비드 릴리엔솔의 사적 대화내용을 *Venturesome Years, 1950~1955: The Journals of David Lilienthal* (New York: Harper & Row, 1966), p. 532에서 인용.

리코버는 첫 번째 핵잠수함 프로젝트에 대해 국민적 주목이 이루어지기를 원했다. 그렇게 되면 대중과 의회의 지지를 추가로 확보하는 데 유리하다고 생각했기 때문이다. 그는 1952년 6월 14일, 일렉트릭 보트 사의 조선소가 있는 코네티컷 주 그로턴에서 열린 웨스팅하우스-일렉트릭 보트 잠수함의 용골거치식(keel-laying)에 트루먼 대통령이 참석하도록 했다. 프로젝트를 재촉하기 위해 리코버는 늘 하듯이 건설 기간 중 회사 운영에 관여해 회사를 재조직했다. AEC 역사가인 휴렛과 잭 홀은 이렇게 썼다.

리코버와 부하 직원들은 그들이 지배하려고 하는 기술만큼이나 완고하고 실수를 용납하지 않는 태도를 보였다. 145)

이전에 만들어진 해군 잠수함 2척과 마찬가지로 쥘 베른의 소설에 나오는 유명한 잠수함의 이름을 따서 '노틸러스'라고 이름 붙인 이 잠수함은 1955년 1월에 첫 항해에 나설 준비를 마쳤다. S. S. N. 노틸러스호는 놀라운 성능을 선보였다. 첫 번째 함장이 된 유진 P. 윌킨슨 중령은 "지금까지 수행된 시험의 결과는 잠수함과 대잠수함 전략에 대한 완전한 재평가가 필요할 것임을 분명히 보여 준다"고 썼다. 146) 4월에 노틸러스호는 푸에르토리코 산 후안까지 2,100킬로미터를 잠수한 채로 항해했는데, 이는 이전까지 잠수로 항해한 거리의 10배에 해당하는 거리였다. 노틸러스호의 속도 역시 전례를 찾아

---

145) Hewlett and Holl, "Atoms for peace and war", VII, 8.

146) Hewlett and Duncan, *Nuclear Navy*, p. 220.

원자력 잠수함 S.S.N. 시울프호와 S.S.N. 노틸러스호

볼 수 없을 정도로 빨랐다. 대서양 함대의 작전 기간에 선보인 잠수함의 성능은 그야말로 눈부셨다. 노틸러스호는 일반 함정을 추월했고, 잠수함 탐지를 피했으며, 경우에 따라서는 어뢰 공격도 피할 수 있었다.

이처럼 뛰어난 성취로 리코버는 국가적 유명인사가 되었고, 국가 방위와 위신에 관심 있는 미 의회 의원들로부터 열광적인 지지를 받았다. 그의 성취에 크게 감명 받은 상하원 합동 원자에너지위원회(Joint Committee on Atomic Energy) 소속 의원들은 그가 한 차례 이상 진급에서 탈락했고 39명의 다른 해군 대령들이 진급 대상자에 포함되었다는 사실을 알자 해군의 진급 절차에 대한 조사가 이루어질 때까지 모든 진급을 유보한다는 결정을 내렸다. 진급 절차에 민간인을 참여시키자는 얘기도 나왔다. 고위급의 영향력 있는 해군 장교들의 반대에도 불구하고 리코버의 장성 진급이 논의되었다. 이들 장교들은 바다로 나가는 전투병과 장교들에게 전통적으로 갖추어진 다방면의 지도력과 사교력 같은 자질이 리코버에게 결여되어 있다고 생각했다. 자신의 프로젝트만을 외곬수로 추구하고, 기술에 초점을 맞추며, 가혹한 비판을 일삼는 성향 때문에 그는 협력 작업에서는 좋은 평판을 얻지 못했다. 일부 지지자들은 그가 유대인이어서 차별을 받았다고 생각했다. 확실한 것은, 그가 과거 위대한 독립발명가들에게서 흔히 찾아볼 수 있는 아웃사이더로서의 특성을 보여 주었다는 점이다. 여러 해 동안 진급심사위원회에서 탈락의 고배를 마신 끝에, 리코버 대령은 제독으로 진급했다. 미국의 언론은 기성 체제에 대한 아웃사이더의 성취가 승리를 거둔 것을 흡족한 태도로 보도했다. 147)

뒤이어 리코버는 잠수함과 일반 함정(대형 항공모함을 포함해서)으로 핵 해군을 구축하는 데서도 주도적인 역할을 담당했다. 핵잠수함에는 장거리 미사일과 핵탄두가 장착되어 미국의 핵억지 정책에서 중요한 구성요소로 자리 잡았다. 윌리엄 래본이 지휘하는 해군의 특수계획국(Special Projects Office)에서 고체연료를 쓰는 폴라리스 미사일의 설계와 건조를 관장했고, 이는 1960년대에 핵잠수함에 도입되었다. 해군 작전 책임자인 알레이 버크 제독의 구두 명령에 의해 리코버는 이 프로젝트가 충분히 진척될 때까지 프로젝트에서 배제되었다. 그가 참여하면 곧 프로젝트를 지배할 것이고, 그러면 좀더

---

147) Ibid., pp. 186~193; Norman Polmar and Thomas B. Allen, *Rickover: Controversy and Genius: A Biography* (New York: Touchstone, 1984), pp. 183~205.

외교적 수완이 있는 래본이 마련해 놓은 다양한 해군 부서들 간의 긴밀한 협동을 위협할 것이라는 우려가 있었기 때문이다. 148) 하지만 리코버가 너무나 유명했기 때문에 언론은 종종 탁월한 성공을 거둔 폴라리스 프로그램의 책임자가 리코버인 것으로 잘못 알았다. 149)

---

148) Hewlett and Duncan, *Nuclear Navy*, pp. 307~310.

149) Harvey M. Sapolsky, *The Polaris System Development* (Cambridge, Mass. : Harvard University Press, 1972), p. 11.

시핑포트

리코버는 미국 최초의 핵발전소를 설계하고 건설하는 임무도 관장했다. 이는 그 본질에 있어 개조된 해군 원자로였다. 리코버는 최초의 핵발전소를 지으면서 신뢰성과 내구성이라는 특성을 미국의 핵발전 산업에 지울 수 없도록 각인시켰다. 이런 특성이 도입된 것은 일차적으로 군사적 관심사 때문이었다. 이는 원자로부터 공공용 전기를 얻어 내는 시대를 연 발전소로 공개 선포되었지만, 이 발전소는 상업적인 사업이라기보다는 앞으로의 발전을 위한 시제품에 더 가까운 것으로 판명되었다. 건설과 운영의 경제성은 높은 우선순위를 점하지 못했다. 1953년에 아이젠하워 행정부는 전 세계의 전력회사가 쓸 수 있는 비군사적 동력 원자로를 요청했다. 유럽에서는 전기료가 더 비쌌기 때문에, 처음에 일부 핵발전 주창자들은 미국이 아닌 유럽에 더 큰 핵발전소 시장이 있을 것으로 내다보았다. 미국 정부와 산업체들은 유럽인들이 미국에서 설계하고 제조한 원자로를 쓰기를 바랐다. 국가안전보장회의(National Security Council)에 있는 아이젠하워의 측근 자문위원들은 소련이 동력생산용 원자로를 가지고 세계 시장에 먼저 발을 들여놓을지 모른다며 우려했고, 그렇게 되면 소련의 설계가 확고한 발판이 되어 미국의 입지는 약화될 것이라고 보았다. 산업체들은 오랜 경험을 통해 시장에 먼저 진출하면 대체 부품이나 향상된 부품에 대한 주문이 계속 이어지고, 처음 경험한 원자로 설계를 선호하는 인력이 양성될 것을 알고 있었다. 대통령 자문위원들은 만약 동력 원자로 시장의 선점이 이루어진다면 이는 냉전에서 소련에

대한 중대한 승리가 될 것이라고 생각했다. 150)

당시 미국은 한국전쟁에 매여 있었고, 1953년 8월 소련이 수소폭탄을 터뜨렸으며, 원자무기 생산에 들어가는 플루토늄의 양도 부족했던 모든 악조건에도 불구하고 아이젠하워 행정부가 비군사적 원자로 개발에 높은 우선순위를 부여한 이유는 바로 여기 있었다. 아울러 아이젠하워는 자신이 평화를 위한 원자(Atoms for Peace) 프로그램 — 평화적 용도로 핵에너지를 개발하는 — 으로 전 세계를 이끌겠다고 단언했다. 151)

핵에너지를 상업적으로 이용하려는 기업을 포함해 많은 이해집단이 즉각 끼어들었다. 공공 소유에 대항해 민간 소유를 옹호하는 사람들은 국가 안보가 허용하는 한도 내에서 민간 제조업체와 전력회사들이 비군사적 목적의 핵에너지 개발을 넘겨받기를 원했다. 일각에서는 정부가 새로운 에너지원을 통제하는 쪽을 선호하면서 민간소유에 반대했다. 원자에너지위원회에 자문하거나 여기에 고용된 과학자들은 가장 향상된 설계를 얻기 위해 철저한 연구 프로그램이 필요하다고 보았다. 리코버는 원자에너지위원회가 해군 원자로에서 전력회사의 발전소 설계로 관심의 방향을 바꾸지 않기를 원했다. 대통령과 행정부는 적은 예산을 들여 조기에 결과를 얻을 수 있기를 바랐다. 군대와 원자에너지위원회는 민간 원자로가 군사적 용도의 플루토늄을 만들어 내는 모습을 떠올렸다. 원자에너지위원회는 이 모든 입장을 절충해, 리코버와 해군 원자로 지부에서 항공모함용으

---

150) Hertsgaard, *Nuclear Inc.*, pp. 25~27.
151) Ibid., pp. 34~35.

로 개발 중인 원자로 설계를 변형하여 민간 원자로 프로젝트의 책임을 맡긴다는 결정을 내렸다. 핵항공모함용 원자로는 당분간 중단되었다. 리코버는 웨스팅하우스에 추가적인 설계를 의뢰하고 다른 하청업체에는 건설 공사를 맡겼는데, 핵잠수함 프로젝트에서 쓴 것과 별반 다르지 않은 방식이었다. AEC와 아이젠하워 행정부의 정책을 비판하는 사람들은 군사적 용도의 원자로를 기반으로 비군사적 원자로를 다급하게 개발하려다가 결국 열등한 설계로 귀결되었다고 주장했다.

원자에너지위원회는 민간전력회사들에게 전력발생 파트를 설계, 건설하고 핵발전소를 운영하는 신청서를 제출하도록 요청했고, [152] 그중에서 피츠버그에 있는 듀퀘인 조명회사(Duquesne Light Company)의 신청을 받아들였다. 이 회사는 부지를 제공하고, 터빈 발전기가 들어가는 건물을 짓고, 원자로를 개발하고 건설하는 비용 중 500만 달러를 부담하고, 전체 시설의 운영과 유지를 맡았다. 원자로는 AEC가 소유하고 거기서 나온 증기를 회사 측에 판매하는 방식을 취했다. 위원회는 스톤 앤드 웹스터를 컨설팅과 건축 엔지니어링 담당으로 선정했고, 피츠버그의 드라보 사(Dravo Company)에는 다양한 건설서비스를 제공하는 임무를 맡겼다.

핵잠수함 프로젝트에서 그랬듯이, 리코버의 해군 장교 그룹과 민간 엔지니어들은 의사결정과 건설의 모든 단계에서 긴밀한 관계를 맺었다. 그들은 운영상의 안전성을 최우선 고려대상으로 삼았다. 그 결과 원자로 노심에 있는 연료의 변화(특히 온도)와 냉각재의 온도

---

152) Hewlett and Duncan, *Nuclear Navy*, pp. 225~230.

및 흐름을 모니터하고 통제하는 장치들이 설계상의 결정적 문제가 되었다. 아울러 해군과 웨스팅하우스의 엔지니어들, 여러 하청업체들은 원자로와 냉각 시스템을 포함하는 대형 용기의 강도와 내구성에도 특별한 관심을 쏟았다. 구성요소 중 많은 수는 해군 원자로 설계 — 특히 잠수함용 엔진에 관한 이전 연구 — 로부터 규모만 키운 것이었기에 설계 작업은 급속도로 진행되었다.

시핑포트(Shippingport) 프로젝트에서 리코버의 지도력 스타일은 많은 경우 해법을 제공하기보다는 문제를 일으켰다. 개인이나 소그룹 단위의 엔지니어, 관리자, 숙련기술자들과 작업하는 데 익숙해진 그는 대형 발전소를 짓는 다수의 건설 노동자들과의 공동 작업에 잘 적응하지 못했다. 리코버 자신도 건설 산업과 노조의 전통적 방식을 잘 이해하지 못했음을 시인했다. 그로브스 역시 맨해튼 프로젝트 때 노동 문제로 골머리를 앓은 적이 있었다. 리코버의 해군 동료들은 "그가 공사 현장에 방문할 때면 숨을 죽였다. 작업반장에 대한 퉁명스러운 질문이나 노동자에 대한 날카로운 질책이 파업으로 이어질까 우려해서였다".153)

프로젝트는 또한 리코버에게 시련을 안겨 주었다. 장비와 노동에서의 여러 문제로 아이젠하워 행정부와 원자에너지위원회가 설정한 1957년이라는 마감시한을 지나 공사가 지연될지 모른다는 우려 때문이었다. 자신의 임무를 완수하는 데 비상한 자부심을 가진 리코버에게 또 다른 근심거리는 예산 초과 문제였다. 이는 부분적으로 공사 일정을 맞추기 위해 시간 외 노동을 폭넓게 고용할 필요가 있어 생긴

---

153) Ibid., p. 250.

문제였다. 그러나 원자로는 1957년 12월 2일에 지속적인 가동(임계 상태 도달)에 들어갔고, 듀퀘인 사의 인력이 운영을 넘겨받은 후인 그해 12월 23일에는 최대 출력 한계에 도달했다.

그 후 2년 동안 세미나가 수시로 열려 이미 속속들이 문서화된 원자로의 설계와 운영에 관한 정보를 수백 명의 정부, 산업체 엔지니어들에게 제공했다. 가압경수로는 자본 비용이 높고 석탄이나 석유를 때는 발전소보다 운영비용이 더 많이 들었지만, 원자로의 기술적 성능은 일련의 시험과 데이터에서 나타났듯이 탁월한 것으로 판단되었다. 그 후 10년 동안 미국에서 운영된 처음 12기의 발전소 원자로 중 10기는 감속재-냉각재로 경수를 사용하는 시핑포트의 기본 설계를 그대로 따랐다. 이들 원자로 대부분은 시핑포트와 마찬가지로 약간 농축시킨 우라늄을 연료로 사용했다.

유산

1954년 개정 원자에너지법 통과를 계기로 미국 의회와 아이젠하워 행정부는 핵산업의 성장에 박차를 가했다. 당시 행정부, 의회, 산업체에 있는 사람들 중에는 민간기업이 원자에너지를 개발하는 것을 선호한 이들도 있었고, 정부와 민간기업이 협력 관계를 맺기를 바란 이들도 있었으며, 핵산업이 국유화되는 것을 희망한 이들도 있었다. 이 법률은 이러한 입장들이 서로 타협한 산물이었다. 법률에서는 민간회사가 핵발전소를 짓고 소유하는 것을 허용했지만, 핵연료는 정부가 소유하고 통제하는 것으로 했다. 또한 AEC는 핵 연구 결과를 민간기업과 더 많이 공유하라는 지시를 받았다. 새로운 TVA가 생겨나는 것을 미연에 방지하기 위해, 이 법률은 AEC가 전력을 생산하고 공급하는 자체 발전소를 건설하지 못하게 했다.

반면 TVA는 핵발전소를 지을 예정이었다. TVA는 AEC 시설들에 전력을 제공하는 주요 공급원이기도 했다. 1955년, AEC는 미국의 전력회사와 제조업체들에 대해, 기술적·경제적 실현가능성을 보여 줄 수 있도록 설계된 원자력발전소의 건설 신청서를 제출하도록 했다. 연구개발에 대해서는 정부 자금을 쓸 수 있었다. 이에 대해 미국에서 가장 큰 전력회사가 몇몇 포함된 핵에너지 그룹(Nuclear Power Group)과 샌프란시스코에 있는 벡텔 사(Bechtel Corporation) 등이 응답했다. 벡텔 사는 대규모 컨설팅-건설 회사로, 이곳 경영진이었던 캐스퍼 와인버거와 조지 슐츠는 나중에 워싱턴으로 가서 각료가 되었다.

제너럴 일렉트릭, 웨스팅하우스, 배브콕 앤드 윌콕스(Babcock and Wilcox), 컴버스천 엔지니어링(Combustion Engineering)은 원자로를 생산하는 시설을 세웠다. 그들은 국내 연구개발에 대한 정부 보조금을 지원받았고, 아울러 아이젠하워 행정부가 미국의 실험용 원자로를 구매하는 외국 정부에 대해 보조금을 제공하는 식의 간접 지원도 받았다. 원자로를 구매하는 외국 정부에 대해 수출입은행이 저리로 융자해 주는 것도 시장을 자극했다. 제너럴 일렉트릭의 경영진 중 한 사람은 회사에 새로 입사한 젊은이에게 10~20년 내로 회사의 핵발전 사업이 1950년대의 회사 전체보다 더 커질 것이라고 약속하기도 했다. 154)

아이젠하워 행정부가 막을 내리기 전까지 양키 어토믹 일렉트릭 사(Yankee Atomic Electric Company), 13개 뉴잉글랜드 전력회사들의 컨소시엄, 뉴욕 시 통합 에디슨 사(Consolidated Edison Company of New York), 펜실베이니아 전력 및 전등 회사(Pennsylvania Power & Light Company)가 가압경수로를 건설 중이었고, 일리노이 주 모리스의 드레스덴 핵발전소가 비등수로(boiling-water reactor)• 방식으로 건설 중이었다. 미네소타 주 엘크 리버의 농촌 협동조합 에너지연합(Rural Co-op Power Association) 역시 비등수로를 건설하고 있었다. 네브래스카 주 컬럼버스의 컨슈머스 퍼블릭 파워 사(Consumers Public Power Company)는 나트륨냉각 고속증식로를 건설

---

154) Hertsgaard, *Nuclear Inc.*, pp. 34~36.
• 〔옮긴이주〕 가압경수로처럼 일반적인 물을 감속재와 냉각재로 사용하지만, 물이 노심을 통과할 때 곧바로 끓어서 순환하며 터빈을 돌리게 되어 있는 원자로를 가리킨다.

중이었다. 155) 1960년대에 제너럴 일렉트릭은 핵발전소를 설계, 건설하여 가동 준비가 완료된 상태로 전력회사에 넘기는 이른바 완성품인도 발전소(turnkey plants) 방식으로 국내 시장을 촉진했다. 처음에는 회사에 제시하는 가격을 일부러 낮게 책정했다. 시장의 물꼬를 트고 경험과 생산 표준 및 절차를 확립해 나중에 생산 비용을 낮출 수 있을 것이라고 기대했기 때문이다. 제너럴 일렉트릭과 웨스팅하우스는 1960년대 중반에 건설된 13기의 완성품인도 발전소에서 대략 10억 달러의 손실을 입은 것으로 추정된다.

전력회사들의 거부감이 사라지자 원자로 제조업체들에 들어오는 국내 주문은 1966년에 발전소 20기로 껑충 뛰어올랐다. 이후 제조업체들은 가격을 올려 초과되는 비용을 전력회사 측이 부담하게 하는 통상 관행으로 돌아갔다. 시간이 지남에 따라 비용이 떨어질 것이라는 기대에 힘입어 원자로 판매는 계속 이어졌다. 이는 소규모 제조업의 규모가 커질 때 대체로 잘 들어맞는다. 벡텔 사와 스톤 앤드 웹스터처럼 손꼽히는 컨설팅-엔지니어링 및 건설 회사들도 일각에서 '원자 시대'라고 부른 것이 도래하는 데 깊숙이 관여했다. 전력회사의 뛰어난 엔지니어 겸 관리자인 필립 스톤의 말처럼, 그 뒤에는 시류에 편승하는 기간(bandwagon years)이 이어졌다. 156) 그러나 가속화된 발전으로 나타날 문제점의 전조들도 등장하기 시작했다. AEC 위원장인 맥콘은 개인적인 노트에 이렇게 적었다.

---

155) Hewlett and Holl, "Atoms for peace and war", XVIII, 41.
156) Hertsgaard, *Nuclear Inc.*, pp. 44~45.

이곳저곳을 다니다 보면 이런 인상을 받게 된다. 너무나 많은 회사가 엔지니어링 조직과 공장과 장비에 엄청난 투자를 하면서 이 분야 사업에 맹목적으로 뛰어들었다. 그래서 지금 그들은 다분히 필사적으로 이색적이고 극단적이고 때로는 불건전한 발전을 진척시키고 있다. 자사의 시설 투자를 선전하고 조직을 가동할 계약을 따내기를 희망하면서 말이다. 157)

맨해튼 프로젝트와 전후 원자에너지위원회의 활동은 현대 기술시스템 건설의 정점이다. 참가자들의 기억에서, 공식 역사에서, 학술 문헌에서, 그리고 신문과 텔레비전의 보도에서, 맨해튼 프로젝트는 역사상 가장 인상적인 기술적·과학적·산업적·조직적 성취로 자리 잡았다. 핸퍼드의 거대한 파일과 트리니티 상공의 버섯구름으로 상징되는 맨해튼 프로젝트는 과거의 위대한 건설과 생산에서의 업적들, 예컨대 피라미드, 중세의 성당, 르네상스 시기의 베네치아, 바로크 궁전, 산업혁명기의 운하와 철도, 지역 전력 시스템, 포드의 리버 루지 공장, 소련의 마그니토고르스크, TVA 등을 뛰어넘는 중요성을 지녔다.

《핵산업 주식회사》(*Nuclear Inc.*) 라는 책을 쓴 마크 허츠가드는 핵에너지 사업을 하는 회사들과 정부 후원자들 사이의 응집과 상호 연결을 일컬어 '원자 형제단'(atomic brotherhood) 이라고 불렀다. 1980년대가 되자 24개의 다국적 거대 회사들을 포괄하는 '형제단'은 거대하고 강력한 복합체 — 아마도 역사상 가장 크고 거대한 복합체 —

---

157) Hewlett and Holl, "Atoms for peace and war", XVIII, 11.

가 되었다. 여기 포함된 전력회사들, 미국에서 가장 큰 8개의 은행들, 역시 미국에서 가장 큰 7개의 보험회사들은 정부-핵산업 복합체의 영향력을 더욱 증가시켰다. 158) 군대와 외교적 이해관계 역시 복합체를 강화했다. 듀폰 사는 1950년 사우스캐롤라이나 주 서배너 강변에 폭탄에 들어갈 물질을 생산하는 새로운 공장을 설계, 건설, 운영하기로 함으로써 핵산업에 대규모로 다시 뛰어들었다. AEC 위원 토머스 E. 머레이는 1953년 시카고에 있는 한 전력회사의 연차 총회에서 핵발전은 핵무기만큼이나 국가 안보에 중요하다고 발언했다. 머레이는 이렇게 결론지었다.

> 지금까지 여러 해 동안 원자 핵분열은 무기로 포장되어 야만인들에 대항하는 우리의 주된 방패 구실을 해왔습니다. 이제 여기에 더해 핵분열은 인류의 건설적 사업을 위해 신이 내린 도구가 될 것입니다. 159)

그는 미국의 원자 산업이 실질적·잠재적 동맹국에게 원자로와 핵연료를 공급함으로써 세계의 단합을 이끌어 낼 것이라고 판단했다. 창조하고 건설하고 시스템화하는 미국의 천재성은 핵 사업 또는 핵 기술시스템에서 절정에 달했다. 이는 거의 한 세기에 걸쳐 펄 스트리트에서 핸퍼드, 오크리지, 로스앨러모스로 이어진 발명, 산업 연구, 시스템 건설의 확장이 도달한 정점이다.

자신의 재임기에 핵에너지 생산 시스템을 그토록 크게 확장한 아

---

158) Hertsgaard, *Nuclear Inc.*, p. 9.
159) Hewlett and Holl, "Atoms for peace and war", VII, 20.

이젠하워 대통령이 이 과정에 대한 경고 메시지를 국민들에게 남겼다는 건 다분히 역설적이다. 그는 이 과정을 '군산(軍産) 복합체'라고 불렀다. 아이젠하워는 '군산'복합체 또는 정부-산업-대학 복합체를 직접 경험해 알고 있었다. 그의 재임 기간인 1953~1961년 사이, 아이젠하워 행정부는 수소폭탄의 대규모 시험과 제조, 핵에서 동력을 얻는 해군 건설, 대륙 간 미사일 개발, 국립항공우주국 설립 등을 관장했다. 1961년 1월의 퇴임 연설에서, 전시 원정 연합군 총사령관(1943~1945)을 지낸 아이젠하워는 국민들에게 이렇게 말했다.

이와 같은 엄청난 군사 체제와 대규모 무기 산업의 결탁은 미 국민들에게 새로운 경험입니다. 그것이 미치는 총체적 영향 — 경제적, 정치적, 심지어 영적(靈的)인 — 은 모든 도시, 모든 주 의회 의사당, 모든 연방정부 집무실에서 느껴집니다. 우리는 이런 발전이 긴요하게 필요함을 알고 있습니다. 그러나 그것이 미칠 심대한 파장을 무시해서도 안 됩니다. 우리의 노고, 자원, 생계 모두가 그것과 연관되어 있습니다. 우리 사회의 구조 그 자체가 걸려 있는 것입니다.

정부 위원회에서는 군산복합체의 부당한 영향력 획득에 대한 감시를 소홀히 해서는 안 될 것입니다. … 우리의 산업체-군대의 자세가 완전히 탈바꿈한 배경에는 최근 수십 년간 일어난 기술혁명의 책임이 큽니다. [160]

아이젠하워의 표현인 '군산복합체'는 오래도록 사람들의 뇌리에

---

160) *The Military Industrial Complex*, ed. Carroll W. Pursell, Jr. (New York: Harper & Row, 1972), pp. 2306~2307.

남았다. 그는 이 용어를 군사 체제와 무기를 생산하는 민간회사뿐 아니라 미국의 대학에 자리한 과학기술 엘리트들도 포함하는 뜻으로 사용했다. 그가 현명하게 꿰뚫어 보았듯이, 학자들에게 있어 정부와의 계약은 지적 호기심에 대한 대체물이 되어 버렸다.

대통령의 경고에도 불구하고 트라이던트, ABM(탄도탄 요격 미사일), 미니트맨, 스타워즈 같은 이름과 약어를 가진 군사 프로젝트들은 계속해서 번성했다. 군사 영역에서 '바로크적 병기창'(baroque arsenal)이 등장한 것이다. 161) 맨해튼 프로젝트는 군사적 자금, 관리, 계약 체결, 산업체, 대학, 정부연구소, 그리고 수많은 제조업체 간의 체계적 연결이라는 점에서 이러한 거대 기술시스템을 위한 모델이 되었다. 포드나 인설, TVA 같은 시스템 건설의 이전 모델들은 맨해튼 프로젝트와 비교하면 그 규모나 중요성이 무색해진다.

---

161) Mary Kaldor, *The Baroque Arsenal* (New York: Hill and Wang, 1981).

제9장

대항문화와 모멘텀

19세기 말부터 제2차 세계대전이 끝날 무렵까지 미국인들은 흔히 발명, 산업연구, 생산 시스템을 멋진 생활을 위한 상품의 원천이자 위대한 민주주의를 지키기 위한 무기의 보고(寶庫)라고 생각했다. 반성적인 소수만이 우울한 산업도시의 부상, 독가스, 공중 폭격, 조립라인의 지루함, 그리고 노동자를 기계로 대체해 생겨난 실업에 대해 개탄했다. 19세기 초 이래로 좀더 철학적이고 비판적인 사고 성향을 띤 사람들은 기술이 물질주의 정신을 확산시키고 있음을 깨달았다.[1] 그러나 기술에 대한 미국인들의 태도는 전반적으로 열광이 지배적이었다.

이러한 시대적 분위기는 제2차 세계대전 이후부터 현저하게 변화

---

[1] Richard Striner, "The machine as symbol: 1920~1939", doctoral dissertation, University of Maryland, 1982.

하기 시작했다. 엔지니어, 관리자, 금융가, 노동자, 군대, 그 외 현대의 대규모 생산기술에 생계와 지위를 의지하는 사람들은 기술변화에 대해 계속해서 긍정적 태도를 취했고, 심지어 19세기를 연상케하는 방식으로 진보를 말하기도 했다. 그러나 수없이 많은 다른 이들은 사람들이 점차 물질세계를 발명하고 조직하고 통제하는 과정에서 상실된 것과 새롭게 나타난 위험에 대해 언급하기 시작했다. 1970년대 초, 한 예민한 관찰자는 "오늘날의 사회는 기술에 대한 점증하는 불신이라는 특징을 보인다"라고 썼다. 2)

어떤 사람들은 발명, 조직화, 통제가 상품 생산의 세계, 이른바 물질세계에 국한된 것이 아니라 서비스와 정보까지도 포함한다는 것을 깨달았다. 일부는 기술이 산업이나 경제보다 좀더 포괄적인 개념이자 활동이며, 현대 기술은 점점 더 기술적·조직적 요소들을 포함하는 대규모 시스템으로 조직되고 있음을 깨닫기 시작했다. 앞의 장들에서 우리는 그러한 많은 시스템 — 전등 및 전력, 자동차, 원자폭탄 생산 시스템을 포함해서 — 의 진화과정을 추적했다.

원자폭탄의 파괴적 속성과 그 확산이 문명의 미래에 던지는 위협에 대한 인식이 커졌고, 이는 일반 대중 사이에서 기술에 대한 반작용을 크게 자극했다. 《히로시마》(Hiroshima, 1946) 라는 제목이 붙은 존 허시의 책은 원자폭탄 투하의 공포를 생생하게 그려 내어 서서히 대중의 인식 속에 스며들었다. 그로부터 40년 후에 조나단 쉘은 《지구의 운명》(The Fate of the Earth) 이라는 제목의 감동적이고 심오

---

2) David Dickson, *Alternative Technology and the Politics of Technical Change* (Glasgow: Fontana, 1974).

한 책에서, 원자폭탄의 도래와 함께 오류를 범할 수 있는 필멸의 존재가 일촉즉발의 통제수단을 가지고 지구의 운명을 결정하게 되었다는 깨달음을 심어 주었다.[3] 레이첼 카슨의 《침묵의 봄》(Silent Spring)은 인공 생산 시스템이 독성물질과 함께 자연을 대체함에 따라 자연적인 소리, 냄새, 경치가 상실되었음에 주목했다. 배리 카머너(Barry Commoner)는 《과학과 생존》(Science and Survival, 1966)과 《원은 닫혀야 한다》(The Closing Circle, 1971)에서 물질적 부를 생산하기 위해 자연에 대한 정복을 밀어붙이는 인간들이 야기한 환경위기에 대해 썼다. 일련의 파괴적인 해안 원유유출 사고와 오염된 도시에서의 스모그 경보는 자연과 도시 환경의 취약성을 생생하게 상기시켜 주었다. 존 맥더못이 지적했듯이 미국 군대가 자본집약적·관리집약적 기술시스템을 이용해 베트남을 황폐화한 것은 기술에 대한 대중의 분노와 우려를 더욱 높였다. 맥더못은 항공기, 로켓, 폭탄, 포탄, 기술 전문가, 조종사, 폭격수, 레이더 조작자, 컴퓨터 프로그래머, 회계사, 엔지니어들로 구성된 파괴의 시스템에 관해 썼다.[4] 사려 깊은 미국인들은 더 이상 기술을 백열전구, 모델 T 자동차, '더 나은 삶을 위한 더 나은 것들'과 무심하게 연관시킬 수 없게 되었다.

허시, 카슨, 카머너가 기술세계에서의 특정한 문제들에 초점을 맞추었다면, 널리 읽힌 책들을 쓴 다른 저자들은 기술사회의 토대를

---

3) Jonathan Schell, *The Fate of the Earth*(New York: Avon, 1982)〔조나단 쉘 저, 박대진 역, 《지구의 운명》(홍성사, 1983)〕.

4) John McDermott, "Technology: The opiate of the intellectuals", *The New York Review of Books*, XIII(31 July 1969), 25~35.

공격했다. 그들은 기술사회의 합리적 가치들이 개인의 자유와 감성적·영적 생활에 치명적인 위협을 제기한다고 믿었다. 시어도어 로작의 《대항문화의 형성: 기술관료제 사회에 대한 성찰》(*The Making of a Counter Culture*: *Reflections on the Technocratic Society*, 1969)은 자크 엘륄, 헤르베르트 마르쿠제, 노먼 브라운, 앨런 긴즈버그, 앨런 와츠, 티모시 리어리, 폴 굿맨과 같은 사람들의 사상을 제시했다. 이들은 고급문화의 이름으로 생산과 파괴의 시스템에 의해 지배되는 문화의 토대를 파헤친 인물들이다. 로작은 그 자신이나 비슷한 생각을 가진 젊은이들의 적이었던 '기술관료제'를 책에서 다루었다. 이것이 베트남전쟁과 같은 비상사태나 인종차별과 빈곤 같은 고질적 문제들보다 훨씬 더 극복하기 어려운 문제라고 보았다. 그가 보기에 기술관료제는 산업사회를 엮어 주는 시스템이자 합리화, 계획, 현대화로부터 도출된 결과물이었다. 기술관료제는 사람들과 자원의 대규모 조정을 포함하며 효율성의 추구라는 긴급한 요청에 응답했다. 엔지니어, 과학자, 관리자, 기업가들 ─ 전문가들 ─ 은 전체적인 인적·산업적 맥락을 조율했다.[5] 로작이 말한 기술관료제는 우리가 다뤄 온 대규모 기술시스템과 닮았다. 찰스 라이히의 책 《미국의 녹색화》(*The Greening of America*, 1970)는 기술의 가치에 저항하는 젊은이들의 혁명을 다루었다. 그는 미국인들이 인간적 가치를 기술문화의 가치보다 우위에 두는 새로운 의식을 발전시킬 수 있을까 하는 질문을 던졌다. 라이히는 기술이 점차 사회를 형성하고

---

5) Theodore Roszak, *The Making of a Counter Culture*: *Reflections on the Technocratic Society and Its Youthful Opposition* (Garden City, N. Y. : Doubleday, 1969), pp. 4~6.

있다고 주장했다.

> 우리 앞에는 통제를 벗어나 제멋대로 움직이는 기술, 조직, 행정이 있
> 다. … 그리고 우리는 이 시스템에 모든 것의 통제와 지휘권을 넘겨주었
> 다. 자연환경, 우리의 정신, 우리의 삶까지 모든 것을. 6)

그는 자신이 기술사회의 가치로 파악한 것에 반대하면서, 시간 제
약, 정해진 일정, 합리적 연결의 압력이 사라진 새로운 현실을 요구
했다. 7) 그는 프레드릭 테일러, 헨리 포드, 새뮤얼 인설, 하이먼 리
코버 제독 같은 시스템 건설자들에게 영원한 적대감을 맹세했는지
도 모른다. 에른스트 슈마허는 《작은 것이 아름답다》(Small Is Beau-
tiful, 1973) 에서 대규모 생산 시스템에 반대하는 움직임을 요약하는
표현을 찾아냈다.

헤르베르트 마르쿠제는 《일차원적 인간》(One-Dimensional Man,
1964) 에서 미국 청중들에게 독일의 철학자와 사회학자들로 구성된
프랑크푸르트학파의 통찰을 제공했다. 그들은 생산을 위해 체계적
으로 조직된 사회적·정치적 세계를 오랫동안 분석했다. 마르쿠제
는 현대 자본주의와 사회주의 사회에서 생산 시스템은 개인의 정신
을 억압하고 자유를 제약한다고 주장했다. 고도로 조직된 위계적 생
산 시스템은 노동자가 노동과정에 영향을 미치는 것을 거부한다. 장
인은 자신이 만드는 것에 창조성과 숙련을 표현할 수 없다. 생산라

---

6) Charles A. Reich, *The Greening of America* (New York: Bantam Books,
1971; first published 1970), pp. 92~93.

7) Ibid., p. 281.

인의 노동자는 기계 속의 톱니바퀴와 마찬가지로 자신의 노동에서 소외되었다. 마르쿠제는 자본주의와 사회주의 양쪽의 산업국가에 만연한 정교한 기술관료적 편제와 지배를 가장 날카롭게 비판한 이들 중 한 사람이다. 8) 비슷한 맥락에서 자크 엘륄은 《기술사회》(*The Technological Society*, 1964) 와 《기술시스템》(*The Technological System*, 1977) 을 썼고, 루이스 멈퍼드는 《기계의 신화》(*The Myth of the Machine*, 1970) 에서 기술사회의 깊이를 탐구했다. 기술사회의 토대를 고찰한 이 비판자들은 세기 초의 유럽 미술가들이 그랬듯이 미국을 다시금 재발견했다. 미국이 본질적으로 민주주의 정치와 자유기업 경제학의 나라라며 감상적으로 보는 대신, 대항문화의 작가와 철학자들은 미국의 기계화와 시스템화의 깊이와 폭을 탐사했다. 그들은 대규모 기술시스템의 확산이 개인과 사회에 갖는 깊은 의미를 이해하려 노력했다. 건설된 미국의 인공적 특성에는 어떤 문제가 있고, 프레드릭 테일러의 말처럼 이제 사람이 아닌 시스템을 최우선으로 두게 되면 어떤 문제가 나타나는지 질문을 던졌다.

---

8) Roszak, *Making of a Counter Culture*, p. 110.

멈퍼드와 거대기계

멈퍼드는 기술사회를 이해하고자 하는 사람들 사이에 맹아적인 아이디어를 확산시켰다. 앞서 본 바와 같이, 그는 양차 세계대전 사이에 기술적 열정을 경험했고 신기술 시대의 도래를 믿었던 인물이다. 그러나 1960년대와 1970년대에 그는 많은 다른 사람들처럼 기술에 대한 환상이 깨지는 것을 경험했다. 러셀 자코비는 그에게 '공공적 지식인'(public intellectual)이라는 적절한 별칭을 붙여 주었다. 멈퍼드는 교양 있는 일반 청중을 상대로 글을 쓴 사상가이자 작가였고, 대학이나 다른 기관에 적(籍)을 두지 않았으며, 자신이 글을 쓸 주제를 고를 때에도 그것이 학계에서 받아들여질 만한 것인가가 아니라 자신이 사회적으로 중요한 문제라고 판단했는가에 근거했다.[9]

이전까지 19세기 미국의 물질문화와 문학, 예술에 대한 글을 썼던 멈퍼드는 1920년대와 1930년대에 기술과 지역계획에 관한 연구와 집필로 방향을 선회했다. 그 결과 우리는 그를 통해 20세기의 특징적 문제들과 그것에 대해 제안된 인상적이고 특이한 일련의 해법들을 엿볼 수 있게 되었다. 그는 유용한 과거를 찾으려 애썼고, 그 속에서, 또 유토피아적 전망에서 현대에 대한 평가를 가능하게 하는 비판의 발판을 찾으려 노력했다. 거의 30권에 달하는 그의 책 제목들은 인간이 만든 세계 속에 존재하는 개인과 사회에 그가 지속적으

---

9) Russell Jacoby, *The Last Intellectuals: American Culture in the Age of Academe* (New York: Basic Books, 1987), p. 5.

로 관심을 갖고 있었음을 보여 준다. 우리는 이러한 제목들에서 기술 유토피아, 기술과 문명, 도시 문화, 예술과 기술, 권력의 펜타곤, 기계의 신화 같은 언급들을 찾아볼 수 있다.

해군에 징집되어 무선전신 훈련을 받은 후, 멈퍼드는 대학 관련 학위 없이 문학과 문화에 대한 관심을 독자적으로 추구했다. 전기 엔지니어가 되겠다는 젊은 시절의 소망을 포기한 그는 문학적이고 자유분방한 뉴욕에 틀어박혔다. 우리가 이미 보았듯이 당시 뉴욕은 기술문화를 발견하고 정의하려는 열정으로 점철되어 있었다. 그가 쓴 첫 번째 책이 문화사나 문학사에 관한 것이긴 했지만, 그는 기술적 사물들에 대한 젊은 날의 매혹을 결코 잃어버리지 않았고, 기술적 사물이나 사상이 현대 문화의 필수적인 일부가 되어야 한다는 확신을 얻었다. 문화적·기술적 관심 모두에서 영향을 받은 그는 기술이 기계적이기보다는 유기체적이기를 원했다. 그는 '기계적 철학'에 대한 철학자 앨프리드 노스 화이트헤드의 '낭만주의적 반발'을 공유했다.10) 그는 새뮤얼 테일러 콜리지•를 따라, 유기체적 형태는 그

---

10) Leo Marx, "Lewis Mumford: Prophet of organicism", paper presented at the International Symposium on Lewis Mumford, University of Pennsylvania, Philadelphia, 5~7 November 1987, pp.6~7. 이하 이 심포지엄에서 발표된 논문들은 "Mumford symposium"으로 인용한다. 여기 발표된 논문들은 Thomas P. Hughes and Agatha C. Hughes eds., *Lewis Mumford: Public Intellectual* (Oxford: Oxford University Press, 1990) 로 출간되었다.

• [옮긴이주] Samuel Taylor Coleridge, 1772~1834. 영국의 시인이자 비평가, 철학자로 윌리엄 워즈워스와 함께 영국 낭만주의의 창시자 중 한 사람으로 인정받는다. 〈늙은 선원의 노래〉, 〈쿠빌라이 칸〉 등의 작품(시)으로 유명하며, 1800년을 전후해 시적 창작력이 쇠퇴한 이후에는 평론가, 사상가로서 성숙된 면모를 보였다.

것을 형성하는 내부로부터 힘의 영향을 받아 진화한다고 보았다. 반면 외부로부터의 힘은 기계적 형태를 형성했다. 콜리지는 기계적 형태가 그것이 강제되는 사물의 내적 특성에 종종 맞지 않는다고 믿었다. 11)

멈퍼드는 《기술과 문명》 외에 기술사를 다룬 《권력의 펜타곤》 (The Pentagon of Power, 《기계의 신화》 2권에 해당) 을 집필했다. 《기술과 문명》에서 그는 제 2차 산업혁명이 좀더 유기체적인 기술을 가져올 것이라는 믿음을 표시했다. 훌륭한 사회는 순수과학자들처럼 동기부여가 된 사람들이 '녹색 공화국'을 창조하기 위해 기술을 이용할 때 비로소 도래하는 것이었다. 12) 그는 일찍이 1930년대에 이렇게 썼다.

우리는 사회를 돈을 벌기 위한 발명, 상품, 수익, 판매 수완, 상징적 부의 표현에 대한 열띤 집착에서 삶의 좀더 인간적인 기능들의 의도적 촉진으로 돌려놓아야 한다. 13)

《기술과 문명》을 읽은 독자들 중 40년 후에 멈퍼드가 《권력의 펜타곤》에서 드러낼 깊은 회의주의를 예상한 사람은 거의 없었을 것이다. 그는 기술에 대한 통제가 탐욕과 분노에서 자유로운 사람들에게

---

11) Ibid. , p. 9.
12) Andreas Schüler, "Fortschrittsglaube und Kulturpessimismus", *Zeitschrift für Politik*, 33(1986), 148~163.
13) Lewis Mumford, "If I were dictator", *The Nation*, 133(9 December 1931), 631.

넘어가는 것을 더 이상 그리지 않았다. 《권력의 펜타곤》을 저술하는 과정에서 그는 "우리의 에너지를 그릇된 방향으로 쏟게 하고, 충만하고 영적으로 만족스런 삶을 사는 우리의 능력을 침식하는 집단적 집착과 충동 — 거대기술의 엄청난 실패에 따른 — 에 대처해야 한다는 의무감에 이끌렸"다. 14) 1970년까지 멈퍼드는 규모가 크고 더욱 복잡해진 기술시스템, 특히 군산생산복합체(military-industrial production complex)의 확산을 목도했다. 그는 한때 순수한 것으로 생각했던 물리학이 히로시마와 나가사키를 파괴한 폭탄의 설계에 사용된 것을 보고 충격을 받았다. 그는 '순수'과학자들과 불편부당한 가치를 지닌 다른 이들이 기술에 대한 통제권을 넘겨받아 거대기계를 탈선시킬 것이라는 희망을 잃어버렸다.

1945년 히로시마와 나가사키의 소식은 그의 회의주의를 야기한 즉각적인 원인이었다. 그는 이 소식에 너무나 아연실색한 나머지 며칠 동안 말을 제대로 할 수 없었다. 15) 폭탄을 만들기 위해 필요했던 거대한 조직은 그에게 있어 물리학자들이 끔찍한 거대기계에 가담했음을 보여 주는 충분한 증거였다. 그는 그들이 기술을 인간화할 것이라고 더 이상 기대하지 않았다. 그는 "'자연의 지배자이자 소유자'가 되겠다는 것은, 근본적으로 다른 직업과 목표를 지닌 것처럼

---

14) Lewis Mumford, *The Pantagon of Power*, vol. 2 of *The Myth of the Machine* (New York: Harcourt Brace Jovanovich, 1970), p. 1〔루이스 멈퍼드 저, 김종달 역, 《기계의 신화 2: 권력의 펜타곤》(경북대학교 출판부, 2012)〕.
15) 1985년 12월 28일에 뉴욕 주 아메니아에서 있었던 저자와 루이스 멈퍼드, 소피아 멈퍼드의 대화. 그리고 Everett Mendelsohn, "Prophet of our discontent: Lewis Mumford confronts the bomb", Mumford symposium도 보라.

보이는 신대륙 정복자, 상인 모험가와 은행가, 기업가, 과학자를 은밀하게 하나로 묶어 주는 야심이다"라고 썼다. 16) 과학은 점점 대기업이나 기성 군대조직의 의도 외의 다른 인간적 의도와는 무관한 것이 되어 갔다. 과학자들은 이제 단순히 우주 속의 질서를 추구해 자신이 발견한 것을 보고하지 않았다. 대신 그들은 자연에서 기계적 세계관에 맞추어 체계적으로 조직될 수 있는 요소들을 골랐다. 그들은 실재의 더 높은 질서라고 여긴 것을 추상의 더 높은 질서라는 지적 불모지와 혼동했다. 17)

멈퍼드에게 갈릴레오 갈릴레이는 복잡한 세계 — 갈릴레오의 경우 바로크적 세계 — 를 정량적이고 객관적이며 불모의 황무지로 바꿔 놓은 많은 과학자의 상징과도 같은 존재가 되었다. 그는 갈릴레오의 죄악에 관해 쓰기도 했다.

그는 《권력의 펜타곤》을 쓰면서 과거 한때 유기체론에 열중했던 것만큼이나 '거대기계'의 개념에 빠져들었다. 그는 거대기계를 인류 역사의 과정을 형성해 온 존재로, 평생 동안의 반항을 침묵하게 한 존재로, 문명을 핵에 의한 대학살이라는 폭력적 종말로 이끌 가능성이 높은 존재로 보았다. 《기술과 문명》에서 '기계'라는 단어는 그에게 새로운 의미가 되기 시작했는데, 이는 나중에 그가 사용한 '거대기계'라는 용어를 예견케 했다. 그는 복수형으로 쓴 '기계들'과 단수형으로 쓴 '기계'를 구분하기 시작했다. 이때 전자는 인쇄기나 동력 직기 같은 구체적 대상을 의미한 반면, 후자는 도구, 기계, 지식,

---

16) Mumford, *Pentagon of Power*, p. 78.
17) Ibid. , p. 74.

숙련, 기예 등을 포괄하는 전체 기술 복합체를 간단하게 지칭한 말이었다. 그에게 있어 (후자의 의미에서) 기계는 목표 달성을 위한 기계적 수단이 물리적으로 구현된 것, 즉 기술시스템을 의미하게 되었다. 이런 아이디어가 거대기계라는 형태를 취했을 때, 그것은 호환 가능한 부품으로 구성되었고, 무생물과 생물 요소를 모두 포괄하였으며, 중앙집중적으로 조직 및 통제되었고, 사제나 과학의 지식 독점에 의존하였으며, 엘리트의 권력, 영광, 물질적 안녕을 보증하는 기술시스템이 되었다. 거대기계는 순수하게 기계적인 형태를 모든 생명의 표현에 강제했고, "그럼으로써 유기체, 개성, 인간 공동체의 가장 핵심적인 특성 중 많은 것을 억압했다".18) 삶을 정량적 · 기계적 · 화학적 구성요소로 환원함으로써 인간은 생명을 부정했다.

멈퍼드는 거대기계가 이집트에서 유래했으며 그런 기계들이 인류 역사 내내 존재했다고 믿었다. 이집트인들은 그 부품이 대부분 사람으로 구성된 거대한 기계 또는 시스템을 조직했다는 것이 그의 결론이었다. 주된 시스템 건설자는 신으로 받든 군주였다. 충성스러운 서기, 전령, 관리인, 현장감독들이 노동을 제공하는 일군의 무리를 관리했다. 사제 천문학자들이 관측한 태양 중심 천상계의 규칙성은 군주의 절대적 권위에 대한 은유적 정당화가 되었다.19) 오늘날에는 현대적 · 관료적으로 운영되는 군산 프로젝트들 — 맨해튼 프로젝트 같은 — 이 거대기계이지만, 이전의 것들과는 결정적으로 구분되는

---

18) Ibid. , p. 37.
19) Donald L. Miller, "The making of *The Myth of the Machine*", Mumford symposium, pp. 5~9.

점이 있다. 과거의 거대기계에서는 권위의 중심이 절대군주에게 있었지만, 현대의 거대기계에서 권위의 중심은 시스템 그 자체에 있다는 것이다. 거대기계를 통제하는 사람들과 그것에 의해 편제를 받는 사람들은 기계적이고 권력중심적인 세계관을 공유한다. 멈퍼드에게 있어 기계의 신화란 거대기계가 "절대적으로 저항불가능하며", 그것에 반대하지 않는 한 "궁극적으로는 혜택을 줄 것이라는" 널리 퍼진 잘못된 믿음의 표현이었다. "이러한 마술적 주문은 아직까지도 오늘날의 거대기계 통제자와 그것의 집단 희생자 모두를 홀리고 있다."[20]

거대기계라는 아이디어에 사로잡힌 멈퍼드는 만년의 저작에서 이전까지 피하려 애써 온 철학인 기술결정론의 경계를 넘나들었다. 그는 오늘날의 사회를, 승객을 가득 태우고 운전대도 없이 언덕 아래 나락으로 돌진하는 자동차에 비유하곤 했다. 그러나 그가 완전히 절망에 빠진 것은 아니었다. 그는 기술이 예외 없이 사회를 형성한다는 것을 대체로 부인했고, 대신 기술은 가치에 의해 형성되는 문화의 일부라고 주장했다. 그는 대부분의 경우 기계는 의식의 산물이지 그것의 창조자가 아니라고 믿었다.[21] 이렇게 철학적으로 무장함으로써, 그는 인류의 미래를 위한 희망의 희미한 빛을 불러올 수 있었다. 그는 자신이 '파멸의 예언자'가 아니라고 주장했다. 그는 "그렇기는커녕 내 작업의 모든 노력은, 만약 교정되지 않을 경우 우리 문

---

20) Ibid. , p. 9.
21) Rosalind Williams, "Lewis Mumford as a historian of technology in *Technics and Civilization*", Mumford symposium, pp. 12~16.

명을 침식시킬 수 있는 조건들을 초기 단계에서 진단하는 데 맞추어져 있다"고 썼다. 22) 예를 들어 군산생산복합체에 구현된 폭력과 파괴의 힘은 영속하는 인간혐오적 가치를 드러내기 때문에, 신기술 시대에 가치에서의 혁명이 일어난다면 이러한 힘이 지닌 모멘텀에도 불구하고 그것에 대항할 수 있다는 것이었다.

---

22) Howard P. Segal, "Mumford's alternatives to the megamachine", Mumford symposium, p. 3.

엘륄의 기술시스템

프랑스의 철학자이자 문화비평가인 자크 엘륄도 거대기계 또는 기술시스템의 함의를 탐구했다. 23) 엘륄의 《기술사회》는 '시스템'에 저항하고 대항문화를 세우려던 이들의 태도를 형성하기도 했다. 모든 것을 포괄하는 기술시스템은 자본주의 경제와 사회주의 경제를 모두 집어삼켰고, 엘륄이 보기에 이는 우리가 지닌 행동의 자유에 독재 정치보다 더 큰 위협이 되었다. 엘륄은 정치의 우선성을 부인하고 국가는 이제 사람들의 삶과 역사를 형성하는 데 있어 기술시스템만큼 영향력 있는 요인이 되지 못한다고 주장했다. 그에게 있어 정치활동은 비현실이었고 기술이 현실이었다. 24) 기술시스템의 질서, 방법, 중립성, 조직, 효율성은 인간을 기술시스템에서 기술화

---

23) Jacques Ellul, *The Technological System*, trans. Joachim Neugroschel (New York: Continuum, 1980) 〔자크 엘륄 저, 이상민 역, 《기술 체계》(대장간, 2013)〕; Jacques Ellul, *The Technological Society*, trans. J. Wilkinson (New York: Alfred A. Knopf, 1964) 〔자크 엘륄 저, 박광덕 역, 《기술의 역사》(한울아카데미, 1996)〕; Jacques Ellul, "The technological order", in *The Technological Order*, ed. Carl F. Stover (Detroit: Wayne State University Press, 1963), reprinted in *Philosophy and Technology: Readings in the Philosophical Problems of Technology*, eds. Carl Mitcham and Robert Mackey (New York: Free Press, 1983), pp. 86~105. 멈퍼드와 엘륄을 다룬 절의 일부는 Thomas P. Hughes, "Machines, mega-machines, and systems", in *In Context: History and the History of Technology - Essays in Honor of Melvin Kranzberg*, eds. Stephen Cutcliffe and Robert Post (Bethlehem, Pa. : Lehigh University Press, 1988), pp. 106 ~119에 먼저 실린 것이다.

24) Ellul, *Technological System*, p. 16.

된 한 구성요소, 의지가 결여된 구성요소이자 기계 또는 거대기계의 부속품과도 같은 존재로 탈바꿈시켰다. 25) 엘륄은 현대의 조직이 기술시스템과 너무나 잘 융합한 나머지, 현대 기술의 특징인 효율성의 경향이 현대의 조직마저 지배하게 되었다고 설명했다. 그는 이러한 경향이 오늘날의 조직을 관료제로 탈바꿈시켜 그것이 관장하는 기술 발전 및 생산활동과 조화를 이루게 만들었다고 지적했다. 요컨대 효율성은 조직을 관료제로 변형시켰다. 26)

엘륄에 따르면 기술은 자연환경과 문화 환경의 실재를 조각낸 후 불연속적인 파편들을 가지고 기술시스템을 다시 짜 맞춤으로써 그러한 환경을 변화시켰다. 이때 기술시스템은 문제풀이를 위해 조직되어 그것을 위한 도구로 작동한다. 문화와 자연의 오랜 복잡성은 기술이 물질적 환경이자 문화의 형성자가 되는 새로운 복잡성에 의해 대체되었다. 이제는 자연도 문화도 사회 구조를 결정하지 못한다. 기술시스템이 이를 결정하는 요인이 된 것이다. 27) 이러한 시스템은 인간과 자연, 남자와 여자 사이를 매개한다. 그들은 시스템의 연결고리 또는 네트워크를 통해 서로 접촉한다. 오늘날의 젊은이들은 자유롭게 교육받은 것이 아니라 기술시스템 내에서 기능하도록 훈련받았다고 그는 주장했다. 그들은 자유롭게 교육받지 못했기 때문에 그들을 에워싸고 방향을 지시하는 시스템을 비판할 기반을 갖추지 못했다. 28) 엘륄은 기술시스템이 새로운 인간 환경을 만들 뿐

---

25) Ibid., p. 7.
26) Ibid.
27) Ibid., pp. 56~57, 311.
28) Ibid., pp. 45~46, 48, 312~313.

아니라 사람들의 본질 그 자체를 바꿔 놓는다고 믿었다. 사람들은 마치 새로운 세계가 온 양, 자신들이 그것에 맞게 창조되지 않은 우주에 적응해야만 했다. 오늘날 우리는 기술환경에 도전하는 것을 꿈꿀 수 없게 되었는데, 이는 12세기 사람이 나무나 비, 폭포에 도전하는 것을 꿈꾸지 못한 것과 마찬가지다. 인간은 "기술을 판단하고 비판하기 위한 어떠한 지적·도덕적·영적 준거점도 갖추지 못하"고 있다고 그는 덧붙였다. 29)

엘륄은 다윈의 환경주의에 영향을 받은 기술결정론자였다. 찰스 다윈은 자연환경이 특성을 선택하고 자연 속의 생명체를 형성한다고 생각했다. 19세기 말의 사회다윈주의자들은 다윈의 논의를 일반화해 사회 환경이 생존에 가장 적합한 인간들을 선택한다고 주장했다. 엘륄은 기술환경이 자연환경을 대체하고 정치, 경제, 사회적인 것들을 그 아래 종속시키는 것을 보면서, 기술시스템이 인간의 성격을 형성한다고 생각했다. 그는 자신의 입장을 새로운 기술환경은 인공적·자율적·자기결정적이며, 그것의 성장은 목적이 아니라 축적된 수단에 의해 추동된다는 말로 요약했다. 기술환경은 그것을 구성하는 모든 부분이 서로 상호작용하고 있어 이를 분리하는 것이 불가능하다는 점에서 하나의 시스템이다. 기술적 구성요소를 다른 구성요소들로부터 분리하는 것 역시 불가능하다. 30)

엘륄은 오늘날 우리가 우려하는 기술사회의 문제들은 더 깊고 쉽게 인식되지 않는 문제들을 피상적으로 드러낸 것에 불과하다고 믿

---

29) Ibid. , p. 318.
30) Ellul, "Technological order", p. 83.

었다. 가령 대기오염이나 도시혼잡 같은 문제가 그런 것인데, 그는 기술시스템이 진화함에 따라 이런 문제들은 해결될 것이라고 확신했다. 그는 또 기술시스템이 우리의 도덕을 타락시킬 것이라는 걱정도 하지 않았다. 그 대신 시스템은 우리에게 본질적인 도덕적 선택의 여지를 빼앗을 것이었다. 그에게 있어 진정한 문제는 인간이 기술시스템의 주인이 될 수 있을까, 점점 무거워지는 기술결정론의 짐을 들어 올릴 수 있을까 하는 것이었다. 그는 이에 대해 의심을 품었다. 인간은 이미 '기술화'되었다. 그러나 정치인들은 기술시스템을 통제할 수 있을 만큼 그것을 잘 이해하지 못했고, 과학자와 엔지니어들은 너무나 세분화되어 그들의 사고는 상호작용하는 기술적·정치적·경제적·사회적 구성요소를 지닌 기술시스템의 범위를 포괄할 수 없었다. 그는 마르크스주의자들이 기술환경의 주인이 될 것이라고 기대하지도 않았다. 그들 역시 기술을 무비판적으로 받아들였기 때문이다. 31)

엘륄은 우리가 마치 에서●처럼 죽 한 그릇에 타고난 권리를 팔아 버리고 있으며, 우리가 풍족한 상품과 서비스를 얻으며 치른 대가는 바로 노예의 지위라고 주장했다. 우리는 자동차, 혼잡, 오염의 사례처럼, 기술이 문제를 해결하는 동시에 또 다른 문제를 만들어 낸다는 사실을 보지 못하고 있다. 뿐만 아니라 우리는 좋은 기술을 선택하고 나쁜 기술을 거부할 수 없다. 왜냐하면 이런 성질들은 기술시

---

31) Ibid. , pp. 88~92.
● 〔옮긴이주〕 구약성경 《창세기》에 나오는 아브라함의 손자이자 이삭의 아들로, 죽 한 그릇에 동생인 야곱에게 맏아들로서의 권리를 팔았다.

스템 내에서 서로 분리될 수 없는 방식으로 뒤섞여 있기 때문이다. 그는 또 사람들이 기술에 열광하는 것을 개탄했다. 또한 스푸트니크는 "열광적 흥분의 대상이 될 만한 가치가 거의 없"으며, "인간이 달에 착륙하거나, 항생제로 질병을 치료하거나, 철강 생산량을 증가시키는 데 성공할지 여부는 진정으로 중요한 문제가 아니다. 진리와 자유의 추구야말로 가장 상위의 목표이다 …"라고 썼다. [32] 여기서 엘륄이 말한 자유는 정치적 자유가 아니라 기술의 결정론적 힘으로부터의 자유, 특히 생산, 통신, 운송이라는 거대 기술시스템의 모멘텀에서 나오는 힘으로부터의 자유를 가리킨 것이다.

---

32) Ibid., p. 96.

적정 기술

1960년대 말과 1970년대 초 기술시스템에 비판적이면서 그것의 결정론적 성격에 우려를 표한 엘륄, 멈퍼드, 마르쿠제, 로작 등의 책과 논문은 1960년대 중반에 민권 문제와 베트남전의 파괴적 속성에 초점을 맞추었던 새로운 세대의 활동가들에게 영향을 주었다. 이 세대의 활동가들 중 일부는 현대 기술, 특히 대규모 기술시스템을 그들이 맞서 싸우는 문화적·사회적 병폐들의 공통된 원인으로 보기 시작했다. 가령 베트남에서 쓰이는 네이팜탄과 유해한 고엽제를 생산하는 화학기업들은 국내에서 환경을 오염시키는 살충제, 제초제, 오염물질들도 만들었다. 33) 대규모 생산 시스템을 관장하는 기업체 대표들은 국방부를 들락날락했고, 그곳에서는 파괴의 시스템을 관리했다. 효율성, 질서, 중앙집중화, 시스템화 논의는 군대나 산업체에 공통된 것이었다. 활동가들이 끝없이 이어지는 조직화, 운동, 집회, 그리고 정치활동의 좌절에서 환멸을 느끼거나 경찰, 군대, 법원의 대응책에 협박당해 힘을 잃었을 때, 그들은 '시스템'에 맞서는 쪽으로 점차 눈을 돌렸다. 그들은 대규모 기술에 대항하기 위해 탈집중화된 적정 기술(appropriate technology)을 채택했다. 34)

《전 지구 카탈로그》(*The Whole Earth Catalog*, 1968) 가 누린 인기

---

33) Langdon Winner, *The Whale and the Reactor: A Search for Limits in an Age of High Technology* (Chicago: University of Chicago Press, 1986), p. 64 [랭던 위너 저, 손화철 역, 《길을 묻는 테크놀로지》(CIR, 2010)].

34) Ibid., p. 65.

는 소규모의 적정 기술에 대한 열광을 잘 보여 주었다. 이 책은 새로운 환경을 형성하는 데 쓸모 있는 무해한 기술의 도구들을 수록하였다. 35) 많은 사람이 소규모의 자족적 공동체로 모여들 것으로 예상한 《전 지구 카탈로그》의 편집자들은 품질이 좋고 비용이 적게 들며 오염을 유발하지 않고, 일반인이 작동・유지・보수할 수 있으며, 우편으로 손쉽게 주문할 수 있는 용구와 작은 기계들을 책을 통해 설명했다. 수록된 많은 항목들은 19세기 미국에서 장인이나 소규모 농부들이 사용한 것이었다. 랭던 위너는 《전 지구 카탈로그》가 "어떤 사람의 존재 상태는 높은 의식 수준과 잘 선택된 도구로 표현되어야 한다는 근사한(groovy) 영적・물질적 문화"의 전망을 표현한다고 썼다. 36) 《전 지구 카탈로그》의 철학을 실천한 많은 사람은 아미쉬 (Amish) 공동체처럼 대규모 제조업이나 전력 시스템에 대한 의존을 줄이고자 노력했다. 아미쉬나 그들처럼 살기를 희망하는 다른 사람들은 가축을 견인용으로 쓰거나 등유 램프를 사용하거나 수차와 풍차를 이용해 동력과 제조업 네트워크와의 연계를 단절하였다. 37)

1976년, 미국의 영향력 있는 학술지 〈포린 어페어스〉(Foreign Affairs)에 적정 기술 주창자의 열망과 엄밀한 논증 및 사실에 입각한 과학자의 스타일을 결합한 논문 한 편이 실렸다. 이 논문은 멈퍼드

---

35) *The Whole Earth Catalog*, ed. Stewart Brand et al. (Menlo Park, Calif.: Nowels, 1968).

36) Winner, *Whale and Reactor*, p. 65.

37) John Hostetler, *Amish Society* (Baltimore: Johns Hopkins University Press, 1980), pp. 369~371〔존 A. 호스테틀러 저, 김아림 역, 《아미쉬 사회》(생각과사람들, 2013)〕.

나 마르쿠제 같은 철학적 저자들의 정신에 따른 구체적인 정책 권고안을 제시했는데, 저자인 에머리 B. 로빈스는 영국의 물리학자이자 지구의 벗(Friends of the Earth) 영국 대표였다. 로빈스는 이 논문에서 1970년대의 에너지 위기와 장기적인 기술적·경제적·정치적·환경적 문제에 대응하기 위해 산업국가들, 특히 미국이 미래 에너지 수요에 대응할 때 '경성 경로'(hard path) 보다 '연성 경로'(soft path)를 택할 것을 제안했다. 로빈스는 경성 경로를 정부 기구, 에너지 기업, 전력 관련 연구소들이 제시한 미래 예측에 의지하는 것으로 정의했다. 경성 경로는 대규모 전력 시스템이 미래에도 지배적인 역할을 할 것으로 내다보았다. 그래서 향후 50년 동안 그들은 전력 생산을 위한 1차 에너지원으로 석유와 가스로부터 단계적으로 벗어나 핵에너지와 석탄을 통한 전기공급을 크게 증가시키는 쪽으로 나아갈 것이었다. 반면 로빈스가 옹호한 연성 경로는 대규모 전력공급 시스템으로부터 단계적으로 벗어나, 이를 바람, 태양, 초목과 같은 연성 기술을 이용하는 소규모의 분산적이고 재생가능한 에너지원으로 대체하는 "대안적 … 미래"를 제안했다. 연성 기술은 쉽게 이해할 수 있고, 익히기 힘든 숙련 없이도 사용가능하며, "심원하기보다는 접근가능"한 것이 될 터였다. 로빈스는 연성 에너지 기술이 "막연하고 애매모호하며 추측에 기반한 덧없는 것이 아니라, 유연하고 탄력적이며 지속가능하고 무해한" 것임을 강조했다. 38) 이런 기술은 사람들이 검약하고 친근성 있으며 겸손하고 장인정신에 투철할 때 번성

---

38) Amory B. Lovins, "Energy strategy: The road not taken", *Foreign Affairs*, 55(October 1976), 77~78.

할 것이었다. 경성 기술은 대기업, 정부 기구, 그리고 현재 관행에 따라 올려 잡은 미래 예측의 산물이었다. 이런 기술은 새뮤얼 인설 같은 이들에 의해 유지되었다.

로빈스는 에너지 과정에 대한 해박한 지식으로 자신의 주장을 뒷받침했다. 그는 대규모 발전소가 세 단위의 연료를 두 단위의 폐열과 겨우 한 단위의 전기로 변환하는 비효율적인 장치임을 지적했다. 전기요금의 절반은 고정적으로 전기 송전과 배전 비용으로 지출되었다. 발전소들은 석유, 가스, 석탄과 같은 1차 에너지를 더 높은 형태인 전기로 전환하기 위해 막대한 양의 에너지를 이용했고, 이렇게 만들어진 전기는 다시 열이나 기계적 힘과 같은 낮은 형태의 에너지로 변환되었다. 왜 많은 비용이 드는 변환, 송전, 배전의 과정을 제거하고 소비자에게 풍차, 수차, 태양전지, 저온 열연소(thermal-combustion) 과정과 같은 소규모의 지역적 원천으로부터 직접 에너지를 얻게 하지 않는가라고 로빈스는 물었다. 심지어 더욱 극적인 해법으로 그는 일련의 보존 조치들과 '기술적 해결책'들로 에너지 소비를 줄일 것을 촉구했다. 그런 해결책으로는 열펌프의 이용이나 유동층 연소(fluidized-bed combustion)를 써서 석탄을 좀더 효율적으로 태우는 방법이 있었다. 그는 모든 중앙발전소를 없애는 것도 가능하다고 보았으나, 이처럼 급진적인 접근법을 취하는 대신 그 숫자를 줄이고 열병합발전 — 산업체에서 나오는 폐열을 중앙발전소의 에너지원으로 사용하는 것 — 을 더 많이 이용하도록 권고했다.

연성 경로를 따르면 수많은 기술적·경제적·정치적·사회적 혜택이 뒤따를 것이었다. 엔지니어와 숙련 노동자들은 새로운 기술을 개발하면서 풀어야 할 흥미로운 문제들을 보게 될 것이었다. 절약된

천연자원은 다른 사회적 목표를 충족하는 데 사용될 수 있었다. 핵에너지의 끔찍한 위험을 가정할 필요도 없게 되었다. 핵에너지의 확대와 핵무기의 위험스런 확산도 막을 수 있었다. 환경주의자들이 권고한 내용도 받아들여질 것이었다. 도시와 산업 지역의 혼잡도 줄어들 터였다. 엘륄, 멈퍼드, 마르쿠제가 보기에 개인을 억압하고 지배한, 위계적으로 조직된 대규모 기술은 대체될 것이었다. 사회적 다양성과 선택의 자유는 증가할 것이었다.

로빈스는 새뮤얼 인설을 거꾸로 뒤집어 놓았다. 겨우 반세기 전에 시카고의 전력회사와 거대한 전등 및 전력 지주회사 제국의 대표였던 인설은 기술의 성장과 사회적 개선에 대한 사려 깊은 옹호자로 보였다. 그는 전기의 중앙집중화된 대량생산을 설득력 있게 주장했다. 그와 휘하의 엔지니어들은 효율성이라는 이름으로 점점 더 큰 발전소들을 지었다. 그들은 전력을 배분하고 전달하는 네트워크를 지역 전체로 확장했다. 향상된 부하율이 전기 비용을 떨어뜨릴 것이기 때문이었다. 인설은 산업체 소비자들이 자체 소유의 작은 발전소를 포기하고 인설과 그의 전력회사 및 지주회사가 소유한 확장된 전력 네트워크에 연결하도록 하는 운동을 성공적으로 전개했다. 당시 대규모 시스템이 곧 적정 기술이라는 인설의 주장의 타당성에 도전한 사람은 거의 없었다.

로빈스는 인설이 관장한 것과 같은 기존의 대규모 시스템이 갖는 보수적 모멘텀을 예리하게 간파했다. 새로운 기술이 필연적으로 극적인 사회변화를 야기할 것으로 기대한 기술결정론자들과는 달리, 그는 설사 새로운 기술이 실현가능하다고 하더라도 그것의 사용을 촉진할 수 있는 태도와 가치는 개혁가들이 소망하고 예언한 것처럼 우위를 점하지 못할 수 있다는 것을 깨달았다. 그는 인기 있는 연재 만화 캐릭터인 포고(Pogo)의 말을 빌려 "그렇게 엄청난 기회가 우리 앞에 있는데 왜 우리는 가만히 서 있는 걸까?"라는 질문을 던졌다. 로빈스에 따르면 그에 대한 답은 "부실한 정보와 이데올로기적 반감 및 경직성을 제외한다면 … 널리 퍼져 있는 제도적 장벽들"에 있었다. 여기에는 낡은 건설 법령들, "혁신에 저항하는 건설업계 … 노조 원으로부터 덜 '숙련된' 다수의 노동자에게 일자리를 이전시킬 계획에 대한 노동조합의 강력한 반대 … 정부 책임의 파편화 등"이 포함되었다. 39) 그는 "많은 노력을 요하는 모든 첨단기술은 영향력 있고 헌신적인 후원자들을 만들어 내는 경향이 있다. 후원자들은 첨단기술의 상업적 성공을 대중의 복지와 자기 자신들의 복지 모두에 연결시킨다"라고 썼다. 시스템을 관리하고 확장하는 숙련과 전문적 기법을 이미 습득한 이들은 급진적으로 새로운 기술이 요구하는 새로운 지식과 숙련을 얻는 것을 꺼린다. 대규모 기술시스템에 투자된 돈과 재능은 "정부 자문위원에게 한쪽으로 치우친 영향을 미치며, 종종 정책지향적 기구와 임무지향적 기구 사이에서 직원들이 교환되며 직접적인 영향을 주기도 한다". 40)

경성 경로 지지자들이 지닌 영향력에도 불구하고, 많은 조직 — 이 중 일부는 정부 지원을 받는 조직이었다 — 이 1970년대 초에 연성 기술과 적정 기술의 사용을 실험하기 시작했다. 환경이나 생태 문제 해결에 전념하는 오래된 조직과 신생 조직들이 자연과 대규모 기

---

39) Ibid., p. 74.
40) Ibid., p. 93.

술을 모두 포함하는 문제들에 힘을 쏟았다. 카머너는《원은 닫혀야
한다》에서 진보된 기술이 환경 문제의 주된 원인으로 보인다고 주장
함으로써 이런 접근법을 지지했다. 41) 비주류 엔지니어와 과학자들
은 자신들이 가진 전문성을 쏟아 '부드럽고' 생태적으로 무해하며 에
너지를 절약하고 규모가 작은 특성을 지닌 기술을 발명하고 그에 따
른 시범을 보였다. 그들은 이 기술로 자본집약적이고 오염을 일으키
며 중앙집중적인 대량생산기술을 대체하려 했다. 슈마허의《작은
것이 아름답다》는 적정 기술의 많은 옹호자에게 영감을 불러일으켰
다. 42) 새 시대의 여명을 본 사람들의 기운을 북돋워 준 다른 책들도
모습을 드러냈다. 적정 기술이 억압적인 기술시스템의 확산을 저지
할 가능성에 고무된 탓인지, 기술사회의 미래에 대해 비관적이었던
작가들 중 일부는 희망적인 책을 썼다. 마르쿠제는《일차원적 인
간》을 낸 지 5년 후에《해방론》(An Essay on Liberation, 1969)을 출
간했으며, 로작의《황무지가 끝나는 곳》(Where the Wasteland Ends,
1972)은《대항문화의 형성》에서 그린 사회적 병폐에 맞서는 대안 사
회를 제안했다.

앨빈 토플러는《제 3의 물결》(The Third Wave, 1980)에서 기술시
스템의 붕괴를 예언했다. 43) 널리 읽히며 영향력 있던 이 책에서 그

41) Barry Commoner, *The Closing Circle*: *Nature*, *Man*, *and Technology*
(New York: Alfred A. Knopf, 1971)〔배리 카머너 저, 고동욱 역,《원은
닫혀야 한다》(이음, 2014)〕.

42) Winner, *Whale and Reactor*, p. 75.

43) Alvin Toffler, *The Third Wave* (New York: Bantam Books, 1982; first
published 1980)〔앨빈 토플러 저, 원창엽 역,《제 3의 물결》(홍신문화사,
2006)〕.

는 역사의 '두 번째 물결', 즉 영국 산업혁명과 미국, 독일에서의 제2차 산업혁명 시기에 대응하는 시대의 종언을 예견했다. 그는 '세 번째 물결'을 반갑게 맞이했다. 이 시기는 미국에서 화이트칼라 노동자 수가 사상 처음으로 블루칼라 노동자 수를 앞지른 1955년경에 시작되었다. 44) 그는 지배적인 기술에 따라 물결을 정의했는데, 가령 세 번째 물결은 이른바 우주, 전자통신, 컴퓨터 혁명과 연관되었다. 각각의 물결은 특징적인 사회적 배치와 가치를 가졌다. 두 번째 물결은 표준화, 전문화, 동시화, 집중화, 극대화, 중앙집권화의 시대였다. 45) 이는 20세기의 시스템 건설자에게 적용된 것과 동일한 원리들이다. 토플러는 이러한 원리들이 사회와 개인의 행위 모두를 형성한다고 주장했다. 그는 시스템 건설자를 '통합자'라고 지칭하면서 이 범주를 넓혀 대기업의 관리자까지도 포함시켰다.

그는 세 번째 물결은 전문화, 동시화, 그 외 두 번째 물결의 특징들에 저항할 것이라고 믿었다. 그 대신 세 번째 물결에서는 문제해결에 대한 전일론적 접근, '유연근무'(flextime), 소규모 생산단위의 부상, 맞춤형 생산, 관리 권위의 분산이 그 자리를 대체할 것이었다. 그는 전자 주택(electronic cottage)의 등장을 강조했는데, 이곳에서는 화이트칼라 노동자가 통신 선로가 잘 갖추어진 집에서 다른 노동자들과 전자적으로 연결되어 중앙 정보 저장소에 의지하며 원격회의에 참여한다. 산업체에서의 물리적 노동은 점차 로봇에 의해 수행될 것이었다.

---

44) Ibid., p. 14.
45) Ibid., pp. 46~60.

토플러의 책은 미래에 대한 이러한 아이디어의 확산에 크게 기여했다. 이러한 예측은 1920년대에 포드, 멈퍼드, 그 외 제2차 산업혁명의 열정적 지지자들이 한 예측과 흡사했다. 앞서 본 바와 같이, 그들은 전력의 송전과 배전이 도시의 혼잡을 종식시키고 광산과 발전소를 탈집중화된 산업이 뿌리 내릴 소규모 공동체로부터 멀리 떼어 놓을 것이라고 믿었다. 세 번째 물결의 경우에도 제2차 산업혁명 때 그랬던 것처럼 기술은 이미 손 닿는 곳에 있었다. 역사를 통틀어 볼 때 기술에 열광하는 사람들은 유토피아적인 성향이 강했다. 그들은 이용가능한 기술이 자신들의 특정한 미래 전망 — 탈현대 기술의 확립 — 을 실현하는 데 쓰일 것이라고 생각했다.

마찬가지로 건축에서도 현대적인 기술 스타일에 반대하는 움직임이 형성되었다. 그 본질에 있어 상품의 대량생산이나 그것을 만든 대규모 기술시스템에 대한 응답은 아니었지만, 곧 탈현대 건축이라는 명칭을 얻게 된 하나의 양식이 현대적 또는 국제적 건축 스타일을 형성한 가치들, 즉 현대 기술과 공유한 가치들에 반대하는 움직임을 제공했다. 미국의 건축가인 로버트 벤투리는 지배적인 국제적 스타일에 대한 몰두를 재고하도록 많은 전문직 종사자들에게 영감을 불어 넣었다. 1966년에 그는 영향력 있는 선언이 담긴 《건축의 복잡성과 모순》(Complexity and Contradiction in Architecture, 1966)을 발표했는데, 이는 그의 태도를 잘 보여 준다. 그는 건축가들이 현대 건축과 현대 기술의 순수하고 청결하며 직선적인 언어에 겁을 먹고 움츠려서는 안 된다고 주장했다. 베렌스, 그로피우스, 르 코르뷔지에, 미스 등과 같은 국제적 스타일의 창시자들과는 달리, 그의 준거점은 엔지니어의 가치와 원리, 특히 테일러주의와 포드주의에 있지 않았다. 대신 벤투리는 오늘날의 세계에 내재한 궁극적 불일치에 주목했다. 그는 괴델 수학의 증명, T. S. 엘리엇의 난해한 시 분석, 조지프 앨버스의 회화가 지닌 모순적 성질을 인용했다. 더 적은 것이 더 많은 것(less is more)이라고 주장한 미스와 달리, 벤투리는 풍부하고 모호한 건축을 원했다. 그는 더 적은 것은 지루했다(less was a bore)고 믿었기 때문이다. 그는 현대적인 국제적 건축 스타일을 개척한 이들의 상상력 없는 제자들 사이에서 크게 인기 있었던 단순화된 기능주의를 거부했다.

산업적 어휘, 곡물 엘리베이터, 초기 현대 건축가들의 공장으로부터 거리를 둔 벤투리의 태도는 드니스 스콧 브라운, 스티븐 아이제너와 함께 《라스베이거스의 교훈》(*Learning from Las Vegas*, 1972)을 출간하면서 더욱 분명해졌다. 이 책에서 그들은 현대 기술문화의 그것과는 다른 기호와 상징을 고려할 것을 제안했다. 그들은 대중적인 토착문화의 가치와 열망, 건축과 미술에서 표현을 추구하는 감정에 대해 숙고했다. 그들은 건축이 기존의 풍경과 도시 경관으로부터 배워야 한다고 믿었다. 가령 르네상스 시대의 이탈리아인들은 세속건축과 비트루비우스(Vitruvius)•식 건축이 조화를 이루게 했다. 1970년대에는 마이클 그레이브스, 제임스 스털링, 찰스 무어, 로버트 스턴과 같은 다른 건축가들도 탈현대 건축이 뿌리를 내리는 데 일

• 〔옮긴이주〕 기원전 1세기경에 활동한 고대 로마의 기술자, 건축가이며, 로마 건축을 집대성한 10권의 《건축십서》(*De architectura*)를 저술한 것으로 알려져 있다. 그의 저술은 15세기 초에 재발견되어 르네상스 시기의 건축가들에게 널리 읽혔고 이후 바로크, 신고전주의 등에 많은 영향을 미쳤다.

조했다. 탈현대 건축은 비록 대항문화의 토양 위에서 나온 것이긴 하지만, 대항문화의 지도자들이 옹호한 탈현대 기술이나 탈산업화보다 훨씬 더 명료하게 표현된 운동이었다.

모멘텀

급진적으로 새로운 기술에 열광한 사람들의 논법에는 탈현대 건축의 주창자들과 대조했을 때 중대한 결함이 있었다. 그들은 기술적 요소 외에 조직, 원리, 태도, 의도 등의 요소들이 기술시스템에 얼마나 깊이 파묻혀 있는지를 고려하지 않았다. 건축이나 미술은 과거의 무게를 그 정도로 느끼는 것처럼 보이지 않았다. 로빈스와는 달리 새로운 기술 스타일의 옹호자들은 기술시스템의 관성 또는 보수적 모멘텀을 인식하지 못했다.

이미 본 바와 같이 전등 및 전력 시스템 같은 대규모 기술은 발전기, 변압기, 고전압 송전선 같은 기술적·물리적 요소뿐 아니라 전력회사, 전기기구 제조업체, 그리고 규제기구와 법률처럼 이를 뒷받침하는 제도도 그 속에 통합시켰다. 마찬가지로 핵무기에 집어넣을 폭약을 생산하는 시스템의 관성은 수많은 군대, 산업체, 대학, 그 외 다른 조직의 관여뿐 아니라 관련된 숙련과 고용을 시스템에 의지하는 수십만 명에 달하는 사람들의 헌신에서 나왔다. 여기에 더해 냉전기의 가치도 시스템의 모멘텀을 강화했다. 군비(軍備) 축소가 쉽지 않은 과제인 이유는 단지 수만 발의 핵무기가 존재하기 때문이 아니라 군산학복합체의 보수적 모멘텀이 존재하기 때문이다.

기술적 열정의 한 세기 동안 우리는 에디슨의 펄 스트리트 전기공급 시스템이 팽창해 도시와 지역 전체를 뒤덮는 것을 목격했고, 포드의 생산 시스템이 대륙 전체와 해외까지 네트워크를 확장하는 것을 보았으며, 원자에너지의 규모가 연구소에서 거대한 산업복합체로 커지는 것을 목도했다. 관여하는 사람의 수는 수백 명에서 수십만 명으로 늘어났고, 투자된 금액은 수만 달러에서 수십억 달러로 커졌다. 그러자 거대한 시스템은 물리 세계에서의 운동 관성과 비슷한 특성을 지니게 되었다. 기술, 조직, 태도라는 구성요소의 덩어리(질량)는 지속적인 성장과 기존의 방향을 유지하려는 경향을 띤다.[46]

한 세기 전 칼 마르크스는 기득권 집단 — 특히 자본 — 이 역사의 경로를 형성하는 방식을 지적했다. 사실 대규모 기술시스템은 또 다른 종류의 강력한 기득권 집단을 대표한다. 수많은 사람들은 자신이 속한 시스템에 적합한 전문적 숙련을 개발하고 전문 지식을 습득한다. 시스템 특성에 중요한 변화가 생기거나 그것이 몰락하면 이 사람들은 숙련을 잃을 것이다. 시스템에 속한 기계, 장치, 공정은 자본에 해당하지만, 이는 '시스템에 고유한' 것이라 할 수 있는 특성을 지닌 특수한 종류의 하드웨어 자본이다. 시스템의 변화는 하드웨어 자본도 낡은 것으로 만들어 버린다. 이러한 가능성에 직면한 기술시스템 내부의 사람들과 투자자들은 자신과 시스템을 지키기 위해 조직 구조, 이데올로기적 헌신, 정치적 힘의 보루를 구축한다. 급진적 발명가의 두뇌의 산물인 이제 막 생겨난 시스템이 그런 식으로 강화된

---

46) Thomas P. Hughes, "A technological frontier: The railway", in *The Railroad and the Space Program: An Exploration in Historical Analogy*, ed. Bruce Mazlish (Cambridge, Mass.: MIT Press, 1965), pp. 53~73; Thomas P. Hughes, "Technological momentum in history: Hydrogenation in Germany, 1898~1933", *Past and Present*, 44 (August 1969), 106~132. 모멘텀에 관해서는 John Staudenmaier, S. J., *Technology's Storytellers* (Cambridge, Mass.: MIT Press, 1985), pp. 148~161도 보라.

것은 좀처럼 볼 수 없지만, 대기업과 정부 기구가 관장하는 성숙한 시스템은 거의 대부분 그런 식으로 강화되었다. 성숙한 시스템이 이 제 막 생겨난 시스템을 질식시키는 것은 바로 이런 이유 때문이다.

수많은 역사가, 사회학자, 철학자들이 기술의 보수적 모멘텀을 파악했지만, 그들이 이것을 부르는 이름은 각각 달랐다. 멈퍼드는 거대기계의 억압적 특성을 언급했고, 엘륄은 기술시스템의 결정론 에 관해 썼다. 경제학자 존 케네스 갈브레이스는 현대 산업사회가 조 직된 거대한 '기술구조'(technostructure)에 대해 묘사했다. 47) 현대 역사가인 윌리엄 맥닐은 《권력의 추구》(*The Pursuit of Power*, 1982) 에서 군산시스템이 정치인, 신문 편집자, 그 외 수많은 다른 사람들 과 이해집단을 엮는 방법을 그려 냈다. 월터 A. 맥두걸은 《⋯ 하늘 과 땅: 우주 시대의 정치사》(⋯ *The Heavens and the Earth: A Political History of the Space Age*) 48)에서 국가의 자원과 권위, 기술의 물리적 ⋅조직적 힘이 어떻게 기술관료제로 한데 묶여 중대한 사회적 결과 를 초래했는지에 대해 기술했다. 맥두걸은 기술에 열광한 사람들과 권력에 목마른 정치인들이 기술관료제의 충동에 불을 지폈다고 믿었 다. 우리는 우주에서의 1인자 경쟁에서 이를 볼 수 있다.

---

47) John Kenneth Galbraith, *The New Industrial State*(Boston: Houghton Mifflin, 1971).

48) William H. McNeill, *The Pursuit of Power: Technology, Armed Force, and Society since A.D. 1000*(Chicago: University of Chicago Press, 1982)〔윌 리엄 맥닐 저, 신미원 역, 《전쟁의 세계사》(이산, 2005)〕; Walter A. McDougall, ⋯ *The Heavens and the Earth: A Political History of the Space Age*(New York: Basic Books, 1985)〔월터 맥두걸 저, 강윤재 역, 《하늘과 땅: 우주시대의 정치사 1, 2》(한국문화사, 2014)〕.

우연성, 재난, 개종

이런 보수주의와 모멘텀에 맞서 대규모의 중앙집중화되고 위계적으로 통제된 생산 시스템을 몰아낼 수 있는 힘은 어떤 것일까? 어떤 힘이 사회변화를, 심지어 역사를 결정하는 대규모 기술시스템의 경향에 대항할 수 있을까? 토플러의 전자 주택은 일터가 될 수 있을까? 압도적으로 거대한 경성 에너지 시스템에서 연성 기술을 장려하는 것은 합리적인 행동일까? 어떤 요인이 핵산업의 몰락을, 혹은 핵 군산복합체의 붕괴를 가져올 수 있을까? 전등 및 전력 시스템과 같이 거대한 생산 시스템의 운동과 방향에 중대한 변화를 야기하려면, 그에 맞먹는 크기를 가진 대항세력의 존재가 필수적이다. 주위 환경에 잘 적응하면서도 환경을 형성하던 생명체의 몰락을 야기한 변화에 비견할 만한 상황의 변화가 일어날 필요가 있는 것이다. 대규모 기술시스템에 대항하려면 공룡을 멸종시킨 것과 유사한 힘이 필요하다. 어떤 기술시스템은 공룡과 마찬가지로 과거에 얻은 특성, 즉 과거의 환경에는 적합했지만 지금은 그렇지 않은 특성을 담고 있다. 이런 특성은 종종 기술시스템의 하드웨어에 파묻혀 있기 때문에 특히 오랜 기간 유지된다. 이러한 시대착오적 특성은 다른 특성을 더 선호하는 쪽으로 환경이 점진적으로 변화하는데도 불구하고 계속 살아남는다. 오직 주위 환경에서의 압도적인 변화만이 새로운 공룡들을 절멸시킬 수 있다.

대규모 기술시스템의 진화 과정을 바꿀 수 있는 우연한 환경적 변화들의 전례는 이미 나타났다. 1973년의 석유 금수(禁輸) 조치와 이에 따른 가솔린 가격 폭등은 결국 미국의 자동차 제조업체로 하여금 저비용 에너지 환경에 특히 적합한 자동차 설계로 중대한 변화를 꾀하도록 강제했다. 이전에도 모델 변화나 제조공정 변경은 있었지만, 제품이나 그것을 생산하는 시스템의 특성에서 가솔린 가격의 급등이 초래한 변화에 필적할 만한 것은 일찍이 없었다. 디트로이트는 미국인들이 일본이나 독일 자동차 — 그 나라의 상대적으로 높은 가솔린 가격에 적합하게 설계된 — 를 구입하기 시작하자 새로운 시장 환경에 대응했다. 시장은 시스템의 주요한 환경 중 하나이기 때문에 시장의 변화는 생산 시스템의 성격에 변화를 야기할 수 있다.

앞에서 이미 보았듯이 미국에서 군사적·비군사적 대량생산 시스템은 모두 지난 한 세기 동안 급속히 팽창했다. 이 시기에는 성장하는 소비재 시장이 있었고 전쟁과 냉전 때문에 군용 제품에 대한 시장도 팽창했다. 만약 이들 시장이 줄어든다면 대량생산을 촉진하고 유지했던 환경의 영향력이 줄어들 것이고, 그처럼 변화한 시장 환경으로부터 덜 위계적이고 규모가 작은 생산 시스템이 나타날 수 있을 것이다.

최근 수십 년 동안 널리 보도된 기술 재난 역시 대중의 반응을 유발하면서 대규모 기술시스템의 모멘텀에 대항할 수 있는 태도와 목표의 변화를 촉진했다. 1960년대의 대규모 해안 원유 유출 사고와 도시 스모그 경보는 대중적 정서를 고양시켜 산업 관행을 변경시킨 환경 법률의 통과를 가져왔다. 민간과 공공의 환경보호 기구들은 생태 사고의 발생과 함께 모멘텀을 얻었다. 1979년 스리마일 섬 원자로 사고는 대중의 우려를 높였고, 핵발전의 확산을 한풀 꺾이게 한 규제와 통제의 도입을 촉진했다. 1986년 우주왕복선 챌린저호의 비

1986년 1월 28일 우주왕복선 챌린저호 참사에서 뿜어져 나온 가스

챌린저호의 잔해

극은 군대가 깊숙이 개입한 거대 정부-산업 시스템인 NASA의 활동을 탈선까지는 아니더라도 일시적으로나마 지연시켰다.

다행히도 당시 시행된 교정 조치들과 스리마일 섬 핵발전소에서의 여러 우연적인 환경들이 겹치면서 궁극의 참사는 피할 수 있었다. 그러나 미국과 전 세계는 대규모의 복잡한 기술시스템이 지닌 복잡성과 사고에 취약한 특성을 이전에 없었던 방식으로 처음 경험하였다. 스리마일 섬 사고에는 '정상 사고'(normal accident)라는 딱지가 붙었다. 만약 정상 사고가 계속 발생한다면 이는 대규모의 중앙집중화되고 위계적으로 통제되는 시스템에 반대하는 여론을 동원할 수 있을지도 모른다. 스리마일 섬 사고 조사를 담당한 미국 대통령 직속 위원회의 자문을 맡은 사회학자 찰스 페로는 이렇게 썼다.

> 우리의 기술이 확장하고, 전쟁이 늘어나고, 자연을 점점 더 많이 침범하면서, 우리는 작업자, 승객, 무고한 방관자, 그리고 미래 세대에 대한 위험을 증가시키는 시스템 ― 조직과 조직의 조직 ― 을 만들게 된다. … 이처럼 위험한 기획들 대다수가 재난을 일으킬 잠재력을 갖고 있다. … 해가 갈수록 그런 시스템은 더욱 늘어난다. [49]

스리마일 섬에서 불과 몇 초 만에 일어난 복수(複數)의 실패의 상호작용에서, 그리고 그러한 상호작용의 불가해성에서, 우리는 이 일화를 과거에 단단하게 엮인 대규모의 기술시스템에서 일어났고, 미

---

49) Charles Perrow, *Normal Accidents: Living with High-Risk Technologies* (New York: Basic Books, 1984), p. 3〔찰스 페로 저, 김태훈 역, 《무엇이 재앙을 만드는가?》(알에이치코리아, 2013)〕.

1979년 3월 28일 사고 당시의 스리마일 핵발전소

래에 일어날 전형적인 실패로 해석할 수 있다. 그러한 복수의 상호작용하는 실패들은 높은 수준의 상호 연결도를 가진 단단하게 결합된 시스템에서 일어날 가능성이 가장 높다. 이런 시스템에는 핵발전소, 고전압 송전 시스템 또는 전력망, 핵무기 시스템, 우주 탐사, 항공 관제 시스템, 화학 공장 등이 포함된다. [50] 이런 시스템의 관리자들은 시스템의 모든 복잡성, 점차 증가하는 경향을 띤 복잡성을 이해할 수 없다는 사실을 종종 시인한다. [51]

---

50) Ibid. , p. 97.

51) 이 점은 캘리포니아대학(버클리)의 토드 R. 라 포트가 지적해 주었다. 대규모 시스템에 관해서는 Todd R. La Porte, "The United States air traffic system: Increasing reliability in the midst of rapid growth", in *The*

스리마일 섬은 일반 대중에게 핵발전소 사고로 제시되었고 그렇게 기억되고 있지만, 사실 이는 전력 시스템에서 일어난 사고였다. 시핑포트 이후의 원자로는 전력 시스템 내에서 증기를 발생시키는 보일러가 되었고, 석탄과 석유를 때던 보일러를 우라늄을 때는 보일러로 대체했다. 민간전력회사인 메트로폴리탄 에디슨(Metropolitan Edison)이 스리마일 발전소를 운영했고, 발전소 설비 제조업체인 배브콕 앤드 윌콕스가 증기발생기를 설계하고 제조했다. 전력 시스템 내에서 기능하도록 설계된 원자로는 시스템의 다른 구성요소들의 특성과 조화를 이루는 기술적 특징을 가졌다. 한 세기 전에 토마스 에디슨은 전기 시스템의 각 구성요소가 다른 모든 구성요소를 염두에 두고 설계되어야 한다고 쓴 바 있다. 스리마일 섬에서 복수의 실패의 상호작용은 단순히 원자로 고장이 아니었다.

재난은 20세기의 중요한 기술적 업적 중 하나인 시스템, 즉 전등 및 전력 시스템에서 일어났다. 스리마일 섬의 실패와 재난은 이전에 있었던 대규모의 전력 시스템 실패인 1965년 뉴욕 대정전으로부터 불과 몇 년 후에 일어났다. 우주왕복선 사고, 스리마일 섬 재난, 대정전은 모두 페로의 용어를 빌리면 대규모 기술시스템에서 일어난 '정상 사고'들이다.

우주왕복선의 비극은 책임성과 행동의 네트워크에서 NASA 시스템에 관여하는 우주비행사, 오-링(O ring), 엔지니어, 관리자, 정부 부처, 산업체 등의 복잡한 배치를 드러냈다. 마찬가지로 1986년

Development of Large Technical Systems, eds. R. Mayntz and T. P. Hughes(Boulder, Colo.: Westview Press, 1988), pp. 215~244를 보라.

1986년 4월 26일 참사 이후
체르노빌 핵발전소 4호기

에 터진 체르노빌 재난은 소련의 핵발전소와 전력공급 네트워크가 산업체와 그 외 용도에 전력을 공급하도록 조직된 정치적·경제적 제도를 포함하는 대규모의 복잡한 기술시스템의 일부임을 보여 주었다. NASA의 경우 보도가치가 있고 대중의 지원을 받을 수 있는 우주선 발사를 경제적으로 자주 할 것을 요구하는 사회적 가치가, 소련 에너지 시스템의 경우 국가적 위업이라는 미명하에 낮은 비용의 에너지 공급을 빠르게 증가시킬 것을 요구하는 가치가 이러한 기술시스템에 통합된 일부분이었다. 앞서 우리는 소련에서 생산 목표를 달성하기 위해 트랙터와 다른 장비들을 과도하게 잘못 사용하는 것을 목격했다. 소련에서 체르노빌 원자로 위에 격납용기를 설치하지 않은 것은 시스템에서 최대한 적은 자원 투입으로 최대한 많은 산출을 얻으려 한 노력의 또 다른 사례를 보여 준다. 체르노빌과 챌린저호 참사는 단순한 기술적 부적합성이 아니라 국가적 가치들을 반영한다.

우연성과 재난 혹은 '정상 사고' 외에 어떤 요인이 모멘텀을 깨뜨릴 수 있을까? 멈퍼드는 《권력의 펜타곤》에서, 로작은 《황무지가 끝나는 곳》에서 종교적 분출 또는 종교적 개종에 비견할 만한 신념, 태도, 의도에서의 변화를 주문했다. 멈퍼드가 가치는 기술을 형성한다고 주장한 것을 우리는 되새겨야 한다. 1970년대 초에 책을 낸 멈퍼드와 로작은 사회, 특히 젊은이들이 물질주의를 극복하고 거대 기계와 기술시스템의 권력관계를 거부할 수 있을 것이라고 믿었다. 우리는 멈퍼드의 책과 같은 대항문화의 책과 논문이 변화의 씨앗을 뿌렸음을 암시했다. 경제성장과 국가적 위신 외의 다른 목적에 봉사하는 기술을 만들어 낼 수 있는 태도가 확산될 수도 있다. 특히 소비재와 서비스의 대량 시장이 포화된다면 말이다. 이미 언급한 바와 같이 과거 활동가였다가 연성 대체기술에 열광하는 사람으로 변모한 이들이 새로운 기술의 모델을 제공하면 가치도 변화할 수 있다. 대규모 기술시스템을 이용한 대량생산 및 대량파괴와 연관된 것과는 다른 태도와 목표가 제도화되고 있는 증거가 있다.

태도에 대한 영향력 있는 변화는 오늘날 프레드릭 테일러, 헨리 포드, 인설과 같은 역할을 하는 관리자와 시스템 건설자 사이에서 찾아볼 수 있다. 지난 10여 년 동안 미국의 젊은 경영학 교수, 관리 문제에 관심 있는 전문 작가와 기자, 젊은 기업가들이 쓴 수많은 책은 그들이 관장하던 거대하고 중앙통제적이며 (위계적) 경직된 관리

시스템과 생산 시스템의 종언을 요구했다. 대신 새로운 세대의 관리자들은 소규모의 탈집중화되고(자율적) 유연한 관리 및 생산복합체를 옹호했다. 그들은 기술적 열정의 시대를 특징지었던 지속적이고 예측가능한 시장의 성장은 종언을 맞고 있다고 주장했다.

미국의 관리자들은 시장 조건에 손쉽게 적응해 변화할 수 있는 일본, 스웨덴, 이탈리아의 좀더 유연하고 탈집중화된 생산양식 모델을 모범 사례로 든다. 여기에 더해 그들은 1960년대 대항문화의 등장 이후 화이트칼라와 블루칼라 노동자 모두가 잠재력 실현을 위해 '시스템이 최우선'이라는 테일러주의적 태도로부터 벗어난 환경을 추구하며 또한 필요로 한다고 주장한다.[52]

대량파괴무기에 대한 우려가 널리 퍼져 있기 때문에, 대규모의 군사적 생산 시스템의 모멘텀에 대항하는 태도와 가치의 변화는 소비재와 서비스의 대량생산 시스템에 도전하는 변화보다 좀더 가능성이 있어 보인다. 멈퍼드와 엘륄 등이 비판한 거대한 비군사적 생산 시스템의 억압적, 심지어 독재적인 성격은 군산시스템에서 나오는 위험에 비하면 일반 대중에게 덜 분명하다. 리코버 제독은 1982년 1월에 은퇴하기 전의 마지막 의회증언에서 로작과 멈퍼드가 머릿속에 그렸을 법한 개종을 보여 주었다. 핵 해군과 최초의 상업적 원자로의 아버지인 그는 의원들 앞에서 미국이 핵발전소에서 나오는 방사능 유출의 잠재적 위험성을 고려하지 않고 있다고 말했다. 이어 그는 비공식 증언에서 이렇게 덧붙였다.

---

52) 가령 Shoshana Zuboff, *In the Age of the Smart Machine: The Future of Work and Power* (New York: Basic Books, 1984), pp. 229~235, 392~414를 보라.

나는 핵발전이 방사능을 만들어 낸다면 그만한 가치가 있다고 믿지 않습니다. 그러면 사람들은 아마 내게 왜 핵에너지로 가동하는 선박을 만들었느냐고 질문할 겁니다. 그건 필요악(必要惡)이었습니다. 나 같으면 그것을 죄다 침몰시켜 버릴 겁니다. 질문에 대한 답변이 되었나요?

이에 대해 윌리엄 프록시마이어 상원의원은 이렇게 답했다.

놀라운 답변을 해주셨군요. 그런 답변을 예상하지는 못했지만, 매우 논리적인 답변이었습니다.

이어 상원의원이 핵에너지와 그토록 가깝고, 전문성이 있는 누군가가 그것의 파괴적 성격을 지적하리라고는 예상하지 못해 놀랐다고 덧붙이자, 제독은 간단히 "난 자랑스럽지 않습니다 … "라고만 답했다.[53]

제독이 보인 예외적인 반응은 현대 군사기술의 파괴적 성격에 대한 대중의 대대적 반발이라는 맥락에서 이해해야 한다. 히로시마와 나가사키의 공포에 대한 지울 수 없는 기억은 사람들이 계속해서 저항운동에 나서도록 했다. 베트남전에서 미군이 사용한 첨단기술은 많은 사람, 특히 젊은 층이 지지를 철회하게 했고, 전쟁 종식을 위한 지속적인 노력을 촉발했다. 스스로를 신석기 보수주의자[54] 라고 부

---

53) Center for the Study of Responsive Law, *No Holds Barred*: *The Final Congressional Testimony of Admiral Hyman Rickover*(Washington, D.C.: CSRL, 1982), pp. 70~71.

54) Paul Goodman, *New Reformation*: *Notes of a Neolithic Conservative*(New York: Random House, 1970).

른 사회비평가 폴 굿맨은 베트남에서 군산시스템의 역할에 대해 가장 조리 있고 열정적으로 공격을 가한 사람 중 한 명이었다. 그는 국가안보산업협의회(National Security Industrial Association)에서 연설하기도 했는데, 미국의 거대기업 대표들로 구성된 가장 어울리지 않는 청중을 대상으로 한 뜻밖의 초대였다. 55) 핵에너지의 파괴적이고 끔찍한 성격과 굿맨 등의 주장은 태도에 영향을 미쳤다. 이런 변화가 궁극적으로 핵에너지 개발에 어떤 영향을 미칠지는 가늠하기 어렵다.

이 책에서 다룬 역사는 개인이나 사회의 의도와 목표 변화가 기술발전의 경로를 바꾸거나 기술 모멘텀에 대항할 수 있다고 주장한 멈퍼드, 로작 등의 말을 어느 정도 뒷받침한다. 그들은 사회가 기술에 의해 형성되거나 결정되기만 하는 것이 아니라 기술을 형성하고 사회적으로 구성할 수 있음을 지적하였다. 이러한 역사는 사회적 힘 ─ 경제적, 정치적, 그리고 그 밖의 힘들 ─ 에 의해 기술이 구성된 수많은 사례를 제공한다. 기술시스템의 발명에 대해 생각해 보면 소비재의 대량생산 ─ 물질주의적 목표 ─ 을 향한 사회 전반의 몰두가 어떻게 그것의 설계를 형성했는지를 볼 수 있다. 제1차 세계대전 이전의 군비경쟁에 내포된 국가적 위신과 힘을 위한 충동은 엘머 스페리, 라이트 형제, 그 외 다른 독립발명가들의 발명활동에 심대한 영향을 미쳤다. 사회에서 영향력 있는 집단은 자신들의 이해관계를 증진하는 데 기술을 이용할 수 있다. 56) 테일러주의나 과학적 관리의

---

55) Paul Goodman, "A causerie at the military-industrial", *The New York Review of Books*, IX(23 November 1967), 14~19.

사례에서 관리자들은 종종 자신들의 작업장 통제를 늘리는 기술의
발명과 개발을 후원했다. 57) 노동자들은 스스로 적절하다고 여기는
작업 리듬과 방식을 구현한 기계의 사용을 연장하기 위해 투쟁했
다. 58) 이처럼 사회가 기술에 미치는 영향을 언급해 온 역사가와 사
회학자들은 이제 '기술시스템의 사회적 구성'에 대해 언급한다. 59)
역사는 기술을 사회적으로 구성하는 힘 — 태도와 목표를 포함해 —
과 사회를 형성하는 기술 모멘텀의 힘 간의 끝없는 상호작용을 보여
준다. 우리가 변화의 가능성에 대해 던지는 질문은 기술 모멘텀과
기술의 사회적 구성 사이의 갈등으로 볼 수 있다. 기술 모멘텀이 과
거의 기술을 형성한 태도와 목표를 그 속에 담고 있다는 사실도 아울
러 언급해야 할 것이다.

56) Dickson, *Alternative Technology*, pp. 9~10, 183.

57) David F. Noble, *Forces of Production: A Social History of Industrial
Automation* (New York: Alfred A. Knopf, 1984) ; Zuboff, *Age of the
Smart Machine*.

58) Merritt Roe Smith, *Harpers Ferry Armory and the New Technology: The
Challenge of Change* (Ithaca, N. Y. : Cornell University Press, 1977).

59) *The Social Construction of Technological Systems: New Directions in the
Sociology and History of Technology*, eds. W. Bijker, T. Hughes, and
T. Pinch (Cambridge, Mass. : MIT Press, 1987) 〔위비 바이커 외 엮음,
송성수 역, 《과학기술은 사회적으로 어떻게 구성되는가》(새물결, 1999)로
부분 번역되었다〕.

합류와 혁명

오늘날 나타나는 변화의 조짐에도 불구하고, 우리는 기술적 열정의 한 세기 동안 대규모 생산 시스템의 모멘텀이 점차 커지는 것을 목격했다. 시스템이 성숙하면 규모가 커지고 경직되어 추가적인 사회적 구성에 저항한다. 앞서 본 바와 같이 이러한 군사적·비군사적 생산 시스템은 현대 사회의 특징이 되었고 현대 문화를 형성했다. 이러한 현대는 우연성, 재난, 태도 변화에도 불구하고 미래에도 끝없이 뻗어 나갈 것이라는 검증되지 않은 가정이 특히 미국에 널리 퍼져 있다. 미국인들은 기술적 창조성을 경제성장 및 대량생산과 연결시켰고 이런 관계가 앞으로도 지속될 것이라고 가정한다. 보스턴 외곽 128번 도로(Route 128)나 캘리포니아 주의 실리콘밸리같이 대학과 산업체를 잇는 창조성의 중심지에서 새로운 시스템들이 모습을 드러내지만, 이들 시스템은 전자적·군사적인 것이든 컴퓨터와 산업에 관한 것이든 간에 성장과 모멘텀의 동일한 유형을 나타내는 경향이 있다. 현대에 들어 낡은 시스템이 때때로 사라지긴 하지만, 그 자리를 대신하는 건 종종 그보다 더 크고 복잡한 시스템이다.

대규모 중앙통제 시스템을 몰아낼 가장 가능성이 높은 원인은 우연성, 재난, 개종의 흐름이 한데 합쳐지는 것일 듯하다. 이는 기술 모멘텀을 깨뜨리고, 민간 소비재와 군사재의 대량생산과 결부되지 않을 새로운 스타일의 기술을 사회적으로 구성할 것이다. 대량소비와 연결된 기술이 현대 미국의 두드러진 특징이었지만, 그것이 기술적 열정의 한 세기를 지나서도 반드시 살아남을 것이라는 보장은 없다. 시장과 인구의 팽창, 민주적 가치를 이념으로 하는 미국에서 기술변화와 경제성장은 서로 단단히 얽혀 있었다. 경제성장은 "정책을 결정하는 이데올로기"였다.[60] 그러나 기술은 단지 상품의 양이 아니라 삶의 질을 높이는 방향으로 창조되고 이용될 수 있다. 기술은 공공서비스와 공공재를 소규모로 제공하는 데 더 자주 이용될 수 있고, 특히 지역의 환경과 선호에 맞게 설계될 수 있다. 만일 이런 일이 일어난다면, 엄청나게 규모가 큰 생산 시스템은 적합하지 않을 수 있다. 현대 미국에서 그토록 중요한 특징이었던 대규모 시스템이 몰락한다면 탈현대 시기가 도래할 것이다.

한데 합쳐진 여러 여건들이 모멘텀을 깨뜨리고 현대 기술과 현대 문화의 특성을 바꿀 수 있으려면, 영국에서의 제1차 산업혁명이나 우리가 미국에서 일어난 것으로 간주한 제2차 산업혁명을 야기한 여러 여건들과 비견할 수 있는 정도가 되어야 한다. 이처럼 중대한 변화가 여러 나라에서 일어났다는 점은 언급할 필요가 있다. 영국은 제1차 산업혁명의 모멘텀을 깨뜨리고 제2차 산업혁명의 중심지가 되는 데 실패했다. 미국에서 현대의 모멘텀은 너무나 크기 때문에, 다음번의 거대한 기술적·문화적 변화는 또 다른 나라에 있는 다른 사람들 사이에서 일어날지도 모른다.

반면, 다음의 지각 변동이 일국의 범위를 초월해, 대규모 기술시스템의 크기와 영향력을 감소시키는 경향을 지닌 힘들을 능가하는

---

60) Organization for Economic Cooperation and Development, Ad Hoc Committee on New Concepts of Science Policy, *Science, Growth and Society: A New Perspective* (Paris: OECD, 1971), p. 22. 위원장은 하비 브룩스였다.

방향으로 일어날 수도 있다. 최근 들어 우리는 다국적 기업과 컨소시엄들의 지속적인 성장을 목도해 왔다. 예를 들어 전기기구 제조업체인 ASEA 같은 스웨덴 기업들은 다른 나라에 있는 거대 산업체와 합병하거나 이를 인수해 다국적 관리, 생산, 마케팅 시스템을 형성했다. 일본의 정부 기구, 제조업체, 금융기관들은 서로 힘을 합쳐 전 세계로 체계적으로 확산해 가고 있다. 61) 인설, 포드, 그 외 다른 시스템 건설자들이 일차적으로 지역이나 국가에 적용한 규모의 경제, 범위의 경제, 부하의 다양성 같은 경제적 원리들이 시스템 건설의 후계자들에 의해 국제적 영역에서 현실로 옮겨지고 있다.

앞으로 초국가적 시스템들이 현대 시스템의 통제, 단단한 결합, 위계적 특징들을 구현하게 될지, 아니면 근래 등장한 대항문화와 탈현대 문화의 가치들을 정교하고 미묘한 방식으로 통합하게 될지 지켜보는 것은 아마도 매혹적인 경험이 될 것이다.

---

61) 지난 한 세기 동안 국제 기업의 확산이라는 일반적 주제는 Alfred D. Chandler, Jr., *Scale and Scope: The Dynamics of Industrial Capitalism* (Cambridge, Mass.: Belknap Press, 1990) 을 참조하라.

후기 (2004년)

1989년 출간된 《현대 미국의 기원》 초판은 1979년 스리마일 섬 원자력발전소 사고, 1986년 우주왕복선 챌린저호의 비극, 같은 해 소련에서 터진 체르노빌 원자력발전소 참사를 언급하며 마무리 지었다. 나는 이 세 건의 사고를 대규모 기술시스템의 사고로 특징지었다. 초판의 결론부에서 미국에서 대규모 기술시스템의 추가적인 확산에 대한 반발이 있을 것이라고 언급했을 때, 내 머릿속에는 대항문화의 사상뿐 아니라 이런 사건들이 자리 잡고 있었다.

1960년대 대항문화의 가치들은 대학생들과 대학교육을 받은 30세 이하 세대에게 특히 영향을 미쳤다. 《전 지구 카탈로그》는 간단한 공구의 사용과 거의 원시적이면서 친환경적인 생활양식으로의 복귀를 제안해 높은 인기를 누렸다. 이 책의 인기는 소규모의 적정 기술에 대한 열정과 함께 산업자본주의의 대규모 생산 및 판매 시스템과 베트남에서 사용된 무기 시스템에 대한 적대감을 잘 보여 주었다.

나는 시스템 사고들과 대항문화의 가치들에 대한 인식에서 영향을 받아, 초판의 결론부에서 대규모 시스템의 모멘텀 또는 관성이 미래에는 새로운 일군의 가치들에 의해 저항을 받을 것이라고 썼다. 심지어 나는 미국이 대규모 기술시스템에 대한 집착에 짓눌려 있기 때문에 다음번의 대규모 기술 발전 혹은 혁명은 미국 바깥에서 일어날지 모른다고 예측하기까지 했다. 또한 베트남전쟁이 반전 정서를 자극한 점을 감안하면 미국이 대규모 무기 시스템을 계속해서 개발할 수 있을지도 의문스러웠다.

지금에 와서 내가 제시한 틀린 예측들을 되돌아보면, 내가 《현대 미국의 기원》 초판에서 루이스 멈퍼드 같은 공공적 지식인들에 대해 가한 비판을 상기하게 된다. 멈퍼드는 제2차 산업혁명이 기술에 의해 형성된 새로운 사회를 가져올 것이라고 가정했는데, 여기서 새로운 사회의 모습은 전력과 자동차에 의존하는 녹색 또는 친환경적 지역주의에 대한 그들의 갈망을 반영한 것이었다. 이에 대해 나는 그들이 스스로 품은 가치에 몰입한 나머지 지나치게 낙관적인 미래 예측을 내놓았고, 기성 이해집단들의 보수적 힘은 무시했다고 주장했다. 그러나 나 역시도 대항문화에 맞추어진 나 자신의 가치에 몰입해 잘못된 예측을 한 셈이 되었다.

나는 이제 대항문화의 가치들이 대규모 기술시스템의 영향을 감소시킬 것이라고 믿지 않으며, 중대한 기술변화가 미국 바깥에서 일어날 것이라고 예상하지도 않는다. 1980년대 이래 우리는 대규모 기술시스템의 몰락과 미국의 기술적 우월성 상실 대신, 또 다른 기술혁명으로 보이는 것, 이른바 정보혁명(information revolution)을 목도해 왔다. 이 혁명은 대체로 미국에서 일어났다. 무기 시스템으로부터의 후퇴 대신 최근 우리는 펜타곤 예산이 큰 폭으로 늘어나 미국의 군사비 지출이 러시아, 영국, 프랑스, 독일의 군사비를 모두 합친 것보다 더 많은 상황에 직면했다.

나는 이제 정보혁명을 지난 20년간 일어난 중요한 기술적·사회적 발전으로 간주하고, 이것이 가까운 미래에 기술적·정치적·경제적·사회적·문화적 발전을 형성할 것으로 본다. 닷컴버블의 붕괴에도 불구하고 말이다. 그래서 나는 《현대 미국의 기원》의 개정판을 내면서 정보혁명의 기원과 발전에 대해 설명해 보고자 한다. 나는 역사가가 최근에 일어난 사건을 다룰 때 관점을 상실하고 오류를 범할 수 있음을 잘 안다. 그럼에도 나는 정보혁명에 대한 개관이 《현대 미국의 기원》 초판에서 제2차 산업혁명을 개관할 때 보였던 깊이와 폭을 가질 수 있기를 바란다. 현재 시점에서는 정보혁명에 대해 비견할 만한 다른 설명들을 거의 찾아볼 수 없기 때문이다.

내가 취하는 접근법은 정보혁명이 그 범위와 성격에 있어 이전에 있었던 산업혁명들에 비견할 만한 방식으로 발전했고 앞으로도 발전할 것이라고 가정한다. 먼저 나는 18세기 말에서 19세기 초의 영국 산업혁명과 19세기 말에서 20세기 초에 미국과 독일에서 일어난 제2차 산업혁명의 특징을 요약할 것이다. 이전 혁명들의 주요 특징들을 파악한 후, 나는 이 새로운 후기에서 정보혁명을 묘사하면서 유사한 특징들을 찾아볼 것이다.

정보혁명에 대한 오늘날의 설명들은 대개 컴퓨터나 인터넷 같은 인공물에 초점을 맞춘다. 이는 근시안적인 접근법이다. 우리는 정보혁명의 개념을 확장해야 한다. 다른 산업혁명들은 하드웨어를 훨씬 넘어서는 것들을 포괄했다. 이러한 이전의 혁명들은 기술적 인공물과 시스템 외에 사람들의 삶에 엄청난 영향을 미친 정치적·경제적·사회적·조직적·문화적 변화들을 포함했고, 정보혁명의 경우에도 이는 마찬가지일 것이다.

영국 산업혁명

가령 정보혁명과 종종 비견되곤 하는 영국의 산업혁명이 얼마나 넓은 범위에 걸쳐 있었는지 살펴보자. 역사가들은 보잘것없는 출신 및 배경과 제한된 물적 수단을 지닌 발명가들이 체계적으로 상호작용하는 일련의 발명을 해낸 사례들을 손쉽고 익숙하게 이야기해 줄 수 있다. 새로 발명된 증기기관은 이제 막 기계화된 직물 공장에 동력을 제공했고, 용광로는 구하기 힘든 숯 대신 풍부한 코크스를 써서 철을 생산했으며, 철 가공 공작기계는 증기기관의 부속품을 만들어 냈고, 운하는 진화하는 시스템 전체를 관통해 석탄, 철, 면화, 그 외의 다른 상품들의 흐름을 가능케 했다. 빠른 속도로 성장하던 화학 산업은 직물 공장에 표백제를 공급했다. 과연 영국 산업혁명에 비견할 만한 정보혁명이 존재하는가를 판단할 때, 우리는 그처럼 체계적인 기술의 상호작용을 찾아야 한다.

영국 산업혁명에 대한 사려 깊은 설명은 기술적 변화에 수반된 인구통계학적·사회적·정치적 변화를 무시하지 않는다. 산업혁명 이전에는 상업과 산업이 배가 운행할 수 있는 강과 해안 항구를 따라 집중되었다. 그러나 18세기 들어 엔지니어들은 운하를 놓아 이들 운하를 따라 위치한 잉글랜드 중부지방으로 산업과 인구가 재배치되는 것을 용이하게 했다. 인구 이동은 잉글랜드의 면모를 바꿔 놓았다.

정보혁명과 관련해서도 이에 비견할 만한 인구의 이동이 있는가?

정치적 수준에서 산업혁명은 토지가 아닌 산업을 통해 부를 늘린 도시 중간계급의 부상을 자극했다. 선도적 기업가들과 은행·상업계의 동료들은 자유방임 자유주의를 장려하고, 자유무역을 옹호하며, 곡물법이나 관세에 반대하고, 선거권을 산업도시에 있는 남성 중간계급 투표자들에게 확대할 것을 요구했다. 산업혁명은 영국 정치를 영구적으로 바꿔 놓았다. 정보혁명은 이와 유사한 변화를 일으켰는가?

문화 영역에서는 증기동력 인쇄기와 자동 식자기가 신문과 책의 유통을 증가시켰다. 새롭거나 더 저렴한 원자재를 쓸 수 있게 되고 철도가 확산되면서 도시의 기차역은 그 설계자들이 유리와 강철로 혁신을 이룬 성당과 같은 외양으로 변화했다. 소비재 생산의 증가는 중간계급이 직물로 몸을 치장하고 집에는 각종의 장식품들을 걸어 놓는 문화를 자극했다. 빅토리아 시대의 문화적 스타일이 등장한 것이다. 우리는 정보혁명의 문화와 스타일이라는 것이 있다고 말할 수 있을까?

제 2차 산업혁명

제 2차 산업혁명 역시 서로 연결된 발명의 물결뿐 아니라 인구통계학적·정치적·문화적 변화들을 수반했다. 혁신적인 관리양식과 새로운 조직형태도 출현했다. 직업적 발명가-기업가들은 산업화된 세계의 구조를 점차 형성하게 된 주요 에너지, 통신, 생산 시스템을 출범시켰다. 기술적·조직적 요소로 구성되어 경관을 가로질러 확산된 이 시스템들은 그 속에서 사람들이 살고 노동하는, 인간이 건설한 제 2의 창조물이 되었다.

독립발명가-기업가들은 대규모 기술시스템의 발명, 개발, 혁신을 관장했다. 미국인 중에는 토머스 에디슨, 알렉산더 그레이엄 벨, 교류전력 시스템을 도입한 니콜라 테슬라, FM 라디오를 발명한 에드윈 암스트롱, 비행기와 선박에 대한 자동조종장치를 발명한 엘머 스페리 등이 두각을 나타냈다. 그들은 자본가와 제휴해 자신들의 특허에 기반한 회사를 설립했다. 발명가-기업가들이 도입한 기술시스템은 일정한 패턴에 따라 진화했다. 얼마 안 가 우리는 인터넷도 비슷한 방식으로 진화하는 것을 보게 될 것이다.

제 2차 산업혁명 동안 관리 스타일은 변화를 겪었다. 전기모터를 사용할 수 있게 되면서 공장의 유연한 배치가 가능해졌다. 헨리 포드와 휘하의 엔지니어들은 물질과 에너지의 흐름을 조직해 원자재가 끊기지 않는 흐름을 이루면서 자동차 공장으로 들어가고 모델 T 자동차가 움직이는 조립라인에서 흘러나오도록 만들었다. 과학적 관리의 아버지인 프레드릭 테일러는 공장의 내부 배치와 인간 노동력 — 그가 기계의 부속품으로 취급한 — 을 합리화했다. 조직적인 수준에서는 제너럴 모터스 같은 거대 제조회사들이 위계적이고 다층적인 관리 구조를 조직했다.

또한 제 2차 산업혁명은 전쟁에도 중대한 변화를 가져왔다. 내연기관은 탱크와 비행기의 등장을 가능하게 했고, 전기모터는 적의 눈을 피할 수 있는 잠수함을 움직였다. 증기터빈은 큰 대포를 탑재한 모든 전함에 동력을 제공했다. 산업화학의 발전은 폭약과 독가스의 생산에 큰 기여를 했다.

아울러 제 2차 산업혁명은 극적인 문화적 변화도 몰고 왔다. 미래주의와 구성주의 미술은 기술이 지닌 시스템, 질서, 통제의 가치를 반영했다. 기계미술은 박물관과 미술관에서 눈에 띄는 위치를 차지했다. 디자이너들과 국제적 건축 스타일의 열렬한 찬미자들은 이처럼 현대적이고 기술에 기반한 스타일이 그 범위와 영향력 면에서 중세, 르네상스, 바로크 양식에 비견할 만하다고 믿었다.

인구의 이동과 기술혁신은 새로운 산업도시로 귀결되었다. 전기산업으로 세계적 명성을 떨친 베를린은 조명의 도시로 알려졌다. 독일의 에센은 독일 루르 지방의 장엄한 산업적 역량을 드러냈다. 맨해튼은 마치 자석과 같이 발명가들을 끌어당기는 상업과 혁신의 중심지가 되었다. 필라델피아는 경공업과 중공업 회사들을 육성했고 자신을 스스로 '세계의 공장'이라 불렀다. 석탄, 코크스, 철은 그을음투성이인 피츠버그에서 쏟아져 나왔다. 시카고는 도시의 쓰레기를 제거하기 위해 시카고 강의 흐름을 역류시킴으로써 산업도시가 지닌 막대한 힘을 보여 주었다.

마천루들은 산업도시가 지닌 건설의 힘을 상징했다. 미네소타 주 미니애폴리스와 뉴욕 주 버펄로에서는 거대한 곡물 사일로의 장식이 없는 형태가 기계화된 농업의 힘을 나타냈다. 웅장한 소리를 내는 나이아가라 폭포에서는 전기 엔지니어와 화학자들이 전 세계 기술 발전의 모델이 된 수력발전과 산업단지를 건설했다. 디트로이트 외곽에는 역사상 최대 규모의 생산기계인 포드의 리버 루지 공장이 우뚝 서 있었다. 실리콘밸리는 제 2차 산업혁명 때의 산업도시들이 확립한 것에 비견할 만한 자리를 역사에서 차지할 수 있을까?

정보혁명 1)

정보혁명이 이전의 혁명들과 닮을 것이라고 가정하려면 그 기술적 중핵에서 상호작용하는 인공물과 시스템을 찾아야 한다. 발명가-기업가들의 역할과 대규모 기술시스템(특히 인터넷)의 진화 패턴도 염두에 두어야 한다. 우리는 인구통계학적인 것을 포함한 정치적·사회적 변화 역시 찾아야만 한다. 특히 중요한 것은 정보혁명에 의해 촉진된 문화적 변화 — 건축, 미술, 과학에서의 변화를 포함하여 — 이다.

기술적 중핵

영국 산업혁명과 제 2차 산업혁명처럼 정보혁명에도 그 기술적 중핵에 상호작용하는 인공물과 시스템이 있다. 컴퓨터, 반도체, 소프트웨어가 서로 영향을 주고받으며 발전함에 따라 디지털 정보의 확산이 촉진되었고 이것이 다시 혁명으로 이어졌다. 1947년에 벨 연구소의 존 바딘, 월터 브래튼, 윌리엄 쇼클리가 반도체 트랜지스터에 대한 특허를 출원했다. 이는 군대와 민간 용도의 통신 및 제어장치에 보편적으로 쓰이던 커다란 진공관을 대체했다. 잭 킬비와 로버트 노이스는 1959년에 한 장의 실리콘 웨이퍼 위에 저항, 축전기, 트랜

---

1) 정보혁명에 관한 좀더 많은 내용은 내 책 *Human-Built World: How to Think about Technology and Culture*(Chicago, Illinois: University of Chicago Press, 2004), pp. 96~103, 147~152를 참고하라[토머스 휴즈 저, 김정미 역, 《테크놀로지, 창조와 욕망의 역사》(플래닛미디어, 2008)].

지스터를 결합한 집적회로(integrated circuit, IC)를 각각 독자적으로 발명했다. 또 다른 주요 돌파구는 1971년 마시언(테드) 호프가 마이크로프로세서(microprocessor)를 발명한 것이었다. 이는 수십만 개에 달하는 회로의 소자들을 통합시켜 '칩 위의 컴퓨터'를 구현했다.

집적회로와 마이크로프로세서는 컴퓨터와 소프트웨어의 발전과 상호작용했다. 마이크로프로세서는 1970년대의 설계자들이 컴퓨터 시대의 개막을 알린 거대한 메인프레임 컴퓨터보다 훨씬 작은 퍼스널(혹은 데스크톱) 컴퓨터를 도입할 수 있게 해주었다. 1970년대에 캘리포니아의 실리콘밸리에서는 트랜지스터, 집적회로, 마이크로프로세서, 컴퓨터의 생산이 급증했다. 1977년에 스티브 잡스와 스티브 워즈니악은 애플 II 컴퓨터를 출시했고 이후 아이콘, 마우스, 풀다운 메뉴로 조작하는 매킨토시 컴퓨터를 내놓았다. 매킨토시 컴퓨터의 이런 특징들은 제록스 사의 팰로앨토 연구소에서 더글라스 엥겔바트에 의해 처음 만들어진 것이다.

처음에 소프트웨어는 컴퓨터나 하드웨어의 발전에 부차적인 것으로 잘못 생각되었으나, 이내 진화하는 정보혁명의 주요 구성요소로 자리 잡았다. IBM은 빌 게이츠의 MS-DOS 운영체제를 기반으로 스프레드시트와 워드프로세싱 소프트웨어를 장착한 퍼스널 컴퓨터를 시장에 내놓았다. 얼마 안 가 게이츠의 마이크로소프트 사는 세계적으로 손꼽히는 소프트웨어 생산회사가 되었다.

기술적 중핵에서는 다른 상호작용도 있었다. 미 국방부 산하의 고등연구계획국(Advanced Research Projects Agency, ARPA)은 아르파넷(APRAnet)으로 명명된 시스템 내에서 컴퓨터를 서로 연결하는 데 자금을 지원했고, 1971년 이후 아르파넷은 인터넷의 기반이 되었다. 인터넷의 사용은 1991년 유럽 입자물리연구소(CERN)의 과학자 팀 버너스-리가 월드와이드웹(World Wide Web)으로 알려진 것의 시제품을 내놓은 이후 극적으로 증가했다. 웹의 유용성은 1992년 일리노이대학 학생이던 마크 안드리센과 에릭 비나가 웹 이용자들의 효과적인 인터넷 탐색을 가능케 하는 웹브라우저 프로그램을 내놓은 이후 더욱 커졌다.

발명가-기업가들

19세기 말에서 20세기 초에 걸쳐 에디슨 같은 유형의 독립발명가-기업가들은 제 2차 산업혁명의 동력, 운송, 통신, 그 외 다른 대규모 기술시스템의 발명과 개발을 관장했다. 그러나 《현대 미국의 기원》 초판에서 설명했듯이, 20세기를 거치면서 산업연구소의 과학자와 엔지니어들이 독립발명가들을 대체했다. 그 결과 발명활동은 극적 돌파구가 되는 발명이나 새로운 시스템의 출범보다는 산업연구소를 후원하는 산업체들이 키워 온 기존 시스템들을 향상시키는 데 초점을 맞추는 경향을 보였다.

독립발명가들이 몰락하고 산업연구소의 과학자들이 부상했기 때문에 우리는 전자가 정보혁명의 기원에서 중요한 역할을 했을 것으로 기대하지 않을 것이다. 그러나 그들은 실제로 중요한 역할을 했다. 그들은 앞서 에디슨 같은 유형의 발명가처럼 스스로 설계한 연구소에서 활동하지 않고 주로 대학에서 활동했다. 대학에서는 교수, 학생, 연구자들이 종종 정부 자금의 지원을 받아 극적 돌파구가 되는 발명들을 관장하면서 정보혁명을 이루어 냈다.

예컨대 제 2차 세계대전 중에 펜실베이니아대학의 J. 프레스퍼 에커트와 존 모클리는 많은 역사가들이 최초의 범용 메인프레임 컴퓨터로 간주하는 에니악(ENIAC)을 설계하고 건조했다. 몇 년 후 프린스턴 고등연구원의 존 폰 노이만은 '폰 노이만 구조'(von Neumann Architecture)로 알려진 기본 컴퓨터 설계를 도입해 이후 수십 년 동안 컴퓨터의 구성요소와 회로설계에 영향을 미쳤다. 1950년대 초에는 제이 포리스터와 MIT의 동료들이 실시간 계산과 제어가 가능한 휠윈드(Whirlwind) 컴퓨터를 만들었다.

1967년에 워싱턴대학의 연구자 웨슬리 클락은 서로 다른 특성을 지닌 메인프레임(혹은 호스트) 컴퓨터를 단일 시스템으로 연결할 수 있다고 제안했다. 이러한 인식에 기반해 MIT와 오랜 교분을 맺고 있던 조지프 칼 로브넷 릭라이더는 ARPA의 부문 책임자였던 자신의 지위를 이용해 주로 대학 연구자들에 의해 아르파넷이 개발되는 데 자금을 지원했다. 대학에 기반을 둔 정보시대 개척자들의 목록은 훨씬 더 확장될 수 있다.

스탠퍼드대학의 교수와 학생들은 컴퓨터와 인터넷의 하드웨어와 소프트웨어를 발명하는 데 있어 압도적으로 중요한 역할을 했다. 스탠퍼드대학의 존 헤네시는 RISC 칩을 개발한 회사인 MIPS를 설립했고, 실리콘 그래픽스(Silicon Graphics)의 컴퓨터는 이 칩에 기반해 만들어졌다. 스탠퍼드 공대 교수인 짐 클락은 실리콘 그래픽스를 설립하고 이어 일리노이대학 학생이던 마크 안드리센과 함께 넷스케이프(Netscape)를 설립했다. 스탠퍼드대학에서 학위를 받은 스콧 맥닐리와 그곳의 대학원생이던 앤디 벡톨샤임은 스탠퍼드대학 졸업

생인 비노드 코슬라, 캘리포니아대학(버클리)의 빌 조이와 함께 선마이크로시스템스(Sun Microsystems)를 설립했다. 스탠퍼드 대학원생인 제리 양과 데이비드 필로는 검색엔진이자 인터넷 포털인 야후!(Yahoo!)를 만들었다.

에디슨 같은 독립발명가들과 대학의 정보혁명 발명가들 사이에는 어떤 공통점이 있을까? 이들은 모두 산업연구소에 고용된 인력과 비교할 때 문제선택에서 자유로웠다. 그 결과 대학의 발명가-기업가들은 누적적인 발명 및 개발과 대비되는 극적 돌파구를 이루는 발명에서 압도적인 우위를 보였다. 에디슨 같은 독립발명가처럼 대학에 기반한 발명가-기업가들은 종종 자신의 발명품을 생산하기 위해 스스로 회사를 만들었다. 정보혁명이 진행되는 동안 이 회사들은 흔히 '창업기업'(startup)이라는 이름으로 불렸는데, 이들은 그 기원이나 발전 과정에서 에디슨 같은 독립발명가들이 통상적으로 설립한 회사들과 거의 다르지 않았다.

창업기업의 진화[2]

에디슨식의 회사들과 마찬가지로 실리콘밸리의 창업기업들은 다음과 같은 궤적을 거쳤다. 영감이 떠오르는 순간, 발명의 동시성, 개발팀 구성, 자금 조달, 모멘텀 획득, 발명가-기업가에서 관리자-기업가로의 관리 이전 등이 그것이다.

---

2) 이 절은 나의 논문 "Nothing new under the Sun? A comparison of Edisonian and Silicon Valley startups", *STS Nexus 2*, Spring(2002), 26 ~34에 기반하였다.

영감이 떠오르는 순간은 문제에 대한 해답을 약속하는 통찰이 번득이는 순간을 말한다. 1987년 2월에 인터넷의 개척자 중 한 사람인 제리 카플란은 영감이 떠오르는 순간을 경험했다. 그와 대륙횡단 비행기를 같이 탄 로터스(Lotus) 스프레드시트의 발명가 미치 카포는 손으로 흘려 쓴 노트를 컴퓨터에 쳐 넣으면서 정보를 컴퓨터에 직접 입력하는 좀더 쉬운 방법은 없을까 하는 질문을 던졌다. 카플란은 잠시 낮잠을 자다가 키보드 대신 펜 입력장치를 사용하는 아이디어를 떠올리며 잠에서 깼다. 그와 카포는 이 통찰이 간단하고 익숙한 요소들을 결합해 급진적으로 새로운 것을 만들어 냈음을 깨달았다. 그렇게 태어난 것이 널리 사용된 팜(Palm) 포켓 컴퓨터의 초창기 버전(아직 미숙하긴 했지만)에 대한 아이디어이다. 이어 카플란은 그러한 영감이 빚어낸 결과물을 개발하기 위한 창업기업을 설립했다.

발명가-기업가들이 선택하는 문제들은 종종 발전하는 시스템의 역돌출부, 즉 뒤처져 있는 구성요소들이다. 예를 들어 인터넷 초창기에는 발명에 재능 있는 많은 사람이 웹페이지를 찾기 위한 검색엔진이 필요하다는 점을 거의 동시에 인식했다. 필로와 양이 '야후!' 검색엔진을 개발할 때, 다른 사람들도 동시에 똑같은 일을 하고 있었다. 발명가-기업가들은 종종 역돌출부에 밀집하기 때문에 발명과 창업기업 설립의 동시성은 흔히 있는 일이다.

일단 프로젝트에 착수하면 발명가-기업가(19세기 말 사람이든 20세기 말 사람이든 간에)는 개발팀을 조직한다. 이러한 개발팀들의 한 가지 특징은 비공식적 성격이다. 에디슨이 멘로 파크 연구소에서 십여 명의 기계공, 화학자, 모형제작자들에 둘러싸여 앉아 있는 사진은 기억해 둘 만하다. 그들 중 한 사람은 늦은 저녁 휴식 때 음식이

들어오는 참에 파이프 오르간을 연주하고 있다.

실리콘밸리와 매사추세츠 주 케임브리지의 창업팀들은 위계적 관계보다 수평적 관계를 선호한다. 팀 구성원들은 격식을 따지지 않는 옷차림과 복도나 커피 테이블에서의 자연스러운 — 그러나 아이디어가 넘치는 — 의견 교환으로 잘 알려져 있다. 아르파넷에 들어갈 주요 하드웨어 요소를 개발한 케임브리지 팀의 책임을 맡았던 엔지니어 프랭크 하트는 이 프로젝트가 '사랑에서 우러나온 노동'이었다고 회고했다. 팀 구성원들은 이 작업을 '장난'이라고 불렀다. 그는 팀 구성원들이 합의에 의해 결정을 내리도록 장려했다.

프로젝트를 위해 자금을 조달하는 것은 발명가-기업가들에게 넘기 어려운 장애물을 제공한다. 에디슨식의 창업기업과 인터넷 창업기업들은 모두 자본가들에게 호소하는 방법을 쓰지만, 자본가들의 성격과 그들에게 접근하는 방법은 변화를 겪었다. 인터넷 창업기업들은 벤처자본가들을 통해 자금을 끌어들인다. 벤처자본가들은 투자자들로부터 자금을 모아 사업계획이 마음에 드는 창업기업에 넘겨주는데, 이들 대부분은 팰로앨토에 근거를 두고 있다. 발명가-기업가들, 그중에서도 특히 대학에 있는 사람들은 고등연구계획국을 포함한 정부로부터 자금을 구하기도 한다. 벤처자본가들과 정부의 프로젝트 관리자들은 기술적 소양을 갖춘 사람들이기 때문에 창업기업가들이 취하는 접근법은 에디슨 시절에 비해 기술과 관리의 측면에서 훨씬 더 상세한 내용을 담아야 한다.

모멘텀은 발명가-기업가들에게 득이 될 수도 있고 실이 될 수도 있다. 신생 기업이 자원과 시장점유율을 얻고 나면 모멘텀이 생겨 장애물을 넘어 전진할 수 있게 된다. 그러나 다른 한편으로 경쟁 제품을 보유한 오래된 기업의 모멘텀은 발명가-기업가들을 방해할 수 있다.

1960년대 초, 폴 배런은 나중에 아르파넷에 채용된 것과 유사한 디지털 패킷 스위칭(packet-switching) 통신 네트워크를 제안했다. 당시 장거리 전화 시스템을 지배하던 AT&T의 엔지니어와 관리자들은 배런에게 공손히 얘기했지만, 배런은 그들이 기존의 아날로그 시스템에 단호한 집착을 보이고 있음을 알게 되었다. 완전히 통합된 시스템을 관장한 AT&T는 새로운 기술이 기존의 시스템에 부합해야 한다는 입장을 굽히지 않았다. AT&T의 한 엔지니어는 배런과의 논의 중에 격분해, 디지털 시스템은 아마도 제대로 작동하지 않을 것이지만, 설사 그렇게 된다 해도 AT&T가 경쟁 시스템의 출범을 가로막을 것이라고 말했다.

19세기 말의 발명가-기업가들은 발명에서 혁신, 즉 시장 출시 때까지 프로젝트를 관장했다. 회사가 커지면 그들은 종종 회사의 관리를 관리자-기업가들에게 넘겼다. 이와 마찬가지로 창업기업의 발명가-기업가들 역시 관리자들에게 자리를 내준다. 이는 종종 그들을 후원하는 벤처자본회사들의 강권에 따라 이루어진다. 검색엔진 제공회사인 익사이트(Excite)의 젊은 창립자들은 점점 성장하는 회사 대표로 경험이 많은 관리자를 선임했다. 〈월스트리트 저널〉(Wall Street Journal)은 익사이트가 창업기업에서 상장회사로 성공적으로 이전하기 위해 결정적으로 필요한 요소인 '어른스러운 관리 감독'을 외부에서 끌어들인 그들의 결정을 칭찬했다.

인터넷의 진화

정보혁명이 이전의 산업혁명들과 유사한 특성들을 공유한다면, 인터넷이 제2차 산업혁명 때의 전력 네트워크와 비슷하게 진화할 것이라는 예측도 가능하다. 이 둘은 모두 전기를 전송하는 네트워크로, 하나는 에너지를, 다른 하나는 정보를 전달한다.

전등 및 전력 시스템(이하 '전력 시스템'으로 약칭)의 진화는 각각의 단계를 지배한 기업가의 유형과 시스템의 지리적 확산 정도에 따라 몇 개의 단계들로 나눌 수 있다. 대략 1880년에서 1900년까지는 독립발명가-기업가들이 미국에서 전력 개발을 지배했다. 그들은 시스템에서 새로 나타나는 주요 문제들 — 그 본질에 있어 기술이나 엔지니어링과 관련된 문제들인 — 을 해결했다. 이 기간 전기공급이 이루어지는 지역은 보통 도시 전체 면적이 아니라 도시의 한 구역으로 한정되었다.

발명가-기업가들은 1972년경에 아르파넷과 함께 시작된 인터넷 진화의 첫 단계에서도 지배적 역할을 했다. 전력과 인터넷의 발명가-기업가들은 유사한 문제들을 풀었다. 1880년대 말에 그들은 변압기, 범용 모터 세트, 주파수 변환기 등으로 이질적이고 독립적인 직류와 교류 전력 시스템을 서로 연결하는 방법을 찾아냈고, 이로써 통합된 '보편적 시스템'을 창조했다. 마찬가지로 앞서 언급했던 웨슬리 클락은 이질적인 메인프레임(혹은 호스트) 컴퓨터들이 단일한 시스템으로 상호 연결될 수 있다고 제안했다.

1900년에서 1920년 사이에 합병, 인수, 보편적 시스템의 부상은 도시의 전력 시스템이 뉴욕이나 시카고와 같은 도시 전체에 전기를 공급하는 것을 가능하게 했다. 이러한 전력 역사의 새로운 단계에서는 관리자-기업가들이 주된 문제해결사로서 발명가-기업가의 자리를 대신했다. 기술적 문제들이 특히 증기터빈의 도입과 관련해 계속 등장하긴 했지만, 전력 시스템의 성장을 좌절시킬 수 있는 위협이 된 것은 주로 관리상의 문제들이었다. 수많은 화이트칼라와 블루칼라 고용인들을 위한 조직적 구조를 제공하는 분명한 문제 외에, 관리자-기업가들은 전기시장을 늘리기 위해 애썼다. 그들이 해결해야 했던 좀더 미묘한 문제는 부하율(負荷率)을 높이기 위해 부하를 관리하는 것이나 발전소의 용량 활용을 더 높이는 것이었다.

이와 유사하게 인터넷의 관리자-기업가들은 20세기가 저물어 가는 시점에 전면에 나서기 시작했다. 가령 그들은 2000년에 타임워너와 아메리카 온라인(AOL)이 합병했을 때 뉴스의 헤드라인을 장식했다. 타임워너는 웹사이트에 콘텐츠 정보를 제공하고 정보 전송을 위한 고속 케이블을 놓는 미디어회사이며, AOL은 대형 인터넷 서비스 제공업체 또는 포털이다. AOL의 회장이자 최고경영자에서 AOL 타임워너의 회장이 된 스티븐 케이스는 일차적으로 자사의 시장점유율 확대에 관심이 있는 관리자-기업가였다. AOL의 회장이 된 로버트 W. 피트먼은 무비 채널(Movie Channel)을 운영하면서 뉴욕의 미디어 업계에서 널리 알려진 인물로 경력을 쌓기 시작했다. 타임워너의 회장이자 최고경영자인 제럴드 레빈은 공격적인 관리자로 알려져 있었다. AOL의 본부는 실리콘밸리가 아닌 버지니아 주 북부의 워싱턴 교외에 위치했다. 합병에서 주도적인 역할을 한 것은 팰로앨토의 벤처자본가들이 아니라 모건 스탠리 딘 위터(Morgan Stanley Dean Witter) 같은 뉴욕의 투자은행들이었다.

1920년에서 1930년 사이에는 금융가-기업가들이 으뜸가는 문제 해결사로서 전력 관리자를 대체했다. 금융가-기업가는 도시와 농촌의 전력 시스템을 서로 연결해 경제의 다양성을 가져오는 거대한 지역 네트워크를 만들기 위한 높은 자본 요구조건에 대응했다. 대규모 지역 시스템은 경제와 삶의 질에 심대한 영향을 미쳤기 때문에 지역과 주 정부들은 전력회사들을 규제했다. 이에 대응해 금융가-기업가들은 협상 기술과 정치적 영향력을 배양하기도 했다. 이와 유사하게 경제적 고려에 의해 추동된 고등연구계획국의 프로젝트 책임자들은 아르파넷에 자금을 지원해 상호 연결된 컴퓨터들이 값비싼 소프트웨어와 하드웨어를 공유할 수 있도록 했다. 로버트 칸과 빈튼 서프는 아르파넷을 포함해 상이한 특성을 지닌 컴퓨터 네트워크들을 서로 연결하는 방법을 찾아냈고, 이로써 전 지구적 인터넷과 그에 수반된 경제를 만들었다.

전력 시스템의 금융가-기업가들은 대규모 지주회사들을 설립했고 1924년, 이 회사들은 전기공급 산업의 발전용량 3분의 2를 통제하게 되었다. 스톤 앤드 웹스터 같은 지주회사들은 자신들의 통제하에 있는 수많은 전력회사들의 기술적·조직적 향상에 자금지원을 하는 데 그치지 않고 새로운 시설을 짓고 전력회사들을 관리했다. 20세기가 저물어 가는 시점에서 지주회사는 인터넷 세상으로까지 확산되었다. 벤처자본과 경영컨설팅 회사들은 자신들이 창업기업으로 육성한 회사들에 대한 보통 주주로 변모했다.

전력과 인터넷 네트워크 사이의 유사점을 고려함에 있어 우리는 회의적인 언급도 해야 한다. 전력 시스템의 역사에서 중대한 발전 중 하나는 1930년대에 프랭클린 루스벨트 행정부에 의해 테네시 강 유역 개발공사가 설립된 것이다. 이 정부 기구는 주요 전력공급원으로 자리 잡았을 뿐 아니라, 홍수 통제, 토양침식 방지, 조림 장려, 농업과 산업 발전 육성과 같은 역할을 했다. 반면 미래에 오늘날의 민간 인터넷 일부를 정부가 소유할 가능성은 극히 낮아 보인다.

정보시대의 관리

정보혁명 동안, 기술변화와 밀접한 연관을 갖는 새로운 관리실천과 조직형태도 진화했다. 제 2차 산업혁명 때는 위계, 세분화, 표준화, 중앙집중화, 전문성, 관료제가 관리의 특징이 되었다. 반면 수평적 구조, 학제성, 잡종성, 분산된 통제, 능력본위, 민첩한 유연성은 정보시대의 관리를 특징짓는 요소이다. 혁명의 중심인 실리콘밸리의 조직문화는 정보공유, 집단적 학습, 비공식적 의견교환, 빠른 이동, 유연한 적응, 기업가 정신, 창업기업 지향, 완벽한 네트워크 연결 등으로 묘사되었다.[3]

관리에 집중하며 생산과 다른 기능들은 청부업체에 외주를 주는 가상기업(virtual corporation)들도 정보혁명의 조직 스타일을 보여준다. 인터넷의 신속하고 심대한 상호 연결성 덕분에 가상기업들이 하청업체들의 일정을 짜고 활동을 조정하는 방식으로 프로젝트를

---

3) AnnaLee Saxenian, *Regional Advantage: Culture and Competition in Silicon Valley and Route 128* (Cambridge, Mass.: Harvard University Press, 1996), pp. x~xi, 2~3; Steven Levy, *Hackers: Heroes of the Computer Revolution* (Garden City, N. Y.: Anchor Press/Doubleday, 1984), pp. 20~24〔스티븐 레비 저, 이해영·박재호 역, 《해커스: 세상을 바꾼 컴퓨터 천재들》(한빛미디어, 2013)〕.

관장하는 것이 가능해졌다. 가상기업은 청부업체가 만드는 구성요소를 제조하는 시설에 투자하지 않기 때문에, 유사시에 청부업체들을 재빨리 버리고 또 다른 영역으로 이전할 수 있다.

정보시대의 건축

정보혁명은 특히 건축과 미술 영역에서 중요한 문화적 변화를 몰고 왔다. 제 2차 산업혁명은 국제적 스타일의 건축과 매우 다양한 스타일을 가진 기계미술의 전개를 촉진했다. 정보혁명은 무엇을 새롭게 선보였을까?

로버트 벤투리와 드니스 스콧 브라운, 프랭크 게리의 건축은 그것이 취할 수 있는 한 가지 경로를 제시한다. 부부인 벤투리와 스콧 브라운은 20세기 초의 국제적 스타일에서 나타나는, 직각을 이루는 기하학적 건물과 도시의 격자형 계획으로부터 탈피했다. 필라델피아의 체스트넛 힐 구역에 있는 벤투리의 '바나 벤투리/휴즈 하우스' (1964)는 기술이 추동하는 건축의 질서와 시스템에 대항하는 광범하고 지속적인 반응을 출범시켰다. 국제적 스타일을 대표하는 저명한 건축가로 엔지니어링 세계의 정교하고 말끔하며 질서정연한 선을 표현하는 건물을 설계한 미스 반 데어 로에가 "더 적은 것이 더 많은 것"이라는 말을 남긴 데 대해 벤투리는 "더 적은 것은 지루하다"고 맞받았다. 바나 벤투리/휴즈 하우스는 질서와 통제 대신 복잡성과 모순을 표현했다. 벤투리는 매우 큰 영향력을 발휘한 선언이 담긴 《건축의 복잡성과 모순》에서, 초기의 국제적 스타일은 젊은이처럼 명료성과 단순성을 추구한 반면 자신의 건축은 복잡성에 대처할 수 있는 성숙한 문화에 부합한다고 주장했다.

최근 들어 벤투리와 스콧 브라운은 전자장식 오두막이라고 부른 건물들을 설계했다. 그들은 정보시대와 조화를 이루도록 기계적인 것이 아닌 전자적인 기호와 상징을 사용하여 건물에 관한 정보를 표시했다. 이러한 건물들은 그 배경을 이루는 창문과 그림을 통해 신앙에 관한 메시지를 군중(절대다수가 문맹이었던)에게 전달한 중세 교회를 연상케 하면서 이를 변형하였다. 벤투리는 컴퓨터로 만든 전자식(LED) 비디오 표시 장치로 청중의 맥락과 다원성에 부합하는 메시지를 보여 줄 수 있음을 우리에게 상기시킨다. 전자메시지는 중세의 조상뻘인 돌 속에 주조된 메시지와는 다르다.

정보시대의 다른 건축가들은 오늘날 원래 비행기 기체 설계, 자동차의 스타일링, 영화 애니메이션을 위해 만들어진 그래픽 소프트웨어를 사용하여 건물을 설계한다. 로스앤젤레스의 건축가인 웨스 존스는 그 결과를 '무정형'(blob) 건축이라고 부른다. 이는 3차원 형태를 마치 부드러운 접합제(putty)로 만든 것처럼 조작할 수 있는 컴퓨터의 능력을 이용해 공간을 설계하는 것을 가리키는 말이다.

많은 찬사를 받은 스페인 빌바오의 미술관을 설계한 저명한 건축가 프랭크 게리는 약간 다른 접근법을 취한다.[4] 게리와 그의 건축사무소는 프랑스의 항공 산업에서 개발한 CATIA(컴퓨터 지원 3차원 대화식 응용 프로그램)라는 이름의 CAD(컴퓨터 지원 제도) 소프트웨어를 이용한다. 게리의 파트너인 제임스 글림프는 게리가 1992년 올

---

4) William J. Mitchell, "Roll over Euclid: How Frank Gehry designs and builds", in *Frank Gehry, Architect*, ed. J. Fiona Ragheb(New York: Guggenheim Museum, 2001), pp. 353~363.

림픽을 위해 바르셀로나 해변에 강철판으로 만들어진 길이 57미터, 높이 35미터의 거대한 물고기 조각상을 설계할 때, 컴퓨터 모델과 건설 도면의 제작도구로 CATIA의 잠재력을 처음 깨달았다. 게리는 처음에 부드러운 재료를 써서 물고기 모형을 만든 후에 모형제작자에게 넘겨 규모를 키우도록 했다. 그들은 좀더 큰 모형을 이용해 수치 좌표를 얻었고, 이로부터 CATIA가 컴퓨터 모델을 만들어 제작과 건설 청부업체들이 쓸 수 있는 상세한 명세를 얻을 수 있었다. 바르셀로나의 물고기 조각 외에 게리는 이런 절차를 이용해 구겐하임 빌바오 미술관(1991~1997), 로스앤젤레스의 월트디즈니 콘서트 홀(1987~2003), 워싱턴 주 시애틀의 익스피어리언스 뮤직 프로젝트 미술관(1995~2000), MIT의 레이 앤 마리아 스타타 센터(1998~2004)에서 구름과 같은 형태를 구현해 냈다.

정보시대의 미술

미술가와 애니메이터들 역시 엔지니어와 컴퓨터 과학자들에 의해 처음 개발된 컴퓨터 하드웨어와 그래픽 소프트웨어를 점점 많이 이용하고 있다. 가령 MIT의 엔지니어인 이반 서덜랜드는 1963년에 2차원과 3차원 물체를 다룰 수 있는 획기적인 대화식 그래픽 시스템인 스케치패드(Sketchpad)를 만들었다. 나중에 서덜랜드와 동료 데일 에반스는 유타대학에 컴퓨터과학과를 설립해 대학원생들에게 대화식 그래픽 소프트웨어 교육을 했다. 이 학생들은 나중에 여러 개의 소프트웨어를 설계했는데, 그중에는 〈쥬라기 공원〉의 공룡, 〈터미네이터 2〉의 사이보그, 그리고 최초의 100% 컴퓨터 애니메이션 영화인 〈토이 스토리〉 제작에 쓰인 렌더맨(RenderMan)도 있다. 얼마 지나지 않아 컴퓨터를 잘 아는 수백 명의 애니메이터와 미술가들은 〈타이타닉〉과 〈라이언 일병 구하기〉처럼 인기 있는 영화들에 쓰인 애니메이션 가상현실 특수효과를 만들게 되었다.

미국 군대는 컴퓨터 그래픽과 시뮬레이션의 주요 산실이 되었다. 군사 전장, 항공전 시뮬레이션 디자이너들과 상업적 비디오게임, 영화 특수효과, 컴퓨터 애니메이션 영화 디자이너들 사이에는 긍정적인 되먹임 관계가 존재한다. 이와 같은 군대-오락 산업의 협력은 1999년에 미 육군이 서던캘리포니아 대학(USC)에 창의적 기술 연구소(Institute of Creative Technologies)를 설립하는 데 5년간 4,500만 달러를 지원함으로써 극적으로 도약했다.

좀더 전통적인 유형의 미술가들은 컴퓨터를 사용하는 그래픽 디자이너와 애니메이터들의 소프트웨어에 의지한다. 이러한 협력은 유럽에서 르네상스 초기에 직선 원근법이 회화와 디자인에 영향을 미친 것에 비견할 만한 방식으로 미술에 영향을 줄 수 있다. 컴퓨터 기술에 열광하는 이들은 컴퓨터 하드웨어와 소프트웨어가 마치 19세기에 사진이 그랬던 것처럼 미술 관행에 영향을 미칠 것이라고 주장하기도 한다. 오늘날 미술가들은 텍스트, 이미지, 사운드를 융합하고, 이미지를 변경하고 움직이게 만들며, 재현적인 것을 추상적인 것으로 바꾸고, 3차원 컴퓨터 모델에서 3차원 조각을 만들어 내기 위해 디지털 자원을 활용한다. 컴퓨터와 소프트웨어의 가격이 하락하고 그 질과 복잡성이 커지면서 디지털 자원을 활용하는 미술가들의 숫자도 늘어나고 있다.

뉴욕 시 휘트니미술관과 샌프란시스코 현대미술관은 2001년에 디지털 미술 전시회를 열었다. 휘트니미술관에 전시된 미술품들은 미술관에 많이 가본 사람에게 익숙한, 추상적이며 미니멀한 스타일 — 예전에는 통상적인 물감, 아크릴 도료, 파스텔 크레용, 수채 물감 등으로 했던 — 을 종종 연상케 했다. 전시회의 독창성은 주로 미술가들이 미술품을 만드는 도구로 컴퓨터와 소프트웨어를 사용한 데서 나왔다. 일부 미술가들은 자신이 쓸 소프트웨어의 프로그램을 직접 짰지만, 대다수는 기존에 나와 있는 소프트웨어를 이용했다. 미술가들이 디지털 도구에 점점 익숙해지면 새로운 도구에 특히 잘 부합하는 새로운 형태를 찾게 될 것이다.

정보시대의 생물학

정보혁명은 또한 과학을 하는 방식도 바꿔 놓았고, 과학 발전은 정보혁명과 연관된 변화를 가져왔다. 제임스 왓슨과 프랜시스 크릭은 1953년 DNA 이중나선의 발견으로 오늘날의 분자생물학에서 봇물처럼 터져 나온 활동의 물꼬를 텄다. 그들과 수많은 다른 생물학자들은 정보와 통제를 강조하며 염색체, 유전자, 아미노산, 대규모 단백질 분자들의 행동과 상호작용에 대한 설명을 추구했다. 많은 생물학자들이 유전에 초점을 맞추었고, 발생에 초점을 맞춘 과학자들도 있었다. 일부 분자생물학자들, 그중에서도 특히 물리학 배경을 가진 이들은 유기체의 성장과 생식을 설명하면서 되먹임과 맥락을 제거했고, 통제정보가 DNA의 유전자에서 인간의 단백질 제조 '공장'으로 단선적으로 흐른다고 가정했다. 이 때문에 비판자들은 분자생물학자들의 접근법이 환원주의적이라고 생각했다. 과학사가인 이

블린 폭스 켈러는 많은 분자생물학자와 유전학자들이 이러한 환원주의적이고 단선적인 접근법을 취하면서 복잡한 생물계 내에서 동시에 일어나는 상호작용을 분석할 때 요구되는 힘든 지적 과제를 회피한다고 비판했다.

환원주의적 분자생물학자들과는 달리 몇몇 발생생물학자들은 성장을 설명하는 데 되먹임과 시스템의 상호작용을 도입했다. 그들은 인간의 유기체적 네트워크 전체에 퍼져 있는 정보의 원천을 인식했다. 그들은 많은 분자생물학자들이 사용하는 단순한 역학적 기계의 비유 대신 컴퓨터 네트워크와 같은 사이버네틱 시스템의 비유를 들었다. 이들을 포함해 비슷한 생각을 가진 과학자들은 본질적으로 유전자 하나만으로는 배아 발생을 설명하지 못한다고 주장했다. 자기조직적이고 자기조종적인 사이버네틱 시스템이 설명의 모델이 되어야 했다.

정보의 관점에서 본다면 분자적인 것은 그 반대 주장에도 불구하고 결코 환원주의적이지 않았다. 분자생물학의 역사를 추적해 온 역사가 티모시 르누아르는 우아하게 서술된 가정과 그로부터 도출된 예측을 지닌 이론물리학과는 달리, 분자생물학은 최근 들어 압도적인 실험적 관찰의 홍수가 밀어닥치면서 어지러운 과학 분야가 되었다고 주장했다. 어느 정도의 일관성을 얻기 위해 이 많은 데이터를 조직하고 분석할 필요가 제기되었다. 5)

---

5) Timothy Lenoir, "Science and the academy in the 21st century: Does their past have a future in an era of computer-mediated networks?", Paper presented at a conference entitled "Ideale Akademie: Vergangene Zukunft oder konkrete Utopie?" held at Berlin Akademi der

이에 대응하여 생물학자와 컴퓨터 과학자들은 서로 협력해 '생물정보학'(bioinformatics)을 발전시켰다. 이는 생물학 문제의 탐구를 위해 정보기술을 활용하는 것, 바꿔 말해 커뮤니케이션과 실험의 융합으로 정의할 수 있다. 생물정보학의 열정적 지지자들 중 일부는 여기서 더 나아가 생물학이 정보과학으로 변형되었다는 주장을 하기까지 했다.

컴퓨터 과학자들은 추단법(heuristics), 즉 문제풀이 접근법을 가지고 분자생물학자들을 도와 데이터의 혼란으로부터 모종의 질서를 이끌어 냈을 뿐 아니라, 생물학자들이 컴퓨터 네트워크를 통해 서로 상호작용하도록 촉진했다. 생물학자들이 연구 주제에 대한 좀더 완전한 설명을 추구하면서, 그들의 분야는 강력한 컴퓨터의 힘에 의존하는, 데이터에 얽매인 주제가 되고 있다. 이를 정당화하기 위해 이 분야의 발전을 지켜본 몇몇 관찰자들은 관찰에 주안점을 두는 웨트랩(wet lab)이 강력한 병렬 컴퓨팅에 연결된 워크스테이션에 자리를 내주고 있다고 말한다. 이런 컴퓨터는 대학, 민간기업, 연방정부 시설에서 유래한 엄청난 데이터 은행에 접근할 수 있다. 심지어 실험조차도 '시험관' 속에서가 아니라 '실리콘' 속에서 수행된다. 6)

Wissenschaften, 12 May 2000.

6) 생물정보학에 대해 내가 간략하게 개관한 내용은 정보혁명이 의료과학에 영향을 미쳤음을 보여 준다. 하지만 정보가 보건서비스를 극적으로 바꿔 놓은 방식을 이해하기 위해서는 의학사에서 훈련받은 학자들에게 눈을 돌려야 할 것이다.

정보혁명은 모든 것을 변화시킬 것인가?

열정적 지지자들은 정보혁명이 모든 것을 변화시킬 것이라고 주장했다. 7) 우리는 과장을 피하면서도, 과연 정보혁명이 제 2차 산업혁명만큼 우리의 삶을 크게 바꿔 놓을 것인지 합당하게 물어볼 수 있다. 그에 대한 답은 '예'이기도 하고 '아니오'이기도 하다. 제 2차 산업혁명이 시작된 1880년경에 20세였던 사람은 백열조명, 비행기, 자동차, 그리고 아마도 전화를 본 적이 없었을 것이다. 그러나 40세가 되었을 때 그(녀)는 이 모두를 알게 되었을 것이다. 물리적 세계가 극적으로 변화한 것이다.

1980년에 20세였던 사람은 개인용 컴퓨터, 무정형 건축, 컴퓨터가 만들어 낸 애니메이션, 디지털 미술을 본 적이 없겠지만, 20년 후에는 보았을 것이다. 이러한 혁신들에도 불구하고 인간이 만들어 낸 사물 세계의 물리적 외양은 정보혁명 기간에 제 2차 산업혁명 때만큼 극적으로 변화하지는 않았다.

지난 수십 년 동안의 극적인 변화는 눈에 띄게 분명한 것은 아니었지만, 그럼에도 우리의 삶을 변화시켰다. 대체로 눈에 보이지는 않지만 인터넷은 통신의 속도를 엄청나게 변화시켰고 놀라운 양의 정보 원천을 제공했다. 또한 인터넷은 원격학습의 발전을 촉진했다. MIT는 수백 개의 강좌들을 무료로 이용할 수 있도록 인터넷에 올려놓았다. 컴퓨터는 관리실천을 변화시켰지만, 이는 오직 직접적으로

---

7) 나는 *Human-built World: How to Think about Technology and Culture* (2004) 4장(pp. 103~109)에서 정보혁명을 지나치게 열광적으로 받아들이는 반응에 대해 논의했다.

영향을 받는 사람들만 감지할 수 있으며 그것도 물리적인 영향은 아니다. 실리콘밸리는 태양 아래 새로운 어떤 것이지만, 그 물리적 존재는 한때 그을음투성이였던 피츠버그나 디트로이트의 자동차 공장에 필적할 정도는 못 된다. 빌 게이츠는 미국인들의 상상력을 사로잡았지만 에디슨이나 포드 같은 대중의 영웅이 되지는 못했다.

정보혁명이 몰고 온 좀더 미묘하고 눈에 보이지 않으며 예상치 못한 결과는 사물과 사람들에 대한 통제 가능성이 엄청나게 커졌다는 점이다. 1948년에 MIT 교수 노버트 위너는 《사이버네틱스, 혹은 동물과 기계에서의 제어와 커뮤니케이션》에서 이러한 발전에 주의를 환기했다. 이와 거의 동시에 벨 연구소의 클로드 섀넌은 커뮤니케이션과 통제를 정보와 연관시켰다. 오늘날 결정적으로 중요한 문제는 사물과 사람들을 통제하기 위해 누가, 어떤 목적으로 정보를 이용하는가에 있다.

2003년 6월

T. P. H.

토머스 휴즈와 기술시스템 이론*

생애와 저술 [1]

토머스 휴즈는 1923년 미국 남부 버지니아 주 리치먼드에서 태어났
다. 휴즈 가족은 리치먼드에서 목재 사업을 했고, 이어 버지니아 주
샬럿빌에서 자동차 대리점을 운영했으나, 대공황 초기 아버지의 사

---

* 본 해제는 김명진, "미국 기술사에 대한 '시스템적' 접근", 〈서양사론〉, 88
  권(2006), 278~282에 휴즈 타계 이후의 논의를 덧붙여 수정, 보완하였다.
1) 휴즈의 생애에 관해서는 W. Bernard Carlson, "From order to messy
  complexity: Thoughts on the intellectual journey of Thomas Parke
  Hughes", *Technology and Culture*, 55:4(2014), 945~952; John M.
  Staudenmaier, S. J., "Disciplined imagination: The life and work of
  Thomas and Agatha Hughes", in *Technologies of Power: Essays in Honor
  of Thomas Parke Hughes and Agatha Chipley Hughes*, eds. Michael Thad
  Allen and Gabrielle Hecht(Cambridge, MA: The MIT Press, 2001),
  pp. ix-xx을 주로 참고했다.

업이 실패하면서 가족은 다소 어려운 생활을 해야 했다. 1940년대 초에 고등학교를 마친 휴즈는 버지니아대학에서 공학을 공부했고, 제2차 세계대전기에 징집돼 태평양에서 해군 장교로 복무한 후 1947년 기계공학 학사학위를 받았다. 이듬해 평생의 학문적 반려자가 된 애거서 치플리와 결혼한 그는 버지니아대학으로 다시 돌아가 대학원에서 유럽 외교사를 공부하기 시작했다. 그는 1950년에 석사학위를 받았고, 이어 1953년에는 1851년 런던 만국박람회에 관한 논문으로 박사학위를 받았다.

그러나 만년에 기술사 분야에서 얻은 세계적 명성에 비하면 휴즈의 초기 학문적 경력은 그리 순탄치 못했다. 그는 1956년에 워싱턴 앤드 리 대학에서 종신재직 교수가 되었고, 1958년에는 과학사학회(History of Science Society, HSS)에서 기술사학회(Society for the History of Technology, SHOT)가 독립해 〈기술과 문화〉(*Technology and Culture*)라는 자체 학술지를 창간하는 과정에서 창립 회원으로서 역할을 했다. 그러나 1960년 독일 체류 중에 당시 6살이던 아들을 백혈병으로 잃는 가족적 비극을 겪은 데 이어, 1963년 워싱턴 앤드 리 대학에서의 안정된 지위를 버리고 MIT 교수진에 합류한 그의 모험적 선택은 MIT가 그에게 종신재직권을 부여하지 않기로 결정하면서 실패로 돌아갔다.

대학에서의 직위를 모두 잃은 이 시점에서 다행스럽게도, 그는 20세기 초 미국의 독립발명가인 엘머 스페리의 후손들이 의뢰한 스페리 전기 집필 프로젝트를 맡았고, 그러면서 3년간 존스홉킨스대학에서 연구직으로 일할 수 있게 되었다. 우여곡절 끝에 1971년에 완성된 《엘머 스페리: 발명가이자 엔지니어》(*Elmer Sperry: Inventor and Engineer*)는 학계에서 크게 찬사를 받았고, 기술사학회에서 매년 가장 우수한 기술사 도서에 수여하는 덱스터상(현재는 에델스타인상으로 이름을 바꿈)을 받았다. 이 덕분에 그는 처음에는 남부감리교대학에서, 뒤이어 1973년에는 펜실베이니아대학에서 종신재직권이 있는 교수직을 얻게 되었다. 그는 펜실베이니아대학에 신설된 과학사・과학사회학과에서 20여 년 동안 재직하면서 기술사 전공으로 20명이 넘는 박사과정 학생들을 키워 냈고, 그들 대부분은 오늘날 기술사학계에서 중견 연구자로 자리 잡았다. 2)

1983년 그는 19세기 말부터 20세기 초 사이에 미국, 영국, 독일에서 전기 시스템이 등장해 확산되는 과정을 비교사적으로 서술한 역저 《동력의 네트워크: 서구 사회의 전기화, 1880~1930》(*Networks of Power: Electrification in Western Society, 1880~1930*)을 발표해 기술사 분야에서 독보적 위치를 확립했다. 전작과 비교해 보면 그는 이 책에서 초점을 개인에서 시스템으로 이동시켰고, 공간적 배경도 미국에서 유럽까지 확장했다. 기술사 서술에서 시스템 접근을 제시한 이 책은 그에게 두 번째 덱스터상을 안겨 주었다.

이 책을 저술하는 과정에서 휴즈는 미국 기술사학자로서는 비교적 드물게 유럽 학계와 자주 접촉했고, 이 과정에서 영국과 프랑스 사회학자들이 기술에 대해 발전시킨 새로운 접근법을 인지하였다. 이러한 인연을 계기로 휴즈는 이후 '기술에 대한 구성주의적 접근'으로 통칭된 새로운 연구방법들을 소개한 논문집 《기술시스템의 사회

---

2) 대학원생들에 대한 휴즈의 엄격하지만 인간미 넘치는 지도 스타일은 Gabrielle Hecht, "On the importance of the visual … and of mentoring", *Technology and Culture*, 55:4(2014), 964~969에서 잘 엿볼 수 있다.

적 구성》(*The Social Construction of Technological Systems*, 1987) 의 공동 편집자로 참여했다. 이 책에는 휴즈의 기술시스템 이론뿐 아니라 기술의 사회적 구성(social construction of technology, SCOT), 행위자 연결망 이론(actor network theory, ANT) 같은 최신 이론들이 소개되었다.

《동력의 네트워크》에서 드러난 유럽에 대한 관심은 뒤이은 저서에서 더욱 확장된 형태로 이어졌다. 1989년 출간된 《현대 미국의 기원: 발명과 기술적 열정의 한 세기, 1870~1970》(*American Genesis: A Century of Invention and Technological Enthusiasm*, *1870~1970*) 은 비단 전기 시스템에 국한되지 않는 기술시스템 전반의 발생, 성장 및 공고화 과정을 한 세기에 걸쳐 다루었고, 미국에서 시작된 이러한 변화가 소련과 독일 등 당대 유럽 사회에 미친 영향과 동시대의 예술 및 건축에 미친 영향까지 포괄하였다. 휴즈의 저서로는 처음으로 대학 출판부가 아닌 대중 출판사에서 나온 이 책은 퓰리처상 역사부문 최종후보까지 오름으로써 휴즈의 이름을 기술사라는 협소한 전문분야를 넘어 널리 알렸다.

1994년 펜실베이니아대학에서 정년퇴임한 후 MIT 초빙교수로 있던 1998년 발표한 《프로메테우스를 구하다》(*Rescuing Prometheus*) 는 대규모 기술시스템에 대한 휴즈의 논의를 제2차 세계대전 이후 시기까지로 확장한 저서이다. 이 책에서 그의 시선은 다시 미국으로 좁혀졌지만, 냉전 시기의 거대 국방 프로젝트뿐 아니라 그것의 방법론을 이어받은 대형 민간 기술 프로젝트들을 선구적으로 다룸으로써 2000년대 들어 점차 활발해진 냉전 과학기술 연구에 중요한 선례를 남겼다.

2000년대 들어 휴즈는 정년퇴임 직후인 1995년에 진행한 대중강연 내용을 엮은 마지막 저서 《인간이 만든 세상: 기술과 문화를 어떻게 사고할 것인가》(*Human-Built World: How to Think about Technology and Culture*, 2004)를 출간하기도 했지만, 여든이 넘어서면서 학술활동은 점차 뜸해졌고, 말년에는 알츠하이머병으로 고생했다. 그는 2014년에 91세를 일기로 세상을 떠났다.

기술시스템 이론

휴즈의 저술과 학문적 업적을 이해하려면 먼저 그가 기술을 바라보는 관점으로 발전시켜 온 기술시스템(technological system) 개념에 대한 대략적인 이해가 필수적이다. 휴즈는 기술사학회 창립에 관여한 1950년대 후반부터 기술을 인공물(artifact)과 등치하고 기술의 발전을 진보(progress)와 동일시하는 식의 기술사 서술에 반기를 들면서 기술을 바라보는 독특한 관점을 발전시켰다. 그에 따르면 오늘날의 기술은 흔히 말하는 기술적 요소(기계, 설비, 공장 건물 등)만으로 구성된 것이 아니며, 이와 연관된 정치, 경제, 문화, 조직, 노동의 측면까지를 모두 포괄하는 하나의 시스템으로 이해해야 한다. 가령 오늘날의 석유 시스템을 예로 들자면, 이는 정유공장, 유조선, 시추설비 등과 같이 서로 뒤얽혀 있는 기술적 구성요소들뿐 아니라 석유 시스템에 이해관계를 지닌 정치인들, 정유공장이나 시추설비에서 일하는 노동자들, 정제된 휘발유를 연료로 쓰는 자동차를 모는 데 익숙해져 있는 일반 시민들과 같은 다양한 요소들도 그 속에 포괄하는 하나의 시스템으로 존재한다는 것이다. 오늘날의 산업사회는 이처럼 사회 곳곳에 뿌리내린 거대 기술시스템에 대한 의존도가 과거 그 어느 때보다 더 커진 사회로서, 일반 시민들의 일상생활은 이러한 기술시스템 없이는 단 하루도 지탱될 수 없다.

휴즈에 따르면, 새로운 기술시스템은 발명(invention)—개발(development)—혁신(innovation)—성장, 경쟁 및 공고화(growth, competition, and consolidation)—모멘텀(momentum) 획득이라는 크게 5개 발전단계를 거쳐 진화한다.[3] 새로운 기술이 사회에 도입되기 위해서는 기술적 구성요소를 새롭게 만들어 내고 시제품의 규모를 확장하며 회사 등을 설립해 이를 사회에 내놓는 발명-개발-혁신 단계를 거쳐야 하는데, 이 세 단계 모두를 한 사람이 주도적으로 책임지는 경우에는 휴즈가 발명가-기업가(inventor-entrepreneur)라고 부르는 인물이 중요한 역할을 하게 된다. 1880년대 전기조명 시스템 개발에서 토머스 에디슨이 수행한 역할이 대표적인 예이다. 에디슨은 발전기, 배전체계, 송전선, 백열전구, 소켓, 계량기, 퓨즈 등과 같은 기술적 구성요소를 발명하고 특허를 얻는 데서 그치지 않고, 자본을 끌어들여 이러한 구성요소들을 대량생산하는 여러 개의 회사들을 설립하고, 경쟁기술인 가스등 시스템에 이해관계를 가진 뉴욕 시의원들을 설득하고, 가스등과 비교했을 때 전기조명이 가격 경쟁력을 갖도록 기술적 구성요소의 특성을 설계하였으며, 전기조명이 시대를 앞서나가는 미래지향적 기술이라는 이미지를 대중에게 심어 주는 등 복합적인 역할을 해냄으로써 1882년 말 최초의 전기조

---

3) 휴즈의 기술시스템 개념에 대한 좀더 상세한 설명은 송성수 편, 《기술은 사회적으로 어떻게 구성되는가》(새물결, 1999)에 수록된 휴즈의 논문 "거대 기술 시스템의 진화"를 참조하라.

명 시스템이 뉴욕 맨해튼의 펄 스트리트에 실현되는 데 견인차 역할을 해냈다. 즉, 에디슨은 특정 조직에 소속되지 않고 독립적으로 활동한 발명가(independent inventor)이면서 동시에 자신의 발명을 사회 속에 구현하기 위해 필요한 활동도 아울러 수행하는 기업가 내지 혁신가이기도 했다.

이런 과정을 거쳐 일단 사회에 도입된 기술시스템은 경쟁기술에 맞서면서 규모를 확장하고 사회에 대한 영향력을 증가시키는 성장 및 공고화 단계로 접어들게 된다. 이 단계에서는 에디슨과 같은 혁신적 발명가의 중요성은 줄어들고 기술적 문제의 해결은 대기업 부설 산업연구소에 속한 과학자나 엔지니어의 몫이 되며, 덩치가 커진 기술시스템을 유지 보수하고 시스템의 확장에 들어가는 막대한 자금을 조달하는 관리자(manager)나 금융가(financier)의 역할이 증가한다. 시카고를 중심으로 거대 전력 제국을 관장한 새뮤얼 인설이나 막대한 자본 조달 능력을 바탕으로 19세기 말과 20세기 초에 수많은 기술시스템 통합에 관여한 J. P. 모건 같은 인물이 여기에 해당한다. 또한 미국에서는 대공황을 거치면서 거대 기술시스템의 건설과 운영에서 연방정부의 역할이 커졌는데, 제2차 세계대전기에 세계 최초의 원자폭탄 제조를 위해 추진된 맨해튼 프로젝트는 그러한 새로운 경향의 정점을 이루었다.

공고화의 단계를 넘어선 기술시스템은 이제 수많은 기술적, 조직적 요소들을 그 속에 포괄함으로써 특정 개인이나 집단의 의도에 의해 쉽게 변화되지 않는 일종의 관성, 즉 모멘텀을 획득한다. 이는 기술결정론에서 흔히 언급되는 자율적 기술(autonomous technology)의 관념과 일견 유사해 보이지만, 모멘텀은 해당 기술시스템의 일부로 포함되어 그것에 다양한 이해관계를 갖게 된 조직과 사람들이 변화에 저항해 생겨나는 것이라는 점에서 기술 그 자체를 마치 생명력을 가진 실체처럼 묘사하는 기술결정론적 논의와 구별된다. 그리고 모멘텀은 핵발전의 사례에서 보듯 우연적 사건이나 기술 재난 등이 작용해 때로 쇠퇴할 수 있다는 점에서도 기술결정론에서 암시하는 필연성이나 불가피성과는 궤를 달리한다.

《현대 미국의 기원》

이러한 휴즈의 개념 틀은 이 책에서 지난 100여 년간의 역사를 서술하는 데 기본 구조를 제공한다. 휴즈가 1870년대를 서술의 출발점으로 삼은 이유는 에디슨 같은 독립발명가들의 활동에 힘입어 전화, 전기, 석유 등과 같은 오늘날의 기술시스템이 태동하기 시작한 것이 바로 이 시기이기 때문이다.

이에 따라 책의 제 1~3장까지는 에디슨, 스페리, 알렉산더 그레이엄 벨, 니콜라 테슬라, 엘리후 톰슨 등 독립발명가들의 활동에 초점을 맞춘다. 휴즈는 독립발명가들에 공통된 다양한 특징들을 살펴보면서 발명가에 대한 기존의 낭만적이고 감상적인 시각을 거부하고 이들이 지녔던 과학적·체계적 방법론과 독특한 문화를 강조하며, 특히 제 3장에서는 독립발명가들이 발명 및 개발 과정에서 군대와 밀접한 관계를 맺었다는, 이전까지 상대적으로 덜 알려진 사실을 상세하게 다룬다.

제 4장은 새로운 기술개발의 주체가 독립발명가에서 산업체 연구소로 점차 이전하는 과정을 서술하는데, 이 과정은 독립발명가들의

급진적 발명이 대기업 부설 산업연구소에 고용된 과학자들의 보수적 발명으로 대체되는 과정과도 겹친다.

제5장은 이 책의 핵심을 이루는 부분으로, 프레드릭 테일러와 헨리 포드가 건설한 거대 생산시스템, 그리고 그 복잡성과 정교함에서 테일러와 포드의 시스템을 넘어서는 석유 정제 시스템과 광대한 전력 네트워크가 미국 기술에 지울 수 없는 각인(刻印)을 남겼음을 보여 준다.

제6장은 시선을 미국 바깥으로 돌려, 제1차 세계대전 이후 소련과 독일에서 미국의 기술과 생산 시스템을 열정적으로 수용하는 과정을 묘사한다. 특히 냉전기에는 상상조차 할 수 없었던 소련과 미국 간의 대규모 기술이전과 협력이 1920~1930년대에 상당히 일상적으로 이뤄졌다는 점이 흥미롭다.

제7장은 20세기 초 미국에서 전성기를 맞은 '제2차 산업혁명'을 당대 지식인과 건축가, 미술가들이 어떻게 수용해 현대 문화를 형성해 갔는지를 그려 낸다.

제8장은 대공황기와 제2차 세계대전을 거치면서 정부가 테네시강 유역 개발과 맨해튼 프로젝트를 통해 거대 기술시스템 건설에 개입하는 과정을 서술하는데, 특히 그간 물리학자들의 업적으로 여겨져 온 원자폭탄 개발 과정을 군대, 대기업, 엔지니어, 과학자들이 서로 뒤엉킨 거대시스템의 건설로 재해석한다는 점에서 주목할 만하다.

마지막 제9장은 20세기 전반기를 풍미한 거대 기술시스템에 대한 열광이 1960년대 이후 수그러들면서 이에 대한 비판적인 시각이 표출되고 문제점이 드러나는 과정을 비교적 짧게 서술한다. 이 장에서 휴즈가 제시하는 거대 기술시스템의 미래에 대한 예측은 현재의 관점에서 보아도 상당히 시사하는 바가 크다.

기술시스템의 진화 과정에 대한 휴즈의 이론 틀은 다소 도식적으로 느껴지긴 하지만, 그럼에도 지난 한 세기에 걸친 미국 기술사의 큰 줄기를 일목요연하게 들여다볼 수 있는 창(窓)을 제공한다. 그러나 이러한 서술에는 한계도 있다. 기술시스템이 사회에 자리 잡고 성장하는 과정에서 에디슨과 같은 발명가-기업가, 포드나 인설 같은 시스템 건설자의 영웅적인 역할을 강조하는 휴즈식 접근 방법은 20세기 후반 이후의 복잡하고 다원화된 사회에는 잘 들어맞지 않기 때문이다. 이는 또한 기술 발전에서 소외되고 목소리를 뺏긴 행위자들(소비자, 여성, 제3세계 등)의 역할을 강조하는 요즈음의 기술사 서술 경향과도 어울리지 않는다. 이러한 한계는 휴즈가 자신의 시스템 접근법을 제2차 세계대전 이후로 연장하려 시도한 《프로메테우스를 구하다》에 대한 논평들에서 이미 지적된다. 특히 폐쇄적으로 진행되는 군사적 연구개발 계획보다 많은 이해당사자가 참여하는 공공개발/토목 계획에 대한 서술에서 그런 한계가 두드러진다.

휴즈는 이 책의 발간 15주년을 맞아 2004년에 출간된 개정판에 초판의 결론을 다시금 되짚어보는 새로운 서문(이 책에서는 후기로 수록)을 달았다. 여기서 그는 거대 기술시스템의 쇠퇴와 미국의 주도권 상실을 내다본 초판에서의 예측이 틀렸음을 시인하면서, 자신은 더 이상 대항문화의 가치가 거대 기술시스템의 영향력을 감소시킬 것이라고 믿지 않는다고 말한다. 대형 기술사고가 잇따라 터져 나오면서 거대 기술시스템의 쇠퇴가 가시권에 들어온 것처럼 보인 1980년대는, 지금에 와서 돌이켜 보면 영국의 산업혁명과 제2차 산업혁명에 비견할 만한 새로운 기술혁명, 즉 정보혁명의 시발점이었다는 것이 개정판 서문에서 휴즈가 내세우는 입장이다. 이는 매우 흥미롭고 생각해 볼 여지를 크게 남기는 주장이다. 솔직히 나는 새로운 서문을 보며 초판의 결론에서 보여 준 기술시스템의 미래에 대한 혜안이 무색해진 듯 보여 약간 실망하기도 했고, 만약 휴즈가 생존해 있었다면 중국이 새로운 기술 강국으로 부상해 이른바 'G2 체제'를 이루게 된 현 상황에 대해 어떤 논평을 할지 자못 궁금해지기도 했다. 그러나 개정판 서문에서의 입장 변화가 초판 결론의 시사점을 크게 바꾸어 놓는 것은 아니다. 거대 기술시스템이 지닌 모멘텀은 여전히 조직적, 인적 이해관계의 결합체이고, 따라서 과거의 기술시스템뿐 아니라 현재 정보혁명 — 혹은 생명공학혁명, 나노혁명, 그 외 앞으로 다가올 그 어떤 혁명이라도 — 이 가진 모멘텀 역시 사회문화적 환경의 변화에 의해 해체될 수 있다는 시사점에는 변함이 없기 때문이다. 이는 휴즈가 만년에 보인 구체적 입장 변화와 무관하게, 그가 정초한 기술시스템 이론이 제시할 수 있는 가장 중요한 함의로 앞으로도 남아 있을 것이다.

찾아보기(용어)

찾아보기(인명)

토머스 휴즈 THOMAS P. HUGHES, 1923~2014

펜실베이니아대학교 역사 및 과학사회학과 명예교수이자, MIT와 스탠퍼드대학교 방문교수로도 활동하였으며, 과학 관련 역사서적들을 주로 집필한 작가이다. 1953년 버지니아대학교에서 박사학위를, 노스웨스턴대학교와 스웨덴 왕립기술원에서 명예박사학위를 받은 휴즈는 구겐하임 특별연구원, 미국철학회 회원, 미국 예술 및 과학아카데미 회원으로도 활동하였다. 테크놀로지역사연구회 설립에 참여했으며, 그곳에서 학자에게 수여하는 최고 영예인 레오나르도 다빈치 메달을 수상했다. 스웨덴 왕립기술과학아카데미와 미국 기술아카데미 회원으로도 활동했다.

김명진

서울대학교 전자공학과를 졸업한 후 동 대학원 과학사 및 과학철학 협동과정에서 미국 기술사로 석사학위를 받고 박사과정을 수료했다. 현재는 서울대학교, 한국예술종합학교, 한양대학교에서 강의하면서 집필과 번역에 몰두한다. 원래 전공인 과학기술사 외에 과학 논쟁, 과학 커뮤니케이션, 과학자들의 사회운동 등에 관심이 많으며, 최근에는 냉전 시기의 과학기술 체제에 관심을 가지고 공부한다. 지은 책으로 《야누스의 과학》, 《할리우드 사이언스》, 옮긴 책으로 《디지털 졸업장 공장》, 《미국 기술의 사회사》, 《과학의 민중사》(공역) 등이 있다.

생명공학의 윤리 ①②③

리처드 셔록(Richard Sherlock) · 존 모레이(John D. Morrey) 편 | 김동광(고려대) 옮김

인체유전학, 유전자 치료, 그리고 줄기세포 연구 등 농업, 식품, 그리고 동물 생명공학의 첨예한 쟁점들을 가장 깊은 철학적 토대 위에서 다룬 생명윤리학 입문서이다. 철학자와 유전학 생물학자가 공동 편집한 이 책에는 생명공학에 관한 다양한 관심과 실제 지식 사이의 괴리를 줄이려 시도한 다양한 저자들의 글이 수록되었다. 저자들은 '인간의 신 놀이'(Playing God)라는 비판적 시각으로 동물 생명, 유전자 변형식품처럼 이미 오래된 논쟁부터 인간복제 등 현재 진행형의 이슈까지 폭넓게 논의한다.

양장본 | 1권 376면 · 23,000원 | 2권 360면 · 23,000원 |
3권 530면 · 28,000원

농업생명공학의 정치경제 시작은 씨앗부터

잭 랄프 클로펜버그 2세(Jack Ralph Kloppenburg, Jr.) 지음 | 허남혁(대구대) 옮김

위스콘신대의 저명한 농업사회학자인 클로펜버그 교수가 정치경제학, 사회학, 인문지리학, 역사학, 과학기술학 등을 넘나들며, 사회적 영역으로 간주되는 자본이 자연(종자)을 어떻게 적극적으로 생산하는지를 보여준 기념비적 연구이다. 이 책은 농업생명공학과 종자산업의 역사적 형성과 발전과정, 그리고 전지구적 구조를 분석한다. 저자는 ① 종자의 점진적 상품화, ② 공공과 민간 식물육종 간의 사회적 노동분업의 정교화, ③ 전지구적 종자무역과 교환패턴에서 '남반구'의 개발도상국들과 '북반구'의 선진 산업국가들 간의 불균등의 테마를 핵심적으로 다룬다.

양장본 | 742면 · 35,000원

255
생명의 해방

찰스 버치(Charles Birch) · 존 캅(John B. Cobb, Jr.) 지음 |
양재섭(대구대) · 구미정(숭실대) 옮김

종교계의 노벨상이라 불리는 템플턴상을 수상한 생물학
자 찰스 버치와 과정신학과 자연신학에 정진하여 '가교
신학자'로 불리는 신학자 존 캅의 공동 기획의 산물로서
학제 간 연구의 전형으로 평가받는 책이다. 저자들은 생
물학의 지배적인 모델인 기계론이나 물질주의를 거부하
고 "생태학적 생명 모델"을 지지한다. 이 새로운 모델은
과학, 윤리학, 철학, 종교, 사회학, 그리고 정치경제학을 모
두 아우르며 유전공학, 낙태, 안락사, 보존, 경제, 여성해
방, 성장의 한계, 그리고 지구의 미래 지속가능성이라는
현 시대의 이슈들을 해결할 새로운 통찰력을 제공한다.

양장본 | 568면 · 30,000원

381
과학의 윤리 더욱 윤리적인 과학을 위하여

데이비드 레스닉(David B. Resnik) 지음 | 양재섭(대구대) · 구미정(숭실대) 옮김

저명한 생명윤리학자인 저자는 눈부시게 발전한 과학문
명의 이면에 숨겨진 윤리의 부재를 날카롭게 지적했다.
가치중립적이고 객관적인 과학에는 반드시 윤리적 책임
이 동반되어야 한다는 저자의 주장은 독자에게 무거운
화두를 던진다. 이 책은 과학윤리의 딜레마를 포괄적으
로 다루며 명확한 개념정리와 흥미로운 사례를 제시한다.
'나치의 데이터를 사용할 것인가?', '한 나라에서 비윤리
적인 실험이 다른 나라에서는 윤리적일 수 있을까?' 이 책
과 함께 과학에게 '올바름'을 물을 때다.

양장본 | 380면 · 24,000원

적응과 자연선택 현대의 진화적 사고에 대한 비평

조지 C. 윌리엄스(George C. Williams) 지음 | 전중환(경희대) 옮김

유전자의 눈 관점(gene's eye view), 즉 복잡한 적응은 오직 유전자의 '이득'을 위해 진화했다는 새로운 시각을 제안함으로써, 현대 진화생물학에 우뚝 솟은 고전이다. 집단선택설에 대한 비판으로 유명한 저자는 '적응은 유전자의 이득을 위해 진화했다'라는 논지로 현대 생물학에 혁명을 일으켰다. 다윈의 저작 이래 가장 중요한 진화이론서 중의 하나이자 도킨스의 《이기적 유전자》의 프리퀄이라고 부를 수 있는 이 책을 통해 적응과 자연선택이라는 문제적 개념에 다가가 보자.

양장본 | 336면 · 20,000원

다윈 진화고고학

마이클 오브라이언(Michael J. O'Brien) · 리 라이맨(R. Lee Lyman) 지음 |
성춘택(경희대) 옮김

이 책은 다위니즘의 이론과 원칙을 비생물, 곧 토기 · 석기 등의 유물에까지 확장해 고고학에 적용하는 것을 주된 내용으로 삼고 있다. 역사적 유물을 인간의 표현형이 확장된 것으로 가정하고 이들도 자연에 의해 선택된 진화의 결과물이라는 논지를 전개한다. 풍부한 사례와 사진, 그림 등을 이용하여, 다윈 진화고고학을 개설적으로 소개하였기에 인간이라는 존재에 대해 가장 기초적인 호기심을 가진 이들이라면 큰 어려움 없이 읽을 수 있다.

양장본 | 704면 · 40,000원

지식탐구를 위한 과학 ①② 현대생물학의 기초

존 무어(John A. Moore) 지음 | 전성수(가천대) 옮김

40억 년 가까이 생명이 가능토록 한 자연 사이클을 훼손한 인간 생활방식의 대안을 찾고자 시작된 "지식탐구를 위한 과학" 프로젝트의 8개 에세이를 엮었다. 저자는 일반 독자가 현대생물학의 기초를 쉽게 이해하도록 꼭 필요한 분야만 집중적으로 명료하게 설명했다. 지난 시대 동안 생물학 개념은 어떻게 확립되고 발전을 이루었는가를 한눈에 보기 좋게 담은 생물학사 분야의 고전적 저서이다.

양장본 | 1권 356면 · 2권 400면 | 각 권 24,000원

유전자 개념의 역사

앙드레 피쇼(André Pichot) 지음 | 이정희(연세대) 옮김

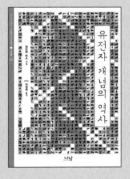

유전자를 둘러싼 인식론적 지형이 역사적으로 변화되어 온 과정을 분석하고, 재구성함으로써 반세기 이상 유전자에 대해 지녀왔던 우리의 신앙과 열광이 언제부터, 어떻게, 왜 왜곡되어 나타났는지를 깨닫게 해주는 책이다.
저자는 유전공학적 응용에 대한 믿음을 무분별하게 전파하는 매체의 과장과 달리 실제 유전학은 이론적 관점에서 볼 때 몰락한 분야라고 결론짓는다. 응용을 앞세우고 유전공학의 경험적 수선을 고도의 테크놀로지인 양 위장하면서 유전학자들이 이론적 문제들을 영구적으로 회피해 나갈 수는 없으리라는 일종의 경고이다.

양장본 | 360면 · 22,000원

로도스섬 해변의 흔적 ①②③④
고대에서 18세기 말까지 서구 사상에 나타난 자연과 문화

클래런스 글래컨(Clarence Glacken) 지음 |
심승희(청주교대) · 진종헌(공주대) · 최병두(대구대) · 추선영(번역가) · 허남혁(지역재단) 옮김

미국의 지리학자인 저자는 '인간이 보는 자연, 자연이 보는 인간은 어떠했는가'라는 질문을 던지고 그 답을 탐구하여 실제 연구로 승화시켰다. 1960년대에 태동한 현대 환경운동의 이론적 토대를 제공했다고 평가받았으며 〈뉴욕타임스〉가 제2차 세계대전 이후 영어로 출간된 가장 중요한 책 중 하나로 선정했다. 환경에 대한 인간의 사상이 어떻게 변화했는가를 방대하게 다뤘고 지리학을 넘어 환경사를 비롯한 인문학과 사회과학의 여러 분야에 영향을 미쳤다.

**양장본 | 1권 432면 · 28,000원 | 2권 432면 · 28,000원 |
3권 352면 · 25,000원 | 4권 568면 · 34,000권**

대륙과 해양의 기원

알프레드 베게너(Alfred Wegener) 지음 | 김인수(부산대) 옮김

독일의 기상학자이자 북극탐험가였던 베게너가 대륙이동설을 논증한 책으로 당시 육교설이 지배하던 학계에 신선한 충격을 주었다. 1915년에 초판이 간행된 이래 1929년에 방대한 양의 관련 문헌들을 검토하고 쓴 4판이 나왔는데, 이 책은 바로 이 4판을 번역한 것이다. 베게너는 측지학, 지구물리학, 지질학, 고생물학, 고기후학을 망라하는 여러 영역의 증거들을 논의하였다. '왜 각 대륙 해안선이 퍼즐처럼 딱 들어맞을까'라는 간단한 물음에 착안한 베게너의 이론은 현대 지질과학의 중심 패러다임인 판구조론으로 발전하였다.

양장본 | 376면 · 22,000원

과학적 설명의 여러 측면 ①②

그리고 과학철학에 관한 다른 논문들

칼 구스타프 헴펠(Carl Gustav Hempel) 지음 |
전영삼(고려대)·여영서(동덕여대)·이영의(강원대)·최원배(한양대) 옮김

칼 포퍼, 토머스 쿤과 함께 20세기 가장 영향력 있는 과학
철학자로 손꼽히는 헴펠의 중심 철학을 한 권에 담았다.
'과학과 상식은 어떻게 구분하는가?', '과학적 설명이란 무
엇인가?', '과학적 설명과 그렇지 않은 설명은 어떻게 다른
가?' 저자는 이와 같은 문제에 포괄적이면서도 표준적인
답을 처음으로 제시해 과학철학에 공헌했다. 입증의 문제,
경험진술의 유의미성 문제, 과학적 실재론의 문제, 그리고
과학적 설명의 문제를 다뤄 고전적 저작으로 평가받는다.

양장본 | 1권 424면·2권 440면 | 각 권 25,000원

서양과학의 기원들

데이비드 C. 린드버그(David Charles Lindberg) 지음 | 이종흡(경남대) 옮김

과학사 분야의 노벨상 사튼 메달을 받은 데이비드 린드버
그 교수의 대표작으로, 매년 1만 부 이상 팔리는 스테디셀
러이자, 서양 전통 과학사의 명실상부한 범지구적 교과서
로 자리 잡은 과학사 분야의 이정표적 저작이다. 고대과학
사와 중세과학사를 쉽고 명쾌하게 정리하여 대중성과 전문
성을 고루 갖춤으로써 과학의 대중화에 성공한 작품으로
평가된다. 고대, 중세, 근대 과학의 외적 단절과 내적 연속
을 함께 추적함으로써, 통시성과 공시성의 결합이라는 오
늘날 모든 장르의 역사학에 공통된 과제를 풀어간다.

양장본 | 704면·38,000원

발견을 예견하는 과학
우주의 신비, 생명의 기원, 인간의 미래에 대한 예지

존 매독스(John Royden Maddox) 지음 | 최돈찬(용인대) 옮김

가장 영향력 있는 세계 과학저널 중 하나인 〈네이처〉의 편집위원을 23년간 지낸 저자가 "아버지는 다음에 발견될 것이 무엇인지 왜 말해주지 않나요?"라는 아들의 질문에 영감을 받아 쓴 책이다. 전문 독자와 일반 독자를 아우른 잡지를 이끈 저자의 능력과 열정이 돋보이는 책이다. 과학자든 일반 독자든 모두 궁금해 하는 항목을 물질, 생명, 인간의 차원으로 나누어 알기 쉽게 설명했다. 이에 더해 앞으로 발견되리라 예견되는, 혹은 과학자가 성취하고자 하는 주제를 제시하며 새로운 발견에 대한 희망을 품는다.

양장본 | 518면 · 35,000원

공간개념 물리학에 나타난 공간론의 역사

막스 야머(Max Jammer) 지음 | 이경직(백석대) 옮김

물리학의 근본개념들의 역사와 철학을 주로 다룬 과학사 상사의 대가, 야머 교수가 공간개념의 역사를 물리학사의 관점에서 다룬 책이다. 야머의 과학사상사 연구가 갖는 중요성에 대해 설명한 아인슈타인의 서문이 실렸다. 이 책은 자연과학분야에서 소홀하기 쉬운 역사적 고찰을 통해 현재 과학자들의 작업이 어떤 흐름 속에서 이루어지며 어떤 의미를 갖는지, 또 어떤 방향으로 나아가야 하는지를 잘 보여준다. 고대의 공간개념, 유대-기독교적 관념과 아리스토텔레스주의, 뉴턴의 절대공간 개념, 현대의 공간개념 등을 다룬다.

양장본 | 472면 · 28,000원